KB267388

묵자에게
길을 묻다

묵자에게 길을 묻다

혐오, 차별, 전쟁의 시대를 건너는 안생생의 지혜

지은이	이 계 석
초판발행	2026년 3월 5일
펴낸이	배용하
책임편집	배용하
등록	제2021-000004호
펴낸 곳	도서출판 비공 https://bigong.org	페이스북: 평화책마을비공
등록한 곳	충청남도 논산시 가야곡면 매죽헌로1176번길 8-54
분류	동양 철학	묵자	평화사상
편집부	전화 (041) 742-1424
영업부	전화 (041) 742-1424 · 전송 0303-0959-1424
ISBN	979-11-93272-58-9　　03150

값 25,000원

묵자에게 길을 묻다

혐오, 차별, 전쟁의 시대를 건너는
안생생의 지혜

이 계 석

추천의 글

**"약육강식의 각자도생을 끝낼 시대적 각성제,
묵자의 혁명을 소환하다"**

김병욱 명예교수 | 충남대

이계석 박사는 우리나라에서 묵자로 박사학위를 받은 몇 안 되는 사람 중의 하나다. 그가 대중을 위해 묵자의 사상을 풀어 쓴 이번 책은 시의적절한 시점에 나왔다는 점에서 우리의 주목을 받기에 충분하다.

인간은 예나 지금이나 디스토피아에서 살면서 유토피아를 꿈꾼다. 이것을 두고 어떤 사람은 인간의 치명적 아이러니라 부르기도 한다. 묵자가 생존했던 2,500년 전 중국은 '춘추전국시대'라 불리는 약육강식의 시대였다. 현재의 세계 질서 역시 미국의 트럼프 대통령 출현 이후 다시금 약육강식의 시대로 접어들었다. 16세기 카리브 해역의 해적선장처럼 트럼프는 세계를 향하여 노략질을 하고 있다. 해상무역으로 먹고사는 우리로서는 어쩔 수 없이 당해야 하는 상황에 분노할 수밖에 없다. 분명히 말하건대 미국은 쇠락의 시기로 접어들었다. 2차 대전 이후의 세계 질서도 변곡점에 이르게 되었다.

이러한 시점에 나온 이 박사의 이번 책은 우리에게 각성제이차 경고의 메시지로 읽힐것이다. 정말 우리는 각자도생의 삶을 살아야 하는가? 우리가 묵자의

'안생생'을 넘어 우리의 이상세계인 '대동세상'을 이 시대에 소환하고자 한 저자의 소망에 공감하는 것은, 밀림의 법칙인 약육강식의 세상을 떨쳐내야만 하기 때문이다. 이것은 하나의 혁명이다. 묵자가 2,500년 전에 조용히 실천하려 했던 혁명이 오늘날 더 절실하지 않은가? 이계석 박사의 조용한 외침이 우리 모두의 함성이 되기를바란다.

"오래되었으나 싱싱한 새 말,
전쟁과 불안의 문명을 넘어서는 근본의 길"

김조년 명예교수 | 한남대

고전이란 예나 지금이나, 여기나 저기에서 무시로 지금 여기 사는 나와 내 사회에 생생하게 던지는 말씀이라고 생각한다. 고전은 지금 그것을 읽는 나에게 조곤조곤 나지막한말로 내 판단과 사회가 가야 할 방향을 스스로 생각할 수 있도록 안내한다. 그런 말씀들을 지금 나는 어떻게 읽어야 하는가 하는 것은 참 중요하다.

여기 묵자 전문연구가 이계석 님은 묵자를 지금 왜, 어떻게, 무엇을 위해, 누가 읽어야 하는가를 잘 알아들을 수 있는 말로 안내하고 있다. 2,500년 전 그 당시 사람들에게 던진 말씀을 넘어, 왜 지금도 평등하고 평화로운 세상이 되지 않는지, 지구 환경을 파괴하고 더럽히면서 문명한 인간들은 왜 불안해하는지를분명하게 짚어준다. 그러면서 끝없이 여기저기서 일어나고 있는 전쟁들을 어떻게 풀어낼 수 있는지 그 길의 근본을 제시하고 있다. 특히 민족과 국가를 중심으로 인간들을 가르고 적대시하는 인류 문명의 맹점을 극복하는 길을 오래되었으나 싱싱한 새 말로 알아들을 수 있도록 이야기하고 있다. 그것을 들으면서 지금을 사는 우리는 어떤 길을 걸어가야 할까를 명쾌하게 알아차리게 될 것이다.

이종성 교수 | 충남대학교 철학과

저자는 '오래된 현재'를 위한 하나의 길 안내를 자처한다. 그것은 많은 이에게 친숙하지 않지만, 반드시 친숙해야 할 이름, 묵자(墨子)의 소환을 통해서이다. 춘추전국시대의 혼란 속에서 민중의 현실을 외면하지 않고, 그들의 고단한 삶을 함께 공유하고자 한 묵자! 그는 허례허식에 빠진 집권층의 권력을 비판하며, 굶주린 백성과 전쟁의 상처를 똑바로 바라보고자 한 철학자였다.

그가 제창한 겸애(兼愛)는 차가운 평등이 아니라 서로의 생명을 보듬어 안아주는 상생의 윤리였고, 비공(非攻)은 칼보다 밥을 먼저 들라고 한 처절한 호소였다. '안생생(安生生)' 또한 어떠한가? 편안한 생명 살림의 길이 '지금 여기'에 있음을 확신한 묵자로부터 우리는 공상이 아닌 현실의 세계를 마주 볼 기회를 얻는다. 묵자는 오늘도 서로 주체로서 타자가 아닌 우리에게 묻는다. 지금, 우리는 과연 누구의 삶을 결박하고 있는가?

"말과 삶이 일치하는 '작은 묵자'가 전하는 가슴 뭉클한 시대 지침서"

송만규 화백 | 한국묵자연구회 고문

묵연(墨然) 선생을 〈소묵(小墨)〉이라 생각하며 그렇게 부르고 싶다. 그는 말과 행동이 일치하는 삶을 살아왔다. 기층 민중들의 해방된 세상을 꿈꾸며 현장 속에서 하나가 되어 새 세상을 만들며 살아왔다. 또한 그는 가정과 사회로부터 소외되고 버림받은 청소년들이 내일의 희망을 일궈나갈 수 있는 길라잡이 역할을 하며 젊음을 보내기도 했다. 이러한 그의 삶의 철학과 가치관은 자연스럽게 묵자를 만날 수밖에 없었을 것이다.

그는 묵자의 가르침 중에서 '안생생 대동사회(安生生大同社會)'라는 문장을 힘찬 음성으로 들려주곤 한다. 그의 언어는 입으로만 읊조리는 지식의 전달이 아니라, 생생하고 절실한 현실 사회의 변화에 대한 의지이다. 이 책은 2,500년 전 묵자의 외침이 메아리로만 남은 듯한 이 사회 속에서, 〈소묵(작은 묵자)〉이 되어 살아온 그의 외침이다. 이는 또한 지금도 세상을 밝히며 행동하는 이들의 미래지향적인 방향을 일깨우는 지침서가 될 것이다. 묵자의 속깊음을 제대로 짚어내는 가슴 뭉클한 책이다.

"혐오와 가짜 뉴스의 시대, 공자를 넘어선 실천가 묵자에게서 공동체의 미래를 묻다"

김승석 명예교수 | 울산대

2,500년 전 중국에서 "인간과 동물의 차이는 노동에 있다, 그래서 인간은 노동하는 존재이다"라고 말한 사람이 있다면 여러분은 믿으시겠습니까? 2,500년 전 중국에서 사회계약론의 단초를 이론화하고, 모든 사람은 나이와 신분에 관계없이 하늘(天) 앞에 평등하다고 주장한 사람이 있다면 믿으시겠습니까?

그렇게 말하고 이론화하여 주장한 사람이 바로 공자와 자웅을 겨루었던 묵자(墨子)입니다. 불행하게도 그는 우리에게 잘 알려져 있지 않지만, 오히려 공자보다 뛰어난 사상가이자 실천가라고 평가할 수 있습니다.

이 책은 그런 묵자를 다시 소환해서 우리 사회를 조망하는 작업의 일환입니다. 가짜 뉴스가 판치고 타인에 대한 혐오가 일상화된 오늘날, 이러한 작업은 우리를 다시 한번 성찰하게 만들고 공동체의 미래를 제시해 줄 것입니다. 저자인 이계석 박사의 간절한 소망이 이루어지기를 바라며 이 책의 일독을 권합니다.

"묵자는 차별없는 사랑인 겸애를 주장하며 '천하에 이익이 되
는 일이라면 몸이 부서져 정수리부터 발꿈치까지 닳아 없어진
다 해도 기꺼이 행하였다.'"

墨子兼愛, 摩頂放踵 利天下 爲之
─『맹자』진심장구 상(盡心章句 上)

목 차

5장 • 묵자가 바라는 사회는 어떤 사회인가?

6장 • 묵자의 안생생 대동사회는 실현 가능한가?

7장 • 지금 왜 묵자를 만나야 하는가?

서문

왜 패배한 사상을 다시 불러내는가?

우리 사회는 계속 발전하고 있음에도 여전히 그늘진 곳에는 세상살이가 팍팍한 사람들도 여전히 많다. 지금 그런 사람들 앞에는 희망찬 수많은 말들이 난무하고 있다. 정의, 공정, 연대, 공동체, 복지, 평화 등등. 하지만 현실을 보면 듣기 좋은 말들은 넘치는데 삶은 나아지지 않고 있다. 정치는 정의를 말하지만 불평등은 더 커지고, 도덕을 외치지만 약자는 늘 그 자리에서 희생된다. 이에 대해 2,500년 전 묵자는 불편한 질문을 던진다. "그 말과 행동은 누구에게 실제로 이익이 되는가?", "그 정책은 가장 약한 사람의 삶을 바꾸는가?", "그 신념은 전쟁과 낭비를 멈추게 하는가?"

묵자는 기원전 5세기의 사상가이다. 이름부터 낯설고, 학교에서 배운 유일한 기억인 '겸애설'이 기억날 듯 말듯 흐릿하다. 공자나 맹자, 노자나 장자는 익숙한데 묵자는 왜 이렇게 생소하게 느껴질까? 한마디로 답한다면 묵자는 너무 현실적이었기 때문이다. 2,500년 전 그가 고민하며 던졌던 질문들은 놀라울 정도로 오늘날에도 현실을 그대로 반영하는 질문들이다. 그는 화려한 의례보다 밥 한 끼를, 체면과 혈연보다 실질적 이익을, 어떠한 명분의 전쟁보다 한 사람의 생명과 안전을 먼저 물었다. 유가가 질서를, 도가가 자연을 말할 때 묵자는 인민의 삶이 어떠한가를 따졌다. "인민의 삶이 실제로 나아졌는가?", "전쟁은 누구를 위한 것인가?", "국가는 덜 낭비하고 더 공정해졌는가?" 안타깝지만 이러한 질문들은 오늘날에도 여전히 유효하다.

묵자는 차별 없는 사랑을 말했고, 전쟁을 원천적으로 부정했으며, 사치와 특권을 적으로 규정했고, 평등과 공정을 주장했다. 그런 그의 사상은 기득권을 가진 권력자에게는 너무 진보적이었고 위험했다. 더욱이 그의 사상은 단순한 이상이 아니라 실질적인 정책의 기준이었고, 윤리가 아니라 실천의 지침이었다. 그래서 묵자는 오래도록 지배 계급에는 불편한 사상가였다. 결국 묵자는 역사에서 패배했다. 그러나 패배한 사상이라고 해서 무조건 틀린 것은 아니다. 다만 역사는 종종 지배자에게 유리한 사상을 승자로 만들 뿐이다. 그래서 묵자는 불평등이 심해지고 약자가 핍박받는 위기의 시대에는 항상 되살아나곤 했다.

이 책은 묵자를 성인으로 추앙하지 않는다. 또 묵자 사상을 케케묵은 박물관에 진열하려 하지도 않는다. 이 책이 하고자 하는 일은 하나다. 묵자를 오늘의 언어로 다시 살려내는 것이다. 지금 한국 사회의 기울어진 운동장 위에서, 세대 갈등의 한복판에서, 전쟁과 폭력으로 가득한 국제 질서 속에서, 기후 위기로 인한 온갖 재해가 빈번하게 발생하는 속에서 묵자는 여전히 우리에게 살아 있는 기준이 될 수 있기 때문이다.

이 책은 묵자와 관련해 7가지 질문을 하고 그에 대한 답으로 구성되었다.

첫째, "묵자는 어떤 사람인가?"라는 질문을 통해 전국시대 당시 유가와 더불어 쌍벽을 이루었지만, 자취가 지워져 이름과 생몰연대, 국적까지 기록이 명확하지 않은 묵자의 생애와 사상을 간략히 돌아보았다.

둘째, "묵자는 왜 2천 년간 역사에서 지워졌는가?"라는 질문에 대해 묵가의 몰락에 대한 학자들의 다양한 논리들을 살펴보고 그에 대해 평가하였으며, 몰락의 가장 중요한 원인으로 유가나 법가와 달리 제국의 시대에 민중 중심의 저항성으로 인해 축출되었음을 밝혔다.

셋째, "묵자는 인간과 사회를 어떻게 보았는가?"라는 질문에 대한 답으로 묵자의 모든 사람을 '평등한 가운데 자유의지를 가진 개인'으로 본 인간관과 천하를 하나의 공동체로 본 사회관을 설명하였다.

넷째, "묵자는 어떻게 세상을 바꾸려고 했는가?"라는 질문에 대해 근본적이면서 철저하게 민民의 관점에서 세상을 관찰하고, 민을 위한 세상으로 바꾸려고 했던 묵자의 혁신적인 사고방식과 그에 따른 실천 방법들을 현대적 관점에서 살펴보았다.

다섯째, "묵자가 바라는 사회는 어떤 사회였는가?"라는 질문을 통해 묵자가 실천을 통해 지향하였던 사회가 비록 시대적 한계를 고려하더라도 현대의 민주사회, 공정사회, 복지사회, 포용 사회와 다르지 않음을 묵자의 언급들과 비교하여 설명하였다.

여섯째, "묵자의 안생생安生生 대동사회는 실현 가능한가?"라는 질문을 던지고 이에 대한 답으로 묵자의 안생생 대동사회가 민주, 공정, 복지, 포용이 하나로 어우러진 사회였음을 밝히고, 따라서 유가의 실현 불가능한 도덕적 이상사회론과는 달리 묵자는 안생생 대동사회를 현실에서 실천적으로 실현할 수 있는 사회로 상정하고 있음을 제시하였다.

일곱째, "지금 왜 묵자를 만나야 하는가?"라는 질문을 통해 현대적 관점에서의 묵자 사상에 대한 재평가와 더불어, 묵자의 헌신적인 실천이 그러하듯이 개인이나 국가 간의 갈등과 다툼으로 인한 고통을 줄이기 위한 선택은 우리 스스로가 세상의 주체로 역할을 하는 한 항상 열려 있고, 언제나 실천이 가능한 것임을 결론으로 제시하고 있다.

지금 우리가 묵자를 오늘날에 다시 불러내야 하는 이유는 분명하다. 오늘의 사회 역시 2,500년 전 전국시대와 마찬가지로 말만 많은 도덕과 실천 없는 정의로 가득 차 있기 때문이다. 많은 사람이 세상을 바르게 바꾸겠다고 공언하고 있지만 자기만의 주관적인 생각에 사로잡혀 있을 뿐, 묵자만큼 세상을 가장 밑바닥에서 객관적으로 바라보며 이해하는 사람은 아주 드물다. 그래서 여전히 불평등은 불가피한 질서로 정당화되고, 전쟁은 강자의 명분 아래 단지 기술적인 문제가 되었으며, 공공의 이름으로 낭비와 특권이 반복적으로 재생산되고 있다. 물론 묵자가 지금 되살아난다 해도 현대의 이러한 모든 문제에 대해 일일이 해결책을 전부 갖고 있다고 볼 수는 없다. 하지만 적어도 묵자가 어디에서부터 생각을 다시 시작해야 하는지는 분명히 알려 줄 수 있을 것으로 본다.

우리는 늘 미래를 이야기하지만, 정작 어떤 미래를 원하는지는 점점 불분명해지고 있다. 기술은 앞서 가지만 제도는 따라가지 못하며, 제도는 사람을 제대로 품지 못하고 있다. 계속 쏟아지는 정책은 항상 새로운 가능성을 제시하지만, 인간의 존엄성과 삶의 안정에 관한 질문은 여전히 남아 있을 뿐이다. 이럴 때 필요한 것은 새로운 사상이 아니라, 오래전에 이미 던져졌으나 외면당했던 인간의 삶에 대한 기준과 원칙들이다. 묵자의 사상은 오래되었지만, 그가 던졌던 질문들은 아직 제대로 답해지지 않았다. 그런 면에서 묵자는 과거가 아니라 아직 도착하지 않은 미래에 속한다. 그래서 우리가 더 나은 미래를 생각하고 희망을 품으려면 지금 묵자를 만나야 한다.

마지막으로 지금은 고인이 되셨지만 나에게 처음으로 묵자에 대해 눈을 뜨게 해 주시고, 가르침을 주신 묵점 기세춘 선생님께 이 자리를 빌려 감사드린다. 선생님은 항상 "나를 밝고 올라가게."라고 말씀하셨지만, 『묵자』를 들여다볼 때마다 아직 발치에도 미치지 못함을 깨닫고, 계속 정진할 뿐이다. 그리고 여러 가지 어려운 여건 속에서도 이 책의 출판을 허용해 주신 도서출판 비공의 배용하 사장님에게도 무한한 감사를 드린다.

2026년 한절寒節에 새싹이 돋기를 기다리며, 갈마동 寓居에서

墨然 **이계석**

1장
묵자는 어떤 사람인가?

묵자는 약 2,500년 전 전국시대 초창기의 사상가인데, 전국시대는 약 250년 동안 각 제후들이 스스로 왕이라고 칭하면서 토지와 노예를 얻기 위한 전쟁이 빈번하게 일어나던 시기였다. 전국시대는 약 180년 동안 수없이 나라가 없어지고 만들어지는 과정에서, 이름이 남겨진 나라만 대략 28개의 나라가 있었는데, 이들 나라가 전국 7웅이라는 7개의 강국으로 재편되었다가 다시 진秦나라로 통일되기까지 계속 토지겸병전쟁이 끊이지 않고 발생하였던 매우 혼란스러운 시기였다. 이때 백성들은 자기가 먹고살기 위한 농사도 제대로 지을 틈이 없이 성이나 궁궐을 쌓는 일에도 동원되거나, 병사로 차출되어 전쟁까지 치뤄야 했다. 그러므로 굶어 죽거나 얼어 죽고, 병들어 죽는 사람이 수를 헤아릴 수가 없었다. 역사적 기록들에 의하면 과장된 면은 있었을 것으로 보이지만, 당시 중국 전체의 인구를 약 4천 3백만명 정도로 추산하는데, 그중 전쟁으로 죽은 사람들이 대략 200만명 정도라고 하니 그 혼란스러움과 고통은 미루어 짐작하기가 어려울 정도이다.

당시의 참상에 대한 기록들이 남아 있는 것을 보면, 『맹자』 양혜왕 상편에는 "전쟁이 일어난 해에는 시체가 들판에 가득하고, 백성들은 굶주림에 지쳐 서로 잡아먹었다."고 하였고, 사마천이 쓴 『사기』의 「열전」 중 범수 편에는 "제후들이 서로 삼켜 천하가 피폐해졌고, 백성들은 들판에 버려져 시체가 산을 이루었다."고 하였다. 또 『춘추좌전』 「소공 3년」에는 제나라 대부 안자가 "지금은 말세입니다. 백성의 소출의 셋 가운데 둘은 공실에 빼앗기고, 나머지 하나로 연명해야 합니다. 공실의 곡간에는 재물이 좀 먹고 썩어나는데 늙은이는 얼어 죽고 굶어 죽는 실정입니다. 나라마다 장터에서는 온전한 신발은 싸고, 발꿈치가 잘린 죄인의 신발이 더 비싼 형편입니다."라고 말하는 내용이 나온다. 여기에서 '발꿈치가 잘린 죄인의 신발'이라는 것은 당시에 다섯 가지 형벌이 있었는데, 그 중 월형刖刑이라는 형벌은 도둑질을 한 사람에게 가하는 형벌로 발뒤꿈치를 자르는 형벌이었다. 월형을 받은 사람은 발뒤꿈치가 없어 걷기가 힘들었으므로 잘린 뒤꿈치를 보완할 수 있도록 뒷굽을 지금의 하이힐처럼 높인 신발을 신었다. 그런데 어쩔 수 없이 남의 것을 훔쳐서라도 먹고살려는 사람들이 계속 늘어 월형을 받은 사람이 너무 많아졌다. 그러다 보니 온전한 신발보다 죄인의 신발이 더 구하기 힘들어 비싸졌다고 할 정도이니 그 비참함은 말로 할 수 없을 정도였다.

그래서 묵자는 천하에는 세 가지 큰 환난이 있는데, 굶는 사람에게 먹을 것이 없고, 헐벗은 사람에게 입을 것이 없으며, 피로한 사람이 쉴 수 없는 것이라고 한탄하였다. 이로부터 묵자의 모든 생각과 실천은 세 가지 환난을 극복하는 것을 목적으로 집중하게 되었다.

2. 묵자 사상의 주요 내용들

묵자는 당시에 세상의 어지러움을 바로 잡고 세 가지 환난을 극복하기 위해 노력한 사상가로서, 당시로서는 놀라울 정도의 혁신적인 사고를 가지고 자기의 생각을 관철시키기 위해 헌신적으로 노력한 사람이었다. 좀 더 구체적으로 묵자의 사상들을 살펴보면 다음과 같다.

1. 묵자 사상의 주요 개념들

묵자 사상을 올바로 이해하려면 가장 기본이자 핵심이 되는 개념들이 있다. 다른 제자백가들의 논리나 주장에서는 보기 힘든 겸애, 평등, 노동, 절용, 반전 평화 등이 바로 그것이다. 이러한 개념들에 대해 간략히 살펴본다.

(1) 겸애兼愛

가장 먼저 제기할 묵자의 대표적인 사상은 "모든 사람을 차별 없이 사랑하라."는 겸애이다. 묵자가 볼 때 세상이 어지러운 것은 사람들이 서로 평등하게 사랑하지 않기 때문이라고 보았다. 그래서 묵자는 "남의 나라를 제 나라같이 보고, 남의 가문 보기를 제 가문같이 보며, 남의 몸을 제 제 몸같이 보아야 한다."고 주장하였다. 그러면 나라끼리는 전쟁이 없고, 가문끼리는 서로 어지럽히는 일이 없고, 남의 집안을 훔치고 빼앗는 도적도 없을 것이며, 임금과 신하, 아버지와 아들이 모두 효도하고 자애로울 것이니, 그렇게 되면 천하는 다스려질 것이다."라고 하였다. 더 나아가 묵자는 사람들이 서로 사랑하게 되면 전 사회적으로도 사람들 간의 갈등이나 다툼이 줄어들어 세상이 안정되고 평화로워질 것이라고 하였다.

천하의 사람들이 모두 서로 사랑한다면 강한 자가 약한 자를 억누르지 않고, 다수는 소수를 위협하지 않으며, 부자는 가난한 자를 업신여기지 않고, 귀한 사람은 천한 사람에게 거만하지 않으며, 지혜로운 사람은 어리석은 사람을 속이지 않을 것이다. 『묵자』, 「겸애 중」

그래서 묵자는 천하가 두루 평등하게 사랑하면 다스려지고, 서로 차별하고 미워하면 어지러워지니 남을 사랑하라고 권면하지 않을 수 없는 것은 이 때문이라고 결론을 맺는다.

② **평등**

다양한 제자백가의 사상 중에서도 묵자의 사상이 다른 사상과 확연히 다른 것이 당시로서는 유래가 없는 진보적인 성향을 띠고 있는 것이었다. 그중 대표적인 것이 평등이다. 일찍이 중국의 방수초는 "묵자 사상의 특징이 어디에 있는가? 한마디로 압축하자면 평등일 뿐이다."라고 하며 묵자의 사상의 특징을 평등으로 단정한 바 있다. 또 첨검봉은 더 나아가 "귀족계급인 천자, 제후, 공경, 대부이든 아니면 서민계급인 서자, 기술자, 농민 및 농노, 공노, 상노를 막론하고 하늘 아래 예외 없이 평등하며 모두 하늘의 인민이다. 이런 관점은 민주의 의의를 갖고 있다."며 묵자의 사상에 민주의 의의가 있다고 평하기도 하였다. 실제로 『묵자』를 보면 묵자의 평등사상을 엿볼 수 있는 구절들이 나온다.

> 천하의 크고 작은 모든 나라는 모두 하늘의 고을이다. 사람은 어린
> 이나 어른이나, 귀하거나 천하거나 모두 똑같은 하늘의 신하이다.
> 『묵자』, 「법의」

> 그러므로 옛 성왕이 정사를 다스릴 때는 덕 있는 자를 벼슬자리에
> 앉히고 어진 이를 숭상했다. 비록 농부나 공인, 상인일지라도 유능
> 하면 천거하여, 벼슬을 높여주고, 녹을 무겁게 주어 그에게 정사를
> 맡기되 명령을 결단하도록 권한을 위임했다. 『묵자』, 「상현」

> 관리라고 해서 항상 귀한 것이 아니고, 백성이라 해서 언제까지나
> 천하지는 않았다. 유능하면 곧 등용되고 무능하면 곧 쫓겨났다. 『묵
> 자』, 「상현」

이러한 묵자의 평등사상은 철저한 신분 계급제로 유지되던 당시 사회에서는 있을 수 없는 놀라운 사상이었기에 많은 비판이 따르기도 하였다. 특히 혈연 중심의 신분 질서를 중요하게 생각하던 유가儒家로서는 묵자의 사상이 기존 질서를 전복시키는 엄청나게 위험한 사상으로 인식될 수밖에 없었다. 그래서 순자는 묵자의 사상을 "노예들의 도道"라고 까지 비하하기도 하였다. 하지만 묵자는 겸애를 말하면서 모든 계급과 남녀노소에 대해 차별 없

이 사랑해야 한다며 평등을 주장하였다.

⑶ 노동 중시

묵자는 인간을 노동하는 존재로 보았다. 묵자는 노동을 인간의 핵심적인 생존 조건으로 보고 일하지 않는 자는 살 수 없다고 하였다. 이것은 묵자 자신이 목수의 신분이었기 때문에 더욱 노동을 중시한 것일 수도 있다.

오늘날 사람은 진실로 금수, 큰사슴과 노루, 새와 벌레 등과 다르다. 오늘날 금수, 큰사슴과 노루, 새와 벌레 등은 자신의 날개와 털에 의지해서 사람의 의복처럼 체온을 유지하고, 자신의 발굽과 손톱으로 사람의 발처럼 이동하며, 물과 풀을 자신의 음식으로 삼는다. 그러므로 비록 수컷이 곡식을 갈거나 채소를 심지 않고, 암컷 역시 실과 베를 짜지 않아도 입고 먹을거리가 이미 갖추어져 있다. 오늘날 사람들은 이와 다르다. 스스로 힘써 일하는 자는 살고, 힘써 일하지 않는 자는 살지 못한다. 『묵자』, 「비악 상」

더 나아가 묵자는 노동을 생존의 수단만이 아니라 인간이 하는 모든 일의 성공과 실패를 결정하는 중요 요인으로 보았다. 묵자는 다스려짐과 어지러움, 영광스러움와 치욕, 귀함과 천함, 부유함과 가난함 등을 결정하는 것이 '운명'이 아니라 '노동'이라고 하였다.

힘써 노동하면 반드시 잘 다스려지고, 힘써 노동하지 않으면 반드시 어지러워진다. 또 힘써 노동하면 반드시 안정이 되고, 힘써 노동하지 않으면 반드시 위태로워진다. … 힘써 노동하면 반드시 귀해지고, 힘써 노동하지 않으면 반드시 천해진다. 힘써 노동하면 반드시 영화를 누리게 되고, 힘써 노동하지 않으면 반드시 치욕을 얻는다. … 힘써 노동하면 반드시 부유해지고, 힘써 노동하지 않으면 반드시 가난해진다. 힘써 노동하면 반드시 배부르게 먹을 수 있고, 힘써 노동하지 않으면 반드시 굶주리게 된다. … 힘써 노동하면 따듯하게 옷을 입을 수 있고, 힘써 노동하지 않으면 추위에 떨게 된다.

『묵자』, 「비명 하」

이렇듯 묵자는 노동을 인간의 생존 수단이자 사회를 유지하기 위한 필수적인 수단으로 보고 중요시하였다.

(4) 절용節用

묵자는 일상생활에서 불필요한 사치와 낭비를 줄이고 근검절약해야 한다고 주장하였다. 그는 군주가 전쟁을 일으키고, 성대한 궁궐을 지으며, 화려한 의복과 진수성찬을 즐기는 것은 백성들의 노동력을 착취하고 국가 재정을 낭비하는 행위이며, 더 나아가 사회 전체의 이익을 해치는 행위라고 비난하였다.

고로 스승 묵자께서 가로되, 쓸모없는 낭비를 없애는 것이 성왕聖王의 도道이며 천하의 커다란 이익이라고 한 것이다. 『묵자』, 「절용 상」

성왕의 정치는 법과 정책을 펴서 산업을 일으키고, 인민人民1)들로 하여금 재물을 사용하도록 하되, 유용하게 쓰이지 않는 것은 못하게 하였다. 그리하여 재물을 사용하는데 낭비가 없으므로, 인민이 힘들이지 않고 생산을 할 수 있고, 이익은 더욱 커졌던 것이다. 『묵자』, 「절용상」

묵자는 수량이 많지 않은 물자를 가지고 자기만을 위한 사치와 낭비를 할 것이 아니라, 절제를 통해 아껴 쓰면서 모든 사람과 함께 나눌 것을 주장하였다. 즉 절용은 전국시대의 혼란과 재물의 부족함을 해결하기 위한 도덕적 원리이며, 동시에 실용적인 사회개혁 방안으로 제시되었던 것이다.

(5) 반전 평화

묵자의 사상의 핵심 중에 또 하나 빼놓을 수 없는 것이 반전 평화 사상이다. 묵자가 볼 때 전쟁을 일으키는 것은 의롭지 못한 것이다. 전쟁이 일어나면 수십만의 백성이 동원되어 짧게는 수개월 길게는 수년 동안 생산을 할 수 없게 되고, 수레와 장막, 포장, 갑옷, 무기 등의 많은 재물과 가축이 소모된다. 또 전쟁에 동원된 백성들은 싸우다가 죽기도 하지만 보급이 막히면 추위

---

1) 인민(人民)에서 인(人)은 황제나 제후들의 도읍(國)에서 살던 사람들로, 이름을 가진 상층 지배계급의 사람들이다. 당시에 대부분의 사람들은 이름이 없었으며, 소수의 사람들만이 군주가 내려준 성(賜姓)을 받아 이름을 가질 수 있었다. 그러므로 인 또는 성을 가진 사람들이란 뜻의 백성(百姓)은 초기에는 귀족 등의 상층 지배계급이었다. 그리고 민(民)은 원래 창에 한쪽 눈을 꿰뚫린 사람이라는 뜻으로 전쟁 노예를 뜻했다. 전쟁에서 사로잡은 적군의 포로는 전투력을 줄이기 위해 한쪽 눈을 제거하고 노예로 부렸다. 이러한 인(人)과 민(民)이 합쳐져 인민이 되었으며, 후에 백성과 함께 일반 평민(平民)을 뜻하게 되었다.

에 얼어 죽고 굶주림에 굶어 죽어, 땅은 남아돌고 일할 사람은 없게 되어 천하 인민의 재물을 고갈시키게 된다. 그러므로 전쟁은 인민에게 전혀 이익이 되지 않는다.

지금 이러한 말을 듣지 않고 공격 전쟁을 좋아하는 나라가 만약 작게 군사를 일으킨다 해도 군자는 수백 명, 서인은 수천 명, 군졸은 수십만 명을 동원해야만 출정을 할 수 있으며, 전쟁 기간은 많으면 수년, 빨라야 수개월이 걸린다. 이 동안에 임금은 정치를 돌볼 겨를이 없고, 관리들은 관부를 다스릴 겨를이 없으며, 농부들은 농사를 지을 겨를이 없으며, 부인들은 길쌈할 겨를이 없을 것인즉, 국가는 근본을 잃고 인민은 생업을 바꿔야 하는 것이다. 『묵자』, 「비공 하」

그러므로 전쟁은 위로는 어질고 현명한 임금의 도리에 맞지 않고, 아래로는 나라와 인민의 이익에 맞지 않으므로 전쟁에 반대해야 한다고 주장한다.

그러므로 옛날 어진 이가 천하를 얻으면 반드시 나라를 넓히는 전쟁을 반대하고, 천하를 하나로 화목하게 하니 사해 만민이 통합되었던 것이다. 『묵자』, 「비공 하」

이제 어짊과 의로움을 행하고 훌륭한 선비가 되고자 하며, 위로는 성왕의 도에 맞고, 아래로는 나라와 백성의 이익에 맞도록 하고자 한다면, 마땅히 전쟁을 반대하는 평화주의에 대해 깊이 살피지 않으면 안 되는 까닭이 여기 있고. 『묵자』, 「비공하」

다만 묵자도 모든 전쟁을 반대한 것은 아니다. 묵자도 두 가지의 전쟁은 인정했다. 하나는 지키기 위한 전쟁이고, 하나는 하늘을 대신해 벌을 내리는 전쟁이다.

묵자는 남을 공격하기 위하여 군대를 양성하는 것은 반대하였으나, 군비를 갖추어 스스로를 지키는 것은 해야 한다고 주장하였다. 그 예로 초나라가 송나라를 공격하려 할 때 묵자가 열흘 밤낮을 걸어, 당시 초나라의 전술 병기를 만들던 공수반과 모의 전쟁을 하여 막아낸 이야기는 유명하다.

또 하나는 주誅이다. 주誅는 하늘을 대신해 벌을 내린다는 의미가 있다. 묵자는 포악한 군주는 마땅히 토벌되어야 한다고 생각했다. 하나라의 우禹임금이 유묘有苗라는 외적을 정벌하고, 은나라의 탕湯임금이 폭군인 걸桀왕을 정벌하고, 주나라의 무왕이 역시 폭군인 주紂왕을 친 것은 모두 공격이 아니라 하늘을 대신해 벌을 내린 주誅라 할 수 있다. 즉 주誅는 하늘과 민심에 따르는 전쟁인 것이다.

옛날 우임금은 유묘를 정벌했고, 탕임금은 걸을 정벌했으며, 무왕은 주紂를 정벌했지만, 이들은 모두 성왕이라고 하였다. 이는 어떤 까닭인가? 묵자가 말하길 그들의 주장은 우리가 말하는 법도를 잘 살피지 못하고 옛일을 잘 밝히지 못하였다. 옛 성왕들이 공격을 한 것은 모두 공攻이라 할 수 없고 죄를 문책하는 주誅라 할 수 있다. 『묵묵자는 겸애를 개인과 개인 간의 문제로만 국한하지 않았다. 나라와 나라 사이에도 겸애가 필요하다고 보았다. 그것이 바로 공격을 하지 않는다는 비공非攻이다. 비공은 묵자의 반전 평화 사상을 잘 나타내고 있다.

2. 묵자 사상의 중심 이론 : 십론

묵자 사상의 중심은 앞서 말한 겸애, 절용, 비공 등을 포함하여 열 가지 이론인 십론十論으로 정립된다. 묵자의 궁극적인 목적은 '천하에 이익을 증진시키고, 해를 제거하는 것興天下之利, 除天下之害'이라 할 수 있는데, 이를 위한 구체적인 지침과 행동 강령들이 십론인 것이다. 『묵자』 「노문魯問」 편에 보면 십론이 잘 요약되어 있다.

묵자가 위월魏越에게 각 나라를 돌며 유세하도록 하자 위월이 물었다. "사방의 군주들을 만났을 때 가장 먼저 해야 할 일은 무엇입니까?" 묵자가 말했다. "무릇 나라를 다스림에는 화급히 힘쓸 일을 선택하여 종사해야 한다. 즉 나라가 혼란하면 그에게 어진 인재 등용과 화동 일치를 말해 주고, 나라가 가난하면 절도 있는 소비와 간소한 장례를 권하며, 나라가 음악과 술에 탐닉해 있으면 음악을 절제하고 운명론을 없애도록 하고, 나라가 음란하고 예가 없으면 하느님을 섬기고 귀신을 섬기도록 하며, 다른 나라를 속이고 약탈하고 침략하고 능욕하려 하거든 평등한 사랑과 서로를 이롭게 하는 도리와 전쟁의 무익함을 깨우쳐주도록 하라! 그래서 화급히 힘쓸 일을 선택하여 종사하라고 말한 것이다. 『묵자』, 「노문」

이를 보면 알 수 있듯이 묵자는 각 군주들이 처한 정치. 경제. 사회. 문화의 모든 면에서 어려운 상황과 문제들에 대해 근본적인 관점에서 해결 방안을 제시하고 있음을 알 수 있다. 이 해결 방안들을 10가지로 나누어 정리한 것이 십론이다.

십론에 대해 간단히 설명하자면 다음과 같다.

① **상현**尚賢 : 능력 있고 어진 사람을 신분과 관계없이 숭상하고 지도자로 선출하여야 한다. 특히 주목해야 할 것은 지도자를 잘 선출해야 한다고 하였는데, 특이한 것은 선출의 대상에 천자까지 포함시킨 것이다.

② **상동**尚同 : 지도자를 선출한 이상, 선출된 지도자의 판단을 믿고 따르며 다른 마음을 갖지 않고 지도자와 같은 생각을 해야 한다.

③ **절용**節用 : 모두에게 이익이 되지 않는 곳에 쓸데없는 낭비를 해서는 안 된다. 절용은 당시로서는 윤리적 지침이기도 하고 사회 개혁의 한 방안이기도 하였다.

④ **절장**節葬 : 장례는 간소하게 치러야 하며, 삼년상처럼 오랫동안 상을 치르지 말고 허례허식에 치우치지 말아야 한다.

⑤ **비악**非樂 : 천하가 배고픔과 추움, 피로에 절어 있는데 사치스러운 음악을 탐닉해서는 안 된다.

⑥ **비명**非命 : 운명은 하늘에서 정해주는 것이 아니라 주체적으로 결정하고

노력해야 한다. 운명론은 배격되어야 한다.

⑦ **천지**天志 : 천하를 두루 사랑하고 보살펴서 모든 사람에게 이익을 주고자 하는 것이 하늘의 뜻이다.

⑧ **명귀**明鬼 : 하늘과 인간의 중간에서 하늘을 대신해 인간에게 상벌을 통해 올바름을 일깨워 주는 귀신이 있음을 분명히 알아야 한다. 여기에서 묵자가 귀신을 강조한 것은 종교적인 이유라기보다는 귀신의 권위를 빌어 당시의 무지했던 백성을 설득하기 위한 수단으로 활용한 것이다.

⑨ **겸애**兼愛 : 천하의 혼란을 잠재우기 위해 "천하에 남이란 없다天下無人."는 생각으로 모든 사람은 대등하게 서로 사랑하고 서로를 이롭게 해야 한다.

⑩ **비공**非攻 : 서로에게 이롭지 못한 전쟁을 중지하고 평화롭게 살아야 한다.

십론의 내용을 잘 살펴보면, 묵자의 사상은 인간과 사회에 대한 깊이 있는 성찰을 바탕으로 지배계층보다는 약자인 피지배 계층의 삶의 개선에 초점이 맞춰져 있으며, 2,500년 전의 사람이지만 그의 사상은 현대에서도 통할 정도로 민주적이고, 복지적이며, 평화적이라는 것을 알 수 있다.

1. 전국시대 묵자와 묵가의 위상

⑴ 고전 속에 나타난 묵자와 묵가에 대한 인식

묵자는 춘추전국시대의 제자백가 중 한 사람으로, 제자백가 중에서도 공자 다음에 나타난 전국시대 초기의 사상가이다. 묵자는 현대에 와서는 제자백가 중에서 비록 많이 알려지지는 않은 편이지만 옛날에는 여러 고전의 기록에 남아 있는데, 전국시대 당시에는 공자의 유가와 더불어 쌍벽을 이룰 정도로 번성했던 묵가의 창시자이기도 하다.

묵자 또는 묵가에 대해서 언급된 기록들을 살펴보면, 『맹자』「등문공滕文公」 편에는 "양주와 묵적의 말이 천하에 가득하다. 천하의 말이 양주로 귀결되지 않으면 묵적으로 귀결된다."고 하였으며. 진나라의 여불위가 편찬한 『여씨춘추呂氏春秋』에도 "묵가의 무리가 점점 늘어나고 제자가 더욱 많아져 천하에 가득했다."고 할 정도로 번성했던 학파였다는 것을 알 수 있다. 또 법가 사상가인 한비자도 「현학顯學」 편에서 "세상의 뛰어난 학문은 유가와 묵가이다."라고 평할 정도로 당시의 혼란스러운 문제들을 해결하는데 탁월한 견해와 방법들을 제시했음을 미루어 짐작할 수 있다. 그리고 근대에 이르러 청나라의 고증학자인 왕중汪中도 "묵가는 제자백가 가운데 오직 유가만이 대항할 수 있었고, 나머지는 모두 비교할 수가 없었다."고 한 바가 있다. 이로 볼 때 묵자 사상은 전국시대 때에는 유가와 함께 세력이 가장 강한 학파 중의 하나로 매우 번성했었으며, 그 학문적 성과들을 볼 때 인지도나 영향력이 상당히 높았다는 것을 알 수 있다.

⑵ 묵자 사상에 대한 제자백가의 평

조금 더 구체적으로 묵자와 묵가의 사상이나 내용을 평한 기록들을 보면, 맹자는 「진심盡心」 상편에서 묵자를 논하며 "그는 머리 끝에서 발꿈치에 이르기까지 온몸이 닳아 없어질지라도 남을 이롭게 하는 일이라면 하는 사람이다."라고 하였다. 또 장자莊子는 「천하」 편에서 "묵자가 말하기를 옛날 하나라의 우禹임금은 홍수를 막고 양자강과 황하의 물줄기를 뚫어 사방의 오랑캐들과 중원의 수로를 개통시켰으며, … 우임금이 친히 삼태기와 보습을 손에 들고 천하의 물줄기들을 규합할 때, 우임금의 장딴지에는 살이 빠지고 정강이의 털도 다 빠졌으며, 장맛비에 얼굴을 씻고 모진 바람으로 빗질을 하며 만국을 평안하게 다스렸다. 우임금은 대 성인聖人이었지만 천하를 위하여 이처럼 수고하였다. 후세의 많은 묵가의 제자들도 이를 본받아 거칠고 짧은 옷을 입었으며, 나막신이나 짚신을 신고 밤낮으로 쉬지 않으며, 극도의 노력과 수고를 다하였다. 그러면서 "만약 이렇게 하지 못하면 우임금의 도가 아니므로 묵자墨者라 하기에 부족하다."고 하였다. 이를 보면 묵자는 천하의 모든 사람들을 잘 살게 하기 위하여 스스로를 엄격하게 절제하면서, 자기 몸을 아끼지 않고 실천을 한 사람이라는 것을 알 수 있다. 『한서漢書』를 지은 한나라의 역사가인 반고 역시 「답빈희答賓戲」라는 글에서 공자와 묵자가 세상의 어지러움을 다스리기 위하여 부지런히 각 나라를 돌아다니느라 집에 편히 있을 겨를이 없다는 것을 '공석불난孔席不暖, 묵돌불검墨突不黔'이라고 표현을 한 바가 있다. 이 말은 공자는 계속 움직여야 했으므로 앉은 자리는 따뜻할 틈이 없고, 묵자는 집에서 밥을 해 먹지를 못해 굴뚝이 검게 그을린 적이 없었다는 뜻이다.

또 한나라의 회남왕 유안이 편찬한 『회남자淮南子』「요략要略」에는 "묵자는 유자儒者의 학을 배우고 공자의 가르침을 받았으나, 그 예禮가 번잡하여 사람을 기쁘게 하지 못하고, 번거로운 장례厚葬는 재물을 탕진시켜 백성을 가난하게 만들며, 상복을 오래 입는 것은 생업을 해친다고 생각하였기 때문에 주나라의 도周道를 버리고 하나라의 정책夏政을 채용하였다."는 내용이 실려 있다. 이 내용을 보면 묵자는 유가의 예를 배우기는 하였지만 유가의 예가 형식적이고 번잡하다고 비판한 것을 알 수 있고, 묵자가 실용주의적 관점을 가지고 있었으며, 하나라의 우임금을 따라 매우 실천적이었다는 것을 알 수 있다.

(3) 묵자가 역사에서 잊혀진 이유

이렇게 묵자가 유가에 대한 비판을 많이 하였기에, 후세에 권력의 중심에 서 있던 유가는 묵가를 많이 배척하였다. 그래서인지는 몰라도 유학이 국가 이데올로기가 되었던 한漢나라 무제武帝 때의 사마천은 『사기史記』를 편찬할 때, 묵자에 대한 내용을 지세히 기록으로 남기지 않고 제외하였다. 그래서 『사기』에는 묵자와 관련된 내용이 단 24자字로만 표현되어 있을 뿐 묵자에 대한 자세히 기록하고 있지 않다. 그 내용을 보면 "묵적은 송나라 대부이다. 방어 전쟁에 능하고 절용을 강조했다. 어떤 이는 공자와 동시대 사람이라고 하고, 어떤 이는 그 이후라고 한다."라고 간단히만 언급하였을 뿐이다. 전국시대에 유가와 더불어 당대의 가장 뛰어난 현학顯學으로 일컬어질 정도로 번성했던 묵가와 그 창시자인 묵자를 열전列傳에 배치하지 않고 이토록 간단히만 언급하고 넘어간 것은, 그때 이미 묵자나 묵가가 유가나 지배층으로부터 배척당하였고, 더 나아가 소멸되어 잊혀졌음을 알 수 있다.

그렇게 된 까닭은 묵자의 출신 성분과 그에 따른 묵자의 사상적 경향성 때문이라 볼 수 있다. 묵자는 당시 하층민 계급인 목수로 알려져 있으며 수레바퀴를 잘 만든 노동자였다. 그래서 묵자는 항상 노동자의 입장에서 평민 또는 천민을 대변하려고 노력하였다. 평소 묵자가 가장 걱정하고 근심하던 문제는 "주린 사람이 먹지 못하고, 헐벗은 사람이 입지 못하며, 피로한 사람이 쉬지 못하는 세가지 환난三患이었다. 묵자는 당시의 피지배 계층이 보편적으로 겪고 있던 삼환을 해결하기 위하여 맹자가 말 한대로 머리 끝에서 발꿈치까지 다 닳아 없어질 정도로 헌신적인 노력을 전개하였다. 묵자의 이러한 사상적 경향성과 그에 따른 실천은 자연스럽게 지배계층과 그들의 이념과 가치를 주도했던 유가에게 배척당할 수밖에 없었으며, 그 결과 묵자와 그가 이끌던 학파인 묵가는 진秦나라와 한韓나라 이후로 약 2천 년간 역사에서 사실상 지워진 존재가 되었던 것이다.

4. 묵자의 생애와 자취

묵자가 역사에서 지워졌다는 것은 바로 묵자와 관련된 대부분의 기록이 진秦, 한漢 이후 소실되어 없어졌다는 것을 의미한다. 그래서 묵자는 어떤 사람이었고, 언제 태어나고 죽었는지, 출생지가 어디인지, 심지어는 이름조차 무엇이었는지 정보가 불분명하다. 다만 제자들에 의해 쓰여진『묵자』의 일부가 약 2000년간 묻혀있다가 1,700년대 말에 다시 발굴되었고, 그 뒤 청대의 고증학에 의해 어느 정도 복원이 되긴 하였지만, 그럼에도 충분하지 못한 편이다. 그래서 부족한 기록이나 묵자와 관련해 다른 학자들이 언급한 내용들을 종합하여 추론할 뿐이다. 그럼에도 아직 하나로 정리되지 못하였고, 학자들마다 이론이 제각각 분분하여 다양한 학설이 존재하고 있다.

1. 묵자에 대한 다양한 의문들

⑴ 왜 묵자로 불리어졌는가?

묵자를 묵자로 부르게 된 까닭에는 다양한 학설이 있다.

첫 번째 학설로 묵墨을 얼굴색으로 보는 견해가 있다. 묵자는 원래 노동자였기 때문에 햇볕에 많이 그을려 얼굴이 검었으므로 묵자라고 불리었다는 견해로 일리가 있는 말이다. 하지만 얼굴이 검었다는 것에 대해 묵자가 인도인이기 때문이라는 지나친 주장을 펼치는 학자도 있다.

두 번째 학설로 전목錢穆 같은 학자는『선진제자계년고변先秦諸子系年考辨』이라는 그의 저술에서 얼굴에 글자를 새기는 묵형墨刑이라는 고대의 형벌이 있는데 묵자가 이 형벌을 받았기 때문에 묵자로 불리었다고 주장을 하였다. 그에 의하면 『백호통白虎通』의 기록을 보면 다섯 가지 형벌 가운데 "묵墨은 이마에 뜸을 뜨는 것이다."라 했다. 『상서商書』, 『주례周禮』, 『효경孝經』, 『한서漢書』 등의 책에 해설을 달아 놓은 것을 보면, 모두 묵墨은 경죄黥罪로 얼굴에 글자를 새겨 먹으로 문신을 새긴 것으로 보았는데, 묵자의 '묵'은 여기서 의미를 취한 것이라고 하였다.

세 번째 학설로는 진설량陳雪良의 견해인데, 그는 『묵자답객문墨子答客問』에서 '묵墨'의 원래 가지고 있는 의미 중에 먹줄을 사용하는 목공이란 뜻이 있기 때문에 묵자가 목수여서 그렇게 불리었다고 주장한다. 그에 의하면 묵자는 수레를 만드는 뛰어난 기술자 가정에서 태어났다고 하였다. 당시 사회에서 기술자는 관청 소속이었는데 기술자는 엄격한 통제 아래 관청에 예속되어 일했고 사회적 지위가 매우 낮았으며, 당시 기술자 직업은 대대로 세습되었다고 한다. 묵자는 철이 들면서부터 부모를 따라 집안에서 기술을 읽혔을 것이라 하였다.

이상에서 볼 때 가장 신빙성이 있는 주장은 묵자가 목수였다는 것이다. 물론 묵자라고 불리운 이유가 한 가지만이 아니라 두 가지 이상의 견해가 합쳐진 것일 수도 있다. 그러나 분명한 것은 실제로 묵자의 제자들이 저술한 것으로 보이는 『묵자』를 보면 묵자가 목수였다는 근거들이 많이 나오고 있다. 예를 들면 먹줄이나 그림쇠, 또는 곱자 등 목수의 도구를 인용하여 원칙이나 기준을 강조하는 논리를 전개하는 경우가 자주 등장하는 것을 볼 수 있다. 또 묵자의 방어 전술 가운데 적의 공성 무기인 운제雲梯의 공격에 대해 방어무기인 충거衝車를 만들기 위한 설계에서 구체적으로 수치를 제시하는 등 목수의 기술을 운용하는 예들이 자주 등장하기도 한다. 이러한 점들을 종합해 보면, 묵자가 최소한 목수였음이 분명하였다는 것을 알 수 있다. 그리고 묵자가 목수이며 노동자였기 때문에 얼굴이 검은 편이었다는 말도 수긍이 간다.

⑵ 다양하게 불리는 묵자의 이름

묵자의 이름에 대해서도 서로 다른 학설이 존재한다. 성이 묵墨씨이고, 이름이 적翟이라는 설, 성이 적翟이고 이름이 오烏라는 설 등이 있다.

『한비자韓非子』, 『여씨춘추呂氏春秋』, 『회남자淮南子』 등에 의하면 묵자는 묵가의 대표로 성은 묵이고 이름은 적이라는 기록이 있다. 중국 당나라의 임보林甫가 편찬한 성씨姓氏에 관한 책인 『원화성찬元和姓纂』에 의하면, "묵자는 고죽국孤竹國의 후손으로 본래 묵태墨胎씨였으나 나중에 묵씨로 고쳤다."는 기록이 나온다. 백이, 숙제의 나라인 고죽국의 위치는 지금의 하북성과 요령성의 일대에 걸친 발해만의 북쪽 해안이고, 중심지는 대릉하 상류의 요령성遼寧省 객좌현喀左縣 지역으로 추정된다. 고죽국의 실재에 대해 부인하는 견해도 있었지만, 1970년대 중국 요령성 객좌현 북동촌北洞村 고산孤山에서 '고죽'이라는 명문이 새겨진 은나라 말기의 청동 제기가 발견됨으로 그 지리적 위치가 확인되었다. 고죽국은 은殷나라 탕왕湯王 때 제후국의 하나로 책봉되었고, 군주의 성은 묵태씨墨胎氏로 알려져 있다. 주나라 초기에 주에 의해 멸망한 고죽군孤竹君의 두 아들인 백이伯夷와 숙제叔齊가 은殷에 대한 충절로 주나라의 곡식을 거부하며, 수양산首陽山에 숨어 들어가 고사리를 캐어 먹다가 굶어 죽었다는 전설로 유명하다.

묵자의 성명에 대한 또 다른 학설은 『신당서新唐書』와 원대元代의 『낭환기琅嬛記』 등에 나와 있는 기록으로 묵자의 성이 적翟이고, 이름은 오烏라는 견해이다. 청淸나라 초기 학자인 주량공周亮工도 자신이 쓴 『인수옥서영因樹屋書影』에서 "선진 제자 가운데 창립자의 성씨로 학파를 명명하는 경우는 없었다. 따라서 묵은 당연히 학파의 명칭으로 보아야 한다."면서, 묵墨을 도리로 삼아 성을 이름으로 바꾸었을 뿐이며, 묵자의 실제 성은 적翟인데 선인들이 성을 이름으로 바꾼 것이라 하였다.

현재 묵자의 성명은 일반적으로 '묵적墨翟'으로 통용되고 있다. 기록을 봐도 묵적이라고 하는 기록은 전국시대에서 진나라와 한나라까지의 묵자의 생존 시기와 가까웠던 시기의 기록에 많이 나로고, 적오翟烏라는 기록은 후세의 당, 원, 명, 청 시기의 기록에 등장하는 경우가 많다. 이로 봐서는 실제로 묵자가 살았던 시기와 가까운 시대에 '묵적'으로 불리었으므로, 묵자의 성명을 묵적이라고 보는 견해가 더 타당해 보인다.

(3) 알 수 없는 묵자의 생몰연대

묵자의 신상과 관련해 가장 많은 이론들이 제기된 것이 묵자의 생존 시기와 관련된 논의들이다. 다만 한 가지 분명한 것은 『묵자』를 보면 유가 사상을 비판하며 공자를 언급하는 내용이 많이 나오는 데 비해, 맹자에 대한 언급은 없고 오히려 『맹자』에는 묵자를 비판하는 글들이 있는 것을 보면, 묵자는 공자기원전 551년-기원전 479년보다는 늦게 태어나고, 맹자기원전 372년-기원전 289년보다는 빨리 태어난 것이 분명해 보인다.

이에 대해 보다 구체적인 기록들을 살펴보면 『사기史記』, 「맹자순경열전

孟子荀卿列傳」에는 묵자가 공자와 동시대이거나 그 후의 사람이라는 기록이 있으며, 『한서漢書』, 「예문지藝文志」에는 묵자가 공자 후대 사람이라고 나온다. 또 『후한서後漢書』, 「장형전張衡傳」에도 공수반과 묵적은 공자의 손자인 자사子思와 같은 시대 사람으로 공자 이후에 출생했다는 기록이 있다. 이로 봐서도 묵자가 공자와 맹자 사이에 생존했다는 것은 분명한 사실로 보인다.

좀 더 살펴보자면 묵자의 정확한 생몰연대에 관해 근대의 학자들은 다양한 의견들을 피력하고 있다. 청나라의 고증학자인 손이양孫詒讓은 근대에 『묵자』를 체계적으로 복원한 『묵자한고墨子閒詁』에서 "전후를 살펴 계산해 보면 묵자는 자사子思와 동시대에 살았으나 생년은 오히려 그 후라고 하였다. 주周 정왕定王 초년에 태어나 안왕安王 말년기원 전 468~387년에 죽었으니 대략 80~90세로 장수했다고 볼 수 있다." 하였고, 양계초는 그의 저서 『묵자학안墨子學案』에서 "종합해 보면 묵자는 주 정왕 초기원년에서 10년 사이, BC. 468~459년에 태어났는데, 대략 공자 사후BC. 479년 10여년 뒤이다. 묵자는 주 인왕 중엽BC. 390~382년에 죽었으며, 대략 맹자가 태어나기BC. 372년 10여 년 전이다."라고 주장하고 있다. 그리고 임계유任繼愈는 『묵자와 묵가墨子與墨家』라는 책에서 묵자와 관련된 자료들을 종합해 추론해 보면 묵자는 대략 기원전 480년에 태어나 기원전 420년에 죽었으며, 그가 어렸을 때 공자는 이미 세상에 없었다고 말하고 있다. 또 진설량陳雪良은 『묵자답객문墨子答客問』에 「묵자연표」를 제시하며 묵자는 주周 정왕 원년BC 468년에 태어났다고 주장하기도 하였다.

이상에서 볼 때 비록 정확한 연도까지 규정하지는 못하지만, 묵자가 태어난 시기에 대하여 손이양과 양계초, 그리고 진설량의 주장이 비슷하게 모아지고 있음을 알 수 있다. 그런 면에서 묵자의 생존 시기를 대략 B.C.468~387년이라고 한 손이양의 주장이 신빙성이 있어 보인다.

⑷ 묵자의 출생지

묵자의 출생지에 대한 주장들 역시 다양하게 제기되고 있다.

『회남자淮南子』, 「범훈론氾論訓」에는 초나라의 한 지역인 "추로鄒魯의 유가와 묵가를 종합하여 先聖이 남긴 가르침이 통했다."라는 기록을 통해 추로가 초나라 땅이므로 묵자가 초나라 사람인 것처럼 표현하고 있으며, 『사기』, 「맹자순경열전」에는 묵자가 송나라에서 대부 벼슬을 하였다고 한 기록과, 『墨子』, 「公輸」 편에 나오는 "묵자가 초나라의 송나라 침공을 막고 돌아가는 길에 송나라를 지나다가 마침 비가 내려 성문 안으로 피하려고 했는데 문지기가 들여보내지 않았다."는 기록을 들어 묵자가 송나라 사람이라는 견해가 제기되기도 한다. 심지어는 묵자의 얼굴이 검었다는 이유로 호회침胡懷琛은 묵자가 인도인이라는 주장까지 제기하였다.

그러나 이러한 설들보다는 묵자가 노魯나라 사람이라는 설이 더 유력한데, 『여씨춘추』에는 초楚가 송宋나라를 공격하는 것을 막기 위해 "공수반이 운제雲梯를 만들어 송나라를 침공하려고 하자, 묵자가 그 소식을 듣고 노나라에서 달려왔다."는 기록이 있으며, 『회남자』 또한 같은 사건에 대해 "노나라에서 열흘 밤낮을 달려가 영郢, 초나라 수도에 도착했다."는 기록 등을 통해 묵자가 노나라 사람이라고 추론하고 있다. 이러한 논거들을 바탕으로 양계초는 묵자가 노나라 사람이라고 주장하고 있으며, 손이양 또한 그의 저술인 『묵자전략墨子傳略』에서 묵자가 노나라 사람이라고 언급한 바가 있다.

그리고 산동대의 장지한은 양계초의 『묵자학안墨子學案』, 전목의 『선진제자계년先秦諸子系年』, 왕헌당의 『염황씨족문화고炎皇氏族文化考』, 동서업의 『춘추좌전연구春秋左傳研究』, 방수초의 『묵자원류墨學源流』 등 대량의 문헌을 통해 묵자를 연구하였다. 그는 묵자의 출신, 묵자 학설의 연원, 묵자 과학기술 발전의 분석, 당시의 사회생활 풍속 등 네 가지 방면에 걸쳐 깊이 있고 상세한 분석과 논증을 통해 묵자가 법적으로로는 독립국의 지위를 가지고 있지만 실제로는 정치, 경제, 군사, 문화 등의 면에서 당시 노나라의 지배를 받았던 나라인 소주루小邾婁 국경 내의 남읍濫邑 사람이라는 결론을 도출했다. 즉 묵자는 노나라 사람이라는 것을 실증적으로 밝힌 것이다. 더 나아가 장지한은 "공묵의 학문은 모두 주루문화에서 나왔으며, 사실 근원이 같다. 하지만 공자는 서주 문화의 영향을 많이 받은 노나라에서 살았고, 묵자는 서주의 고압적 통치를 받았던 옛날 소주루국에서 살면서 가장 심하게 압박받은 천민이었다. 이 때문에 주나라를 따르는 공자와 하나라를 본받은 묵자의 입장이 서로 엇갈리고 두 학파가 병립, 대치하게 된 것이다"라고 하였다.

이렇듯 묵墨에 대한 해석, 묵자의 이름, 생몰연대, 출생지 등이 하나로 정리되지 못하고, 기록이나 학자들마다 다양한 견해들이 속출한 것은 남아 있는 문자나 기록들과 관련해 2,500년 전이라는 시대적 한계가 작용한 점도 있을 것으로 보인다. 하지만 그 못지않게 진시황 때에 분서갱유 등으로 인해 국가 차원에서의 묵가에 대한 축출 작업이 본격적으로 진행되었기 때문으로 추측된다.

분서갱유는 유가에 의해 촉발된 면도 있지만 그 과정에서 유가의 경전들만 불태워지거나, 유가의 선비들만이 구덩이에 생매장된 것이 아니었다. 이때 진나라의 국가 이념이 되었던 법가 이외의 모든 제자백가가 탄압을 받았으며, 그런 면에서 가장 반체제적이었던 묵가의 서적이나 제자들도 상당히 피해를 입었을 것으로 추정된다. 그래서 한 무제 때 사마천이 사기를 쓸 즈음에는 유가의 묵가에 대한 압박과 배척이 거셌던 면도 있지만, 이미 묵자에 대한 기록들이 많이 망실되어 사마천도 묵자에 대해서는 「맹자순경열전」에 24자로만 간단히 언급하고 지나간 것으로 보인다. 물론 한 무제가 동중서董仲舒를 중용하면서 유가 외의 다른 학문들을 배척하고 오로지 유가 중심의 정책을 펼친 이후로 유가가 중국 역사상 주류학문으로 등장하게 되면서, 유가와의 사상투쟁이 심했던 묵자 및 묵가에 대한 기록들은 지속적으로 역사 속에서 삭제, 은폐될 수밖에 없었다.

전국시대 때의 유가와 묵가는 당시의 주도권을 잡기 위하여 맹렬하게 경쟁하는 관계였다. 전국시대 초기에 유가를 비판한 묵자나, 묵가를 비판한 맹자의 사상 논쟁은 매우 치열했으며, 이러한 논쟁이 사실상 백가쟁명百家爭鳴의 시작이라고 해도 과언이 아니었다. 이로부터 유가와의 사상투쟁에서 패한 묵가는 이후 유가의 압박으로 인해 역사에서 자취가 지워지기 시작했다. 그 시작이라고 볼 수 있는 유가와 묵가의 초기 사상투쟁을 시대적 순서에 따라 묵자의 유가 비판과 맹자의 묵가 비판으로 나누어 간략히 살펴보고자 한다.

1. 묵자의 유가 비판

묵자는 어려서 공자의 학문을 배웠으나 자신과 맞지 않는 것을 보고 유가의 입장을 비판하며 반대하였다. 『회남자淮南子』, 「요략要略」에 의하면 "묵자는 유자儒者의 학을 배우고 공자의 가르침을 받았으나, 그 예禮가 번거로워 사람을 기쁘게 하지 못하고, 번거롭고 사치스러운 장례인 후장厚葬은 재물을 탕진시켜 백성을 가난하게 만들며, 상복을 오래 입는 것은 생업을 해친다고 생각하였기 때문에 주나라의 도周道를 버리고 하나라의 정책夏政을 채용하였다."고 한다. 실제로 『묵자』를 보면 묵자가 한 말 중에 『시경』, 『서경』 등을 인용하는 경우가 많이 나오는 것을 볼 수 있는데, 이를 보면 묵자가 어려서 유학을 공부했다는 내용이 사실이며, 근거가 충분하다는 것을 알 수 있다. 또 『묵자』에는 정치를 잘했던 요堯, 순舜, 우禹, 탕湯, 문왕文王, 무왕武王, 주공周公 등의 치적들을 인용하는 경우가 많은데, 그중 공자가 성왕 중에서 개인적으로 가장 존경하였다는 주공을 인용하는 경우는 별로 없고 상대적으로 하夏의 우왕禹王을 인용한 경우가 많은 것을 보면, "주나라의 도周道를 버리고 하나라의 정책夏政을 채용하였다."는 회남자의 내용이 상당히 타당성이 있다고 볼 수 있다.

이를 보면 묵자는 유가에 대해 상당히 비판적이라는 것을 알 수 있는데, 묵자는 사실상 자신의 주장이나 학설을 유가 학설에 반대하는 것으로부터 출발하였다고 해도 지나친 말이 아니다. 묵자는 유가의 인仁, 의義, 도덕은 물론 하위의 규범을 전부 새롭게 해석하여 비판하면서 십론十論을 제기하였으며, 이를 통해 자신의 논리를 체계화하였다고 볼 수 있다. 실제로 『묵자』를 보면 비유편을 비롯해서 거의 전편에 걸쳐 유가를 비판하고 있다. 그 내용들 중 중요한 것들을 구체적으로 살펴보면 다음과 같다.

첫째로 유가의 인仁을 비판하였다. 묵자는 인仁이 사람을 사랑하는 것이기는 하지만 모든 사람을 사랑하는 것이 아니라, 혈연을 중심으로 사람의 신분에 따라 차별적인 사랑을 하는 것이기 때문에 결국 이러한 사랑은 신분제를 강화할 뿐이며 백성들을 더욱 살기 힘들게 할 뿐이라고 비판하였다.

둘째로 유가의 번거롭고 사치스러운 장례와 오랫동안 치르는 상례를 비판하였다. 묵자는 유가의 장례가 마치 사람이 저 세상으로 이사 가는 것처럼 하여 죽어서도 이승에서 살아가는 것처럼 온갖 재물과 집기, 타고 다닐 말과 수레까지 묻으며, 심지어는 저 세상에서 부릴 사람들까지 같이 순장시키는 것에 대해 매우 강하게 비판을 하였다. 또 장례를 치르고 난 후에도 많게는 삼년, 적어도 몇 달을 상을 치르게 함으로써 사람들이 본연의 생산활동을 제대로 하지 못하게 하는 것에 대해서도 통렬히 비판하고 있다.

셋째로 유가의 예악禮樂에 대해 비판하고 있다. 유가에는 관혼상제冠婚喪祭 등 여러 예법이 있는데 그중에서 제일 중요한 것이라 할 수 있는 제례를 보면 하늘이나 조상신, 토지신 등에게 제사를 지내는 것을 중시하고 있다. 그런데 제사를 지내려면, 온갖 진귀한 제물들을 차려 놓아야 하고, 거기에 더하여 각종 악기로 연주하는 음악이 있어야 하며, 음악에 따라 춤도 필요하였다. 묵자가 보기에 이러한 예악은 지배계급의 특권을 유지하기 위한 수단일 뿐이며, 사치와 낭비에 지나지 않았다. 이러한 예악은 단순히 제사를 지낼 때만 행하는 것으로 그치는 것이 아니었다. 일상적으로 악기를 만들어야 하고, 연주나 춤추는 법을 익숙하게 배워야 하기에, 여기에 동원되는 사람은 농사 일이나 생산에서 손을 떼야 하므로 그 낭비는 이루 말할 수가 없는 것이기 때문에 비난받아 마땅한 것이라 하였다.

넷째로 비판한 것은 운명론이었다. 은殷의 제후국이었던 주周가 은나라를 물리치고 왕권을 잡았을 때 권력의 정통성을 주장하기 위해 세운 논리가 '천명론天命論'이었다. 천명론은 은의 마지막 임금인 주紂왕이 포악무도하므로 하늘이 명하여 주의 무왕武王으로 하여금 천자가 되게 하였다는 논리이다. 간단히 말하자면 사람의 일은 하늘의 뜻에 달려 있다는 말인 것이다. 이러한 사상은 주나라의 예인 주례周禮로 전승되었고, 주례를 신봉하던 공자의 유가는 천명론으로부터 자연스럽게 운명론을 받아들이게 되었으며, 이는 곧 왕과 제후 및 관료를 비롯한 지배계급의 세습을 정당화하는 논리적 근거가 되었다. 이에 대해 묵자는 천명론이나 운명론은 단지 포악한 임금이 만든 궁색한 변명에 지나지 않는다며, 세습에 의한 신분적 차별을 반대하였다. 묵자는 인간의 주체적 노력을 강조하며 운명론을 배척하였다.

다섯째로 묵자는 유가의 명분과 논리만을 중시하며 실천하지 않는 것을 비판하였다. 묵자가 볼 때 유가는 가깝고親, 멀며疎, 존귀하고尊, 비천함卑의 차등을 앞세워 형식만을 강조하고 있다. 때문에 거짓과 모순이 많고, 생산 노동을 천시하며, 운명론을 내세워 실행을 하지 않는 등 거짓되게 어진 척, 의로운 척만을 하고 있을 뿐이었다. 이에 반해 '유가는 명분, 묵가는 실천儒名墨行'이라는 말이 있을 정도로 묵자는 '천하의 이로움'을 실천하기 위해서는 '정수리가 닳아서 발꿈치에 이르더라도' 가장 낮은 곳에서 실천을 하려고 노력하였기에 유가에 대해서는 매우 비판적이었다.

그 외에도 묵자는 유가의 "있는 그대로 기록할 뿐, 새로 지어내지 않는다"는 술이부작述而不作과 옛말과 옛 복장을 고집하는 고언고복古言古服 등의 복고주의도 비판하고 있다.

이렇듯 묵자는 전국시대 당시에 전쟁과 혼란으로 백성들은 굶어 죽고, 얼어 죽는 일이 수도 없이 일어남에도, 유가는 신분 중심의 계급 질서나 명분만을 앞세우는 허례허식을 앞세워 백성들의 고통을 외면하는 것을 적극적으로 비판하였다.

2. 맹자의 묵가 비판

묵자보다 후세에 태어난 맹자는 공자의 후계자임을 자임하면서 묵자와 양주를 통렬하게 비판하였다. 공자 이후로 전국시대의 주류 사상이었던 유가의 입장에서, 실질적으로 조직을 이끌며 실천적으로 현실 문제에 직접적으로 개입함으로써 전국시대를 풍미했던 묵자 사상의 등장은, 맹자에게 충분히 위기감을 불러일으켰다고 볼 수 있다. 그래서 맹자는 유가의 정체성을 지키며 당시의 주도권을 놓치지 않기 위하여 당시 가장 강력한 세력 중의 하나였던 묵가를 물리치는 것을 자신이 학문을 하는 최고의 목표로 설정하였다. 그래서 맹자의 언행록인『맹자』를 보면, 다른 제자백가들에 대한 비판도 있지만 특히 양혜왕梁惠王 상편에서 진심盡心 하편에 이르기까지 상당 부분을 묵자와 그의 후예들인 묵가에 대한 비판에 할애하고 있음을 알 수 있다. 그리고 비판의 정도도 매우 신랄해서 다음의 글을 보면 양주와 묵적을 이단시하며 금수와 비견하고 있음을 알 수 있다.

> 양주와 묵적의 도道가 종식되지 않으면 공자의 도道가 드러나지 못할 것이니, 이는 부정한 학설이 백성을 속여 인의仁義를 꽉 막는 것이다. 인의가 꽉 막히면 짐승을 내몰아 사람을 잡아먹게 하다가 사람들이 장차 서로 잡아먹게 될 것이다. 내가 이 때문에 두려워하여 앞선 성인先聖의 도를 보호해서, 양주楊朱와 묵적墨翟을 막으며 부정한 말을 추방하여 부정한 학설을 하는 자가 나오지 못하게 하는 것이다. 부정한 학설은 그 마음에서 나와 그 일에 해를 끼치며, 일에서 나와 정사에 해를 끼치니, 聖人이 다시 나와도 내 말을 바꾸지 않을 것이다.『맹자』,「등문공 하」

맹자의 묵자 비판의 내용들을 살펴보면 주로 묵자의 겸애설을 중심으로 많이 비판하고 있는데, 그중에서도 가장 많은 논란이 있는 것은 맹자가 묵가의 사상을 아버지가 없는 사상이라고 하면서 '무부無父'라고 칭한 효의 문제이다. 맹자는 "남의 아버지도 우리 아버지처럼 사랑하고 남의 아들도 내 아들처럼 사랑하라"는 묵자의 말에 대해 짐승과 같다고 비판하고 있다. 그 이유는 남의 아버지를 사랑할 수는 있지만 먼저 나의 아버지를 사랑한 연후에 남의 아버지를 사랑하는 것이 도리에 맞는데, 묵자는 차등을 두지 않고 똑같이 사랑하라고 했기 때문에 잘못된 것이라고 하였다. 그러므로 묵자가 아버지를 부정하였기 때문에 무부無父라고까지 표현하였던 것이다.

> 성왕聖王이 나타나지 않으니, 제후들은 방자하게 행동하고, 처사들은 제멋대로 논의를 펼쳤다. 양주楊朱와 묵적墨翟의 말이 온 천하에 가득하였다. 천하의 논설이 양주를 따르지 않으면, 묵적을 따랐다. 양씨는 '오직 나만을 위한다'고 하였으니, 이는 군주를 부정하는 것이며, 묵씨는 '모든 사람을 고르게 사랑해야 한다'고 하였으니, 이는 아버지를 부정하는 것이다. 아버지도 없고, 군주도 없다면, 이는 금수禽獸와 다를 바 없다. 『孟子』, 「滕文公下」

그러나 이것은 맹자가 묵자를 공격하기 위하여 묵자가 한 말의 근본 뜻을 깊이 살피지 않고 감정적으로 대응한 것에 불과한 것이다. 묵자가 말한 '겸애'의 본 뜻은 서로 사랑하라는 말로써, 내가 남의 아버지를 나의 아버지를 사랑하는 것처럼 사랑하면, 남도 나의 아버지를 자신의 아버지처럼 사랑할 것이기에 서로 사랑해야 한다는 것이다. 이것이야말로 참된 인仁인 것이다. 그래서 당唐나라의 대문장가인 한유韓愈는 박애를 '인'이라고 하였으며,

송宋의 서현徐鉉도 설문해자說文解字의 주注를 교정하면서 '인은 겸애와 같은 것'이라고 주장하기도 하였다.

그런데 맹자는 이를 잘못 해석한 것이다. 공자가 말한 인仁은 원래 보편적인 사랑을 뜻하는 것이었는데, 맹자는 '인'을 묵자의 '겸애'와 대응하는 개념으로 국한시키면서, '인'을 가족 윤리로서의 친애親愛로 협소하게 해석한 것이다. 이로써 공자의 '인'과 맹자의 '인'은 그 의미와 개념 간에 간극이 벌어지게 되었다.

그 밖에도 『맹자』에는 맹자가 묵가의 제자인 송경宋□이나 이지夷之 등과 진행한 논쟁들이 나온다. 주로 겸애에 대한 비판이 많은데 앞서 설명한 묵자를 무부無夫라 칭한 것 외에도, 겸애는 중용과는 반대라는 비판, 이지의 부모상에 대한 이중성 지적 등 여러 논쟁들이 실려 있다. 이러한 논쟁들 역시 맹자가 보다 깊이 있게 성찰하지 못하고 자신의 입장에서 상대를 배격하려는 생각을 앞세워 제기된 것이 많다. 물론 맹자는 묵가 외에도 타 제자백가들과도 다양한 논쟁을 통해 유가의 정체성과 주도성을 지키려고 부단한 노력을 기울였다. 맹자가 공자처럼 성인으로 일컬어지지 못하고 아성亞聖이라고 불린 이유에는 공자와 같은 반열은 아니지만 버금가는 성인이기 때문이라는 설도 있다. 하지만, 맹자가 다른 제자백가들과의 치열한 사상 논쟁으로 인해 규각圭角 - 모서리 등의 뾰족한 부분이 있기 때문에, 다시 말해 사람을 품지 못하고 싸움을 일삼았기에 성인으로 칭하기에는 부족하였기 때문이라는 설이 있다. 사실 맹자가 본격적으로 숭상된 것은 송宋나라 주자朱子 이후였고, 『사기史記』를 쓴 사마천도 맹자를 존칭 대신에 이름인 맹가孟軻로 불렀다. 공자, 묵자 등을 칭할 때의 자子는 스승이란 뜻으로 존칭이다. 논어에도 자왈子曰

이라는 표현이 있고, 묵자에도 자묵자왈子墨子曰이라는 표현이 자주 나온다. 이는 '스승께서 말씀하시길', 또는 '스승 묵자께서 말씀하시길'로 해석한다. 처음부터 맹가를 맹자라고 존경심을 담아 부른 것은 아니었다.

물론 맹자는 유가의 입장에서 보면 친애親愛 개념의 확대를 통해 추기급인推己及人과 같은 수양론을 발전시켰고, 성선설과 함께 사단론四端論을 제기하였으며, 교육사상으로 공자의 '인仁'을 바탕으로 인仁, 의義, 예禮의 관계를 정립하였다. 또 백성이 나라의 근본이라는 민본정치를 주장하기도 하는 등 유가의 학설을 체계화하는데 지대한 공을 세우기도 한 공이 있는 것도 사실이다.

이러한 유가와 묵가의 대립, 갈등에 대해 일부 학자들은 유가와 묵가는 원래 한 뿌리에서 나온 것이라며 절충론을 제시하기도 하였다. 근대 중국의 역사학자인 노사면은 『선진학술개론』에서 "전국시대 때 비록 유가와 묵가가 서로 대립하였지만 두 학파는 공통된 사상 연원과 토대를 갖고 있다."고 주장하였다. 실제로 당송팔대가 중의 한 명인 한유韓愈는 「독묵자讀墨子」에서 유가와 묵가는 서로 보완적이라는 유묵상통론을 주장하기도 하였다. 한유는 유가를 올바로 알려면 묵가를 제대로 이해해야 알 수 있고, 또한 묵가를 제대로 알려면 유가를 모르고서는 올바로 알 수 없다고 주장하기도 했다.

또 『묵자』 「공맹公孟」 편을 보면 묵자가 유가를 비판하기는 하였지만, 이는 공자를 비판한 것이 아니라 유가의 제자들이 잘못하고 있는 관행을 비판한 것이라는 내용의 글이 나온다.

묵자가 정자와 더불어 변론하다가 공자를 칭찬했다.

정자가 말했다. "선생은 유가를 비난하면서 어찌하여 공자를 칭찬합니까?'

묵자가 말했다. "이는 합당하면 바꿀 수 없기 때문입니다. 새들은 덥고 가물면 높이 올라가고, 물고기는 덥고 가물면 물 밑으로 내려갑니다. 이것은 결토 우임금과 탕임금의 지식과 꾀로도 바꿀 수 없는 것입니다. 새와 물고기가 어리석다고 하지만, 우임금과 탕임금도 그것을 따를 수밖에 없는데 지금 내가 어찌 공자를 칭찬하지 않겠습니까?"

즉 묵자가 유가를 비판한 것은 공자의 사상이 잘못되었기 때문이 아니라, 공자의 제자들이 공자의 뜻을 제대로 받들지 못해 생긴 폐단이라는 것이다.

2장

묵자는 왜 2000년 간 역사에서 지워졌는가?

1. 묵가의 몰락 과정과 그 원인

1. 묵가의 몰락 당시의 시대 상황

전국시대 때 유가와 더불어 양대 뛰어난 학문으로 일컬어졌던 묵가는 진시황의 분서갱유焚書坑儒 이후로 몰락하였다. 분서갱유는 1년의 간격을 두고 연속된 두 가지 사건이다. BC 221년 중국을 통일한 진시황은 법가法家 사상가인 이사李斯를 발탁하여, 법가를 중심으로 한 정책들을 펴기 시작하였다. 한편으로는 문자의 통일, 도량형의 통일, 도로 규격의 통일을 꾀하는 등 새로운 질서를 구축하였으며, 다른 한편으로는 주나라 내내 이어져 오던 봉건제를 폐지하고 군현제를 시행하는 등 황제 중심의 중앙집권적인 정책을 펼쳐 나가기 시작한 것이다. 이 과정에서 법가 외의 다양한 제자백가들은 새로운 체제와 질서에 대해 반대하였으며, 그중 유가는 다시 봉건제로 돌아갈 것을 주장하였다.

진시황은 이것을 자신이 만들고자 하는 체제를 반대하는 것으로 보고,

이사의 건의를 받아들여 진秦나라의 기록이나, 박사관博士官의 장서들, 의약, 점술, 농업 등의 실용서 등만을 남기고, 그밖의 시경, 서경을 비롯한 진秦 외의 다른 나라의 역사서와 제자백가의 모든 책들을 전부 모아 불사른 것이다. 이것이 '분서焚書' 사건이며, 이후로 표현의 자유와 비판적인 지성에 대한 탄압의 상징이 되었다. 이로 인해 선진先秦시대의 역사서는 『춘추春秋』, 『국어國語』, 『죽서기년竹書紀年』 정도만 간신히 남아 후세에 전해졌다. 『묵자』도 『한서漢書』 「예문지藝文志」에 의하면 원래 71편이었으나 후세에는 53편만이 남아 전해지고 있는데, 없어진 부분은 아마 이때 없어진 것으로 보인다.

그리고 갱유坑儒는 분서 1년 후에 신선 사상을 따르는 방사方士들을 통해 불사약을 구하려던 진시황이 방사들에게 속은 것을 알고, 방사들과 군현제를 반대했던 유학자를 비롯한 지식인 460여명을 구덩이를 파고 생매장한 사건이다. 이 때 유학자들만이 피해를 당한 것은 아니고, 당시의 주류였던 법가를 제외한 다수의 제자백가들도 구덩이 속에 같이 파묻혔다. 묵가 역시 이때 많은 피해를 입은 것으로 보인다. 특히 진시황 때 유가와 묵가가 집중적으로 탄압을 받은 것은 "유가는 문으로 법을 어지럽히고, 유협遊俠은 무武로 금기를 범한다."고 한 한비자의 말로 미루어 짐작할 수 있다. 여기에서 유협은 묵가가 지역으로 흩어져 협의를 행한 것을 나타낸 것으로, 일부 학자들은 이것이 현재 통속소설인 무협지가 나오게 된 배경으로 파악하기도 한다.

진나라가 망하고 한나라가 들어선 이후에도 초기에는 도가사상이 국가의 중심사상으로 자리 잡았으나, 한漢 무제武帝가 동중서董仲舒를 중용하면서 다른 학문은 배척하고 오로지 유학만을 인정하는 독존유술獨存儒術 정책을 편 후 유학은 중국의 전 역사를 통해 독보적 주류로 자리매김을 하게 되었다. 그러면서 대대로 반유반법半儒半法, 유표법리儒表法裏, 양유음법陽儒陰法 등으로 표현만 달리하여 유가를 중심으로 법가 사상을 혼합하여 국가의 통치 이념을 구성하였다. 묵가는 이러한 유가와 법가의 포위 공격 아래 진秦, 한漢 이후로 빈사 상태에 이르렀으며, 한나라 이후에는 이미 묵자 관련 기록은 대부분이 차단되었거나 소멸된 것으로 보인다. 이로 인해 사마천이 『사기』를 쓸 때 자객들의 이야기까지 모아 「자객열전刺客列傳」을 남겼음에도 불구하고, 전국시대 때 가장 번성했던 학문 중의 하나였던 묵가의 창시자인 묵자와 관련된 이야기는 「열전列傳」에도 찾아볼 수 없다. 다만 「맹자순경열전」에 24자로 묵자가 존재했었던 것을 간단히 언급하고 지나갔을 뿐이었다.

2. 묵가의 몰락 원인에 대한 학자들의 견해

묵가의 몰락은 진과 한나라 시대인 약 2200년 전에 일어났던 일로 근거 자료가 충분치 않은 상황에서 그 정확한 원인을 파악하기가 쉽지 않다. 다만 당시의 시대적 상황과 얼마 안 되는 자료들의 분석을 통하여 추론을 해볼 수는 있다. 그러기 위해 우선 묵가의 몰락 원인을 밝히고자 한 많지 않은 사람들 중에서 자신의 견해를 밝힌 몇몇 중국학자들의 견해를 중심으로 살펴보고 의견을 덧붙이고자 한다.

호적胡適은 묵가 몰락의 원인을 유가의 반대와 묵가 학설이 당시 정치가들의 시기를 받은 점, 묵가의 후대 제자들의 궤변 때문이라고 하였다. 그리고 방수초方授楚는 자신의 저서 『묵학원류墨學源流』에서 묵가 몰락의 원인을 4가지로 짚고 있는데, 첫째는 묵학墨學 자체의 이론적 모순, 둘째는 묵가의 과도한 이상주의, 셋째는 묵가 조직의 분열, 넷째는 진秦으로부터의 토사구

팽을 들고 있다. 또 고보광高保光은 묵가 학설의 자체 이론적 약점, 묵가 집단 수령들의 엄격한 통제, 타 학파들의 공격, 진나라와 한나라 제왕들의 박해와 유가와 도가에 대한 집중 지원 등을 들고 있다. 마지막으로 이소곤은 묵자 이후에 뛰어난 지도자가 배출되지 못함, 묵자 사후에 진실된 가르침이 끊김, 묵학의 지향점이 당시 통치자들의 입장과 달라 박해를 받음, 묵학이 일반 사람들이 받아들이기 어려운 점이 있음 등을 들고 있다.

이러한 여러 학자들이 제기한 묵가 몰락의 원인들을 종합해 보면 크게 네 가지로 나누어 볼 수 있다. 첫째로 묵학 자체의 논리적 모순, 둘째로 묵가의 과도한 이상주의, 셋째로 묵가 조직의 분열로 인한 붕괴, 넷째로 유가와 법가를 비롯한 다른 학파들의 공격 및 통치자들의 박해 등이다. 이 네 가지를 중심으로 묵가 몰락의 원인을 구체적으로 살펴보면 다음과 같다.

3. 묵가 몰락의 원인

(1) 묵가의 몰락이 묵학墨學 자체의 논리적 모순 때문이라는 설

묵가의 몰락이 자체 논리적 모순 때문이라는 학자들은 근거를 다음과 같이 들고 있다. 대표적으로 방수초에 의하면 묵자는 현실 정치 속에서 자신의 정치적 주장을 실현하기 위한 효과적인 방법이 상층에 대한 설득임을 인식하고, 직접 각국 군주에게 유세했을 뿐 아니라 제자들을 각국 제후에게 파견해 벼슬하도록 권장했다고 한다. 여기에서 묵자의 정치적 주장이라 함은 단순히 민民을 위한 정치가 아니라 실질적으로 민을 중심에 놓고 민에 의해 이루어지는 정치가 되어야 한다는 것을 말한다. 그러므로 구체적으로는 겸애兼愛를 바탕으로 한 반전 평화론, 사치와 낭비를 줄이는 절용節用, 절장節葬

론, 그리고 현자들을 잘 세워 인민들이 배고픈 자도 먹을 수 있고, 헐벗은 자도 입을 수 있으며, 피로한 자는 쉴 수 있게 하는 정치를 하기 위한 상현尚賢, 상동尚同론 등이다. 그러나 겸애에서 비공, 그리고 상현, 상동 등 묵자의 주요 사회 정치사상은 분명한 논리적 일관성이 있음에도 불구하고, 구체적인 주장과 행동으로 옮겨질 때에는 보수적이고 개량적인 특징이 보인다고 하였다. 그 특징으로 방수초는 묵자가 결코 기존의 통치자나 지배 세력을 타도하거나 뒤엎으려고 하지 않았다는 것을 들고 있다. 즉 묵자가 민으로부터 비롯된 민을 위한 정치를 주장하면서도, 민에 의한 계급혁명을 주도하지는 않았기에 모순이라는 것이다.

그러나 이는 방수초가 묵자를 잘못 이해함으로써 생긴 오해로 보인다. 묵자는 당시의 시대적 한계일 수도 있지만 현대의 계급의식과 같은 뚜렷한 계급적 관점을 가지고 전제 왕정을 대체할 다른 정치체제를 구상하지는 않았다. 임금도 선출해서 추대해야 한다는 주장을 하고 신분제에 대해 날카롭게 비판했던 묵자의 입장에서 모든 사람이 평등하다는 생각은 있었지만 사람들을 계급으로 구분해 나누어 보는 뚜렷한 의식은 없었던 것으로 보인다. 다만 혼란스러운 세상을 안정시키기 위하여 역할에 따라 어질고 현명한 성왕聖王 또는 현자賢者를 선출해서 그들에 의한 정치를 꿈꿨을 뿐이다. 묵자는 이를 위해 상현尚賢, 상동尚同 편에서 보이듯이 가장 어질고 현명한 사람이 지도자가 되는 하나의 통치 운영 시스템을 구상했고, 그러한 시스템을 만들기 위해 노력하였던 것이다. 다만 시스템 상에서 현실적인 신분의 벽을 깨려고 노력했고, 민의가 상부까지 충분히 전달될 수 있는 소통 구조를 만들고자 한 것이다. 그러므로 묵자에게 있어서 어질고 현명한 지도자가 인민 가운데에서 나올 가능성은 인정했지만 반드시 인민에게서 나와야 한다는 언급은 없었다. 그렇기 때문에 묵자가 현대적 의미의 혁명가가 되지 못했기 때문에, 기존의 통치자들을 타도하거나 뒤엎으려고 하지 않았다고 해서 보수적이고 개량적이라고 보는 관점은 무리한 시각일 수 있다. 물론 겸애를 바탕으로 반전 평화를 주장했던 묵자도 폭군을 몰아내는 전쟁은 인정했지만, 그 시대의 눈으로 보지 못하고 현대적 관점에서 묵자가 마치 민중봉기를 일으켜 정권을 타도하고 뒤엎을 혁명적인 생각을 하지 못한 것이 문제였다고 보는 것은 당시의 시대적 상황이나 당시의 묵자를 올바로 이해하지 못한 것이라 볼 수 있다.

그리고 비록 논점은 다르지만 방수초와는 다르게 접근하며, 묵자에 대해 같은 몰이해를 범하며 비난하는 경우가 있는데, 묵자를 기회주의자인 소생산자로 보는 이택후의 견해이다. 이택후는 그의 저서 『중국고대사상사론 中國古代思想史論』에서 "현자와 유능한 이를 존중하라고 요구하면서 다른 한편으로 상동과 복종을 강조하고, 겸애와 평균을 주장하면서 다른 한편으로 전제 통치를 주장하며, 노동과 비명을 강조하면서 다른 한편으로 귀신과 상제의 뜻을 숭상했다. … 이는 취약한 소생산자의 이중적 성격을 전형적으로 드러낸 것이다."라며 묵자를 비판하고 있다.

하지만 이는 이택후가 묵자의 겉면만 바라본 것이며, 묵자의 깊은 뜻을 제대로 이해하지 못한 것에서 나온 것이라 볼 수 있다. 묵자는 인간의 원초적이고 이기적인 본능과 욕구, 그리고 그로 인해 발생하는 갈등과 다툼도 가감 없이 객관적으로 인정하였다. 그래서 이를 해소하기 위한 방법으로 겸애를 주장한 것이다. 서로를 사랑하는 것이 서로에게 이익이 된다는 것을 적극적으로 알리면서 갈등과 다툼을 해소시키려고 노력한 것이다. 그러나 묵자는 인간의 주체적이고 자발적인 인식 개선만으로 혼란스러운 사회를 안정시키고 인간을 변화시키기는 한계가 있다고 보았다. 그렇기에 묵자는 인간을 변화시키기 위한 노력으로 내적 수양 못지않게 외적 조건과 환경을 중시하였다. 그래서 나온 대표적인 방법이 겸애를 하는 사람에게는 상을 주고 포악한 사람에게는 벌을 주는 것이었다. 그런 면에서 묵자의 현실 문제 해결을 위한 태도나 접근 방식이 양면성을 가진 것처럼 보이는 것은 묵자가 기회주의적인 소생산자이기 때문이 아니라 묵자가 파악한 인간의 속성들에 대한 현실적인 대응이었던 것이다. 그렇기에 묵자가 인민을 중심에 놓고 세상의 혼란을 해소하고자 전개했던 사상은 오히려 논리에서 실천에 이르기까지 일관성이 뚜렷하게 나타났다고 볼 수 있다. 그러므로 묵자에 대한 이택후의 판단은 묵자를 깊이 있게 이해하지 못한 것이며, 방수초와 같이 2,500년 전의 시대 상황을 제대로 인식하지 못하고 현대적 관점으로 과거의 사람을 기계적으로 평가하는 잘못을 범했다고 볼 수밖에 없다.

그러므로 묵자의 이론이 비록 시대적 한계는 있었지만, 논리적 모순이 있다고 보기는 어렵다.

⑵ 묵가의 몰락이 과도한 이상주의 때문이라는 설

묵자의 사상이 이상주의적이라는 견해은 크게 둘로 나뉜다. 하나는 묵자의 사상 자체가 이상주의적이라는 것이고, 다른 하나는 죽음을 초월하는 헌신성을 이상주의라고 본 견해이다. 이 두 입장을 세부적으로 나누어 살펴보면 다음과 같다.

가. 묵가의 사상을 이상주의로 본 제자백가의 비판

묵자의 사상을 당시 상황에서 이상적으로 볼 수 있는 근거는 사랑과 평등에서부터 나온다. 묵자는 모든 사람을 하나의 공동체에 속한다고 보고 서로 사랑할 것과 평등하게 대할 것을 강조한다. 그래서 임금에 대한 선출론도 제기하였고, 반전 평화를 주장하였던 것이다. 이는 당시 사람들의 인식 수준에서는 상당히 이상적이라고 볼 수 있다. 그래서 장자나 순자, 그리고 한비자를 비롯한 법가 사상가들은 등은 묵자가 현실을 잘 모르고 이상주의에 빠져 있다는 비판을 제기하기도 하였다.

장자는 묵자의 「겸애」가 인간의 자연스러운 감정을 무시하는 것이고, 「절용」이나 「절장」에서 주장하는 절제와 절약도 인간의 삶과 죽음의 자연스러움을 모르고 너무 인위적이기 때문에 큰 도를 모르는 것이라고 비판을 하였다. 또 순자는 묵자의 차별 없는 사랑을 뜻하는 「겸애」를 인간사회의 기본 질서인 '예禮'를 무너뜨리는 것으로 보았으며, 「비공」을 국가의 통치와 방어 기능, 그리고 현실적인 정치 질서를 무시하는 이상주의적 평화론으로 보았다. 그리고 한비자는 묵자의 「겸애」가 국가를 다스리는데 가장 중요한 법과 질서를 무너뜨리는 사상으로 봤으며, 그에 따라 「비공」은 국가 간의 당연한 경쟁을 무시하는 비현실적인 사상으로 보았다.

묵자 비판에 대한 이런 논의들을 살펴보면 전국시대 당시의 관점에서 볼 때 「겸애」와 「비공」 같은 묵자의 주장들은 현실을 뛰어넘는 이상주의로 볼 수 있는 요건을 갖추고 있다. 그러나 묵자는 이러한 주장을 말로만 한 것이 아니라, 현실 속에서 실현 가능한 것으로 보고 정치결사체까지 조직하여 실제로 구현하려고 실질적인 노력을 한 사람이다. 그리고 그러한 노력은 맹자도 인정하고 있듯이 당시 사회에서도 어느 정도는 인정을 받았다고 볼 수 있다. 그렇기 때문에 묵가는 유가와 더불어 당시의 제자백가들 중에서도 양대 현학 중의 하나라고 일컬어진 것이다. 그런 면에서 오히려 묵가가 가지고 있던 이상주의적 사고가 여러 원인에 영향을 주었을지는 몰라도 묵가 몰락의 주원인이라고 단정 짓기는 어려운 면이 있다. 오히려 많은 피지배 계층에게 희망을 줌으로써 조직을 강화할 수 있는 요인이 된 면도 있었음을 감안해야 할 것이다.

나. 묵가의 죽음을 지푸라기로 여기고 삶을 가볍게 여기는 이상주의에 대한 비판

또 하나의 이상주의 설에 대해 방수초는 묵가가 의를 중시하고 삶을 가벼이 여기며, 정의롭고 늠름하며, 비분강개하며 죽음으로까지 거침없이 나아가는 것은 묵가에서 의연하게 실천하고자 한 이상주의의 신념 때문이라고 보았다. 실제로 묵가가 행하려 했던 임협任俠에 대해 『묵자』의 「경經」 상편에는 임任은 "선비가 자신을 희생해 이로운 일을 하는 것"이라 하였고, 이를 해설한 「경설經說」 상편에서는 임任은 "자신이 싫어하는 바를 행하여 남들의 시급한 일을 이루어 주는 것"이라 하였다. 이를 볼 때 임협은 자신을 희생하면서라도 남을 돕는다는 묵가의 의롭고 헌신적인 기풍을 잘 설명한 말이라 할 수 있다. 그런 면에서 방수초가 말한 묵가의 '과도한 이상주의'는 임협만을 가지고 이야기한 것은 아닌 것으로 보인다. 그보다는 방수초의 언급 중에 "삶을 가벼이 여기며, 죽음으로 나아가는 것이 묵가의 이상주의적 신념"이라는 말에 주목할 필요가 있다.

전국시대의 혼란을 막기 위해 묵가는 반전 평화 사상을 바탕으로 정치 결사체를 조직하여 큰 나라가 작은 나라를 공격할 때 작은 나라를 도와 큰 나라의 침략을 방어하는 역할을 주로 담당하였다. 그렇기 때문에 일상적으로 전쟁에 임해야 했던 묵가의 조직적 규율은 매우 엄격했다. 그 규율의 엄격함을 보여주는 예가 있다. 기원전 381년에 묵가는 조직의 지도자인 거자鉅子 맹승의 지휘 아래 초楚나라의 양성군과 협약을 맺어 외적으로부터 성을 지켜주겠다는 맹약을 하였다. 그런데 양성군이 초나라 왕에게 숙청을 당해 다른 나라로 망명하면서, 묵가는 성을 방어하지 못하였다. 이때 거자 맹승은 형세와 상관없이 약속을 잘 지켜야 훌륭한 스승이나 친구, 그리고 신하들이 필요할 때 묵가를 찾을 것이라며, 성을 지킨다는 계약의 불이행에 책임을 지고 자살을 하였다. 그러자 당시 따르던 180명의 제자들 역시 한 명도 빠짐없이 맹승을 따라 자결했다. 그런데 맹승은 자결하기 전 제자 2명에게 거자의 지위를 전양자에게 승계시킨다는 뜻을 전달하도록 하였다. 제자 2명은 바로 전양자에게 달려가 거자의 승계를 알렸다. 그리고는 전양자의 만류에도 불구하고 다시 돌아가 동료들의 뒤를 따라 자살하였다. 이러한 일화들에 대해 노신도 「부랑배의 변천」에서 "공자의 무리는 유儒이고, 묵자의 무리는 협俠이다. … 오직 협사俠士만이 성실했다. 그래서 묵자의 말류는 죽음을 궁극의 목적으로 삼는 데에 이르렀다."고 평하였다. 이러한 맹승의 태도에 대해 방수초는 자신의 신념을 지키기는 하였지만, 결과적으로 묵가 집단의 엄격한 규율로 인하여 조직의 존립을 위태롭게 하는데 영향을 미쳤다는 점을 지적하고 있다.

이에서 보듯이 방수초가 표현한 묵가의 '과도한 이상주의'는 죽음까지

초개같이 여기며 목적 달성을 이루려고 하는 묵가의 엄격한 규율과 질서를 말한 것으로 보인다. 그런데 이러한 엄격함은 조직적인 측면에서 양면성을 갖는다. 한편으로는 이러한 엄격한 규율과 질서가 맹승의 예에서 볼 수 있듯이, 그 엄격함으로 인해 일반 사람들이 따르기 어려운 점이 있어 묵가의 조직적 세를 확장하는 데 장애가 될 수 있다. 그러나 다른 한편으로는 맹승의 태도처럼 약속을 철저하게 지키려는 태도와 목숨까지 바치려는 헌신성은 묵가에 대한 대외적인 신뢰도를 높일 수 있는 측면도 있기에 당시의 상황에 대한 정확한 파악 없이 한 마디로 구분하여 정의하기에는 어려운 점이 있다.

그러므로 묵가의 엄격한 규율과 질서는 묵가의 몰락을 초래하는데 있어 절대적인 요인이라고는 할 수 없지만, 다른 요인과 결합하여 영향을 미칠 수 있는 종속 변인은 충분히 될 수 있다. 그런 점에서 묵가의 조직 차원에서의 과도한 이상주의가 당시 상황에서 묵가의 몰락에 대한 영향을 미친 것으로 본 방수초의 견해가 타당할 수도 있다. 하지만 당시의 묵자 집단을 둘러싼 환경과 조직의 세력 정도, 그리고 조직의 내적 질서에 대한 변화가 제대로 파악되어야 정확한 판단이 가능하다. 그러므로 일반적인 상황으로 가정할 때 조직에 대한 엄격한 통제가 묵자의 몰락을 초래할 수 있는 가능성이 있기는 하지만 필연적인 요인이었다고 단정하기는 어렵다. 오히려 묵가가 후세로 갈수록 묵가가 표방하는 가치와 철학이 제대로 이어지지 못해 조직의 엄격한 규율과 질서가 약해져서 이것이 조직의 세를 약화시켰을 가능성도 있는 것이다.

그러므로 묵가의 사상과 삶을 대하는 태도가 묵가 몰락의 원인이라고 한마디로 단정지어 규정하기에는 무리한 점이 있다고 볼 수 있다.

⑶ 묵가 조직의 분열 때문에 몰락하였다는 설

방수초는 묵가 내에서 파벌이 형성되며 분열된 것이 묵가 몰락 중의 한 원인으로 봤다. 그런데 이소곤에 견해에 의하면 묵가가 분열되면서 뒤로 갈수록 세가 약해진 이유를 두 가지로 들고 있다. 하나는 묵자 이후에 묵자만큼 학문과 덕망을 겸비한 지도자가 나오지 않았다는 점이다. 다른 하나는 앞의 지도자의 부재와 이어지는 이야기이지만 묵학墨學의 진실한 가르침이 상실되어 제대로 이어지지 않았다는 것이다. 이는 묵가의 실용주의적 전통을 볼 때 상황에 대한 능동적인 판단과 그에 따른 구체적 대응이 부족해졌다는 것을 의미한다. 보통 상황판단이 미숙해지면 능동적이기보다는 허위의식에 빠져 이념적 지향성에 집착하면서 편향성을 드러내는 경향들이 다양하게 나타나기도 한다. 아마 묵가도 전국시대의 혼란 가운데 후세로 가면서 이러한 경향성이 분열로 이어졌을 가능성이 높다.

『한비자韓非子』에 의하면 묵자가 죽은 후 묵가는 상리씨相里氏의 묵가, 상부씨相夫氏의 묵가, 등릉씨鄧陵氏의 묵가 등 세파로 분열되었다고 한다. 그런데 묵가의 분열에 대해서는 지역의 차이로 인한 이유와 학문과 실천의 경향성의 차이 때문이라는 이유 등의 설이 있다. 장자는 이러한 묵가의 분열에 따른 거점지역의 분리에 대해 언급한 바가 있다. 상리씨는 진나라와 가까운 서방에 있었고, 오후 등은 오자서의 후예로 동방의 제나라에 있었으며, 등릉자는 남방에 있었다. 그 중 가장 강력했던 묵가는 후에 천하를 통일한 진에 가까운 서방의 상리씨의 묵가였다. 본래 근검과 무력에 충실한 진나라는 묵가의 기풍과 통하는 바가 많았기에 묵가와 상호 협력하기가 쉬웠을 것으로 짐작된다. 또 양계초에 의하면 분파 별로 특성이 달랐는데, 상리근, 오후 등은 주로 근검과 역행에, 고획, 이치, 등릉자 등은 주로 이론적인 학문에, 송견과 윤문 일파는 주로 비공과 관용에 힘썼다고 한다. 묵가의 각파는 모두『묵자』를 암송하였지만, 서로 상대를 비방하며 자신만이 진정한 묵자의 후계이고 상대는 별묵別墨, 비정통 묵가이라며 정통성을 가지고 다투었다. 그 가운데 묵가가 과학기술이나 조직 관리 등에 능했기 때문에 그중 상리씨의 유파로 짐작되는 묵가는 진秦나라에 흡수되어 법가와 함께 진이 천하를 통일하는데 일조하였다. 이 때 진나라로 들어간 유파를 진묵秦墨이라 불렀다.

그런데 분파가 형성되었다는 것은 그만큼 조직의 세가 어느 정도는 컸었다는 것을 의미한다. 유가만 해도 공자 사후에 8개 분파가 형성되었다가 나중에 마음의 수양을 중시하는 증자曾子, 자사子思가 중심이 된 내성파內省派와 예禮를 중시하는 자유子遊, 자하子夏 등이 중심이 된 숭례파崇禮派로 재편되기도 하였다. 묵가의 세력도 파벌을 형성할 정도로 커졌던 것은 분명하다. 그런데 파벌이 서로의 경쟁을 자양분으로 삼아 발전하는 경우도 있지만 묵가의 경우는 그렇지 못했던 것 같다.

결국 대부분의 조직이 그렇듯이 묵가의 분열은 묵가의 몰락을 초래하는 원인 중의 하나가 되었다고 볼 수 있다.

⑷ 묵가의 몰락이 진秦에 대한 옹호와 토사구팽 때문이라는 설

하병체는 진묵秦墨의 형성 과정을 다음과 같이 설명하고 있다. "진나라의 부국강병 정책은 헌공憲公부터 본격적으로 시작되었다. 헌공 때부터 진나라가 약세에서 강세로 전환하기 시작했고, 그 공로는 주로 묵가의 도움에 기인했다. … 헌공 즉위 후 4년째 되는 해, 즉 묵가의 거자 맹승 및 그의 제자들이 초나라 양성군의 난으로 집단 자살한 해에 헌공은 묵가와 협력관계를 맺기 시작했다. … 헌공은 다년간의 망명 생활에서 겪은 고초와 즉위 후 4년 뒤에 묵가의 집단 순직에서 받은 감화로 인해 처음부터 묵가에게 무한한 신뢰를 보냈다. … 진나라는 이때부터 묵가의 군사 공정 및 무기 제조 방면의 전문 기술을 적극적으로 수용하고 활용했다."2) 이렇듯이 진秦으로 들어간 묵가의 다양한 주장은 진나라 초기의 문화나 가치관과 서로 맞았다. 그리고 묵가는 극단적으로 실리를 중시하는 법가 사상과 공통적인 가치 기반을 지녔기 때문에 묵가는 법가와 함께 진나라의 제도와 문화 속으로 융합되었다. 실제로 진나라의 각종 제도의 수립은 정치적으로 묵가의 상동 사상에 영향을 받은 것으로 봐야 한다.

그러나 방수초에 의하면 진나라는 묵가의 사상을 받아들여 제도와 문물을 정비하고 이를 바탕으로 나라를 안정시켰지만, 제도의 배후에 있는 묵가의 가치관과 윤리 이념은 받아들이지 않았다. 즉 진나라는 「상동」의 논리는 받아들였지만, 「상동」의 윤리는 받아들이지 않았던 것이다. 진나라가 강국으로 성장할 때, 묵가는 한 자루의 검으로 활용되었다. 하지만, 검에는 기본적으로 양날이 있듯이, 묵가의 민중 중심의 저항성은 왕 중심의 중앙 집권을 강화하려는 법가와는 상성이 맞지 않았다. 따라서 진이 천하통일을 이루고 전제 왕정을 구축한 뒤에는 묵가가 걸림돌로 여겨졌고 토사구팽당할 수밖에 없었던 것으로 보인다.

---

2) 何炳棣, 「역사상 '일대사 인연'의 수수께끼를 풀다 : 진과 묵가의 역사적 사실 관계 재정립으로부터」, 淸華大學校 高等硏究員 강연, 2010

이상에서 묵가 몰락의 원인들을 종합적으로 분석하면 다음과 같은 결론이 도출된다.

우선 외적 요인을 살펴보면 첫째로 진秦은 천하를 통일하고 전제 왕정을 구축하는 데는 묵가가 가진 기능을 충분히 활용하였지만, 묵가의 인민 중심의 평등사상은 받아들이기 어려웠으므로 결국 묵가는 토사구팽당하였다. 둘째로 진秦이 천하를 통일한 뒤에는 전쟁이 소강상태에 들어섰으므로 사실상 군사 조직에 준했던 묵가의 활용도가 줄었을 것으로 추정된다. 셋째로 진의 중심사상은 법가였지만 중국의 진 이후의 주류 사상은 대대로 유가를 중심으로 법가가 결합한 형태였는데, 묵가는 유가나 법가와의 사상투쟁에 패퇴하였으므로 몰락할 수밖에 없었다. 이 요인은 향후 묵가가 약 2,000년간 역사에서 지워지게 된 중요한 원인이 되었다.

다음으로 내적 요인도 있었는데, 우선 묵자 이후에 묵자를 올바로 계승할 수 있는 지도자가 제대로 나타나지 못했고, 이에 따라 묵자의 문제의식이나 가르침이 제대로 후세에 전달되지 못한 점이 있다. 이러한 점은 묵가 내부의 분열로 이어지면서 세가 약해져 갈 수밖에 없었으며, 또 당연히 묵가의 엄격하고 원칙적인 규율과 질서를 약화시켜 조직 재생산을 어렵게 하였으므로 결국 몰락한 것으로 보인다.

여기서 주목해야 할 것은 이러한 묵가의 몰락으로 인해 안타깝게도 굉장히 중요한 사상적 유산 두 가지가 오랫동안 끊겼다는 점이다. 하나는 적어도 동양에서는 최초로 집단이 아닌 개인의 문제에 관심을 가졌던 철학적 사유가 중단되었다는 것이다. 묵자는 인간을 류類적인 존재로 보았기에 천하를 하나의 공동체로 보았지만, 또한 동시에 공동체 구성원으로서 사회에서의 개인의 역할을 주목했던 사상가였다. 묵자는 개인선과 공동선을 하나의 공동체 하에서 일치시키려고 노력했던 사상가였다. 그래서 개인의 이익과 욕망을 객관적으로 인정한 가운데 이를 겸애와 공동의 이익을 통해 사회적으로 통합시키려고 노력한 사람이었다. 그런데 전체주의 국가의 지배 하에서 묵가의 맥이 끊기면서 개인의 문제가 수면 아래로 가라앉았던 것이다.

또 하나는 이상사회에 대한 현실적 접근 노력이 끊겼다는 점이다. 중국의 전 역사에서 주류로 부상했던 공자를 비롯한 유가의 학자들은 『예기禮記』, 「예운편禮運篇」에서 알 수 있듯이, 대동사회로의 꿈을 포기하고 지향하는 사회를 소강사회로 수정하면서 봉건제와 종법제가 중심인 주례周禮로의 복귀를 주장하였다. 이는 묵가가 몰락함으로 인해 묵가가 지향하던 유토피아로의 지향이 단절된 것을 의미한다. 묵가는 많은 현실적 제약과 한계에도 불구하고, 막연한 동경이 아닌 대동세상의 실현을 위한 구체적이고 실천적인 의지가 있었음을 볼 때 이에 대한 상실은 매우 안타까운 일이 아닐 수 없다.

2. 묵가가 후세에 미친 사상적 영향

1. 피지배 계층의 정신적 지주

사람들을 평등하게 사랑하려는 묵자의 사상은 묵가의 몰락에도 불구하고 의협을 숭상하는 정신으로 면면히 이어져 내려왔다. 특히 묵자는 그 자신이 천대받는 피지배 계층이었기에, 시종일관 인민의 입장에서 인민을 대변해 왔다. 그는 인민들이 겪고 있는 세가지 근심, 즉 배고픈 자 먹게 해주고, 헐벗은 자 입게 해주며, 피로한 자 쉬게 하는 삼환三患을 극복하기 위한 실천을 정수리가 닳아 발 뒤꿈치에 이를 정도로 온 몸을 바쳐 노력한 사람이었다. 그렇기에 묵자의 제자들로서 그런 전통을 이어받은 묵가는 당연히 노동자, 농민을 비롯한 피지배 계층과 가까울 수밖에 없었고 그들의 보호자가 되었다.

이러한 묵가의 태도와 지향은 진秦나라 말이나 한漢나라 말의 농민 봉기蜂起의 이념적 근거가 되기도 하였으며, 중국의 역대 비밀결사에 정신적 지주가 되기도 하였다. 또 그 명맥이 끊긴 진秦 이후에는 묵가의 제자들이 각 지역으로 흩어져 묵협墨挾이라는 이름으로 약자를 도와 강자를 물리치는 임협任俠을 행하였다.

중국은 전 역사를 망라하여 사실상 2개의 사상이 주도적으로 영향력을 미쳐왔는데, 상층의 귀족이나 관료 계층은 유가 사상이, 그리고 하층의 피지배 계층은 민간신앙 형태로 도가사상이 면면히 뿌리를 이어 전해져 왔다. 그렇기 때문에 당연히 각 국가의 말기 때 일어나는 농민 봉기는 사실상 도가 사상과 결합된 경우가 많았고, 이로 인해 해체되었던 묵가는 도가와 만나 결합이 되기도 했던 것으로 보인다. 이러한 이유로 동진東晉시대 갈홍이 창립한 신선도교에서는 이론 체계에서 묵자를 받아들였고, 더 나아가 갈홍이 저술한 신선전神仙傳을 보면 묵자를 신선 중의 하나인 지선地仙으로 추존하기도 하였다. 비록 일부만이 남아 전해지지만『묵자』가 도가 경전을 집대성한 도장道藏 가운데서 다시 발견된 것을 보면 이러한 설이 어느 정도 타당성이 있는 것으로 보인다. 그로 인해『묵자』는 간신히 명맥을 유지할 수 있었다.

2. 1,800년대 말 『묵자』의 복원이 근대에 미친 영향

진秦, 한漢 이후 역사에서 지워졌던 묵가의 흔적은 청나라 말에 도장道藏 가운데에서 발견되었던 『묵자』가 고증되면서 되살아났다. 청淸에서 발달한 고증학에 힘입어 어느 정도 복원된『묵자』로 인해 경험을 중시하는 묵자의 실증적 학문관과 자연과학적 지식, 그리고 논리학 등에 관해 탐구를 한 후기 묵가들의 노력이 새로이 평가되기 시작하였다. 그중에서도 묵가의 논리학인 묵변墨辨은 아리스토텔레스의 형식논리학, 고대 인도의 인명학因明學과 더불어 세계 3대 논리학의 하나로 중국에서 인정3)되기도 하였다. 그리고 본래 수성守城을 위한 군사 기술에 능했던 묵가가 가지고 있었던 과학 기술에 대한 지식과 이를 활용한 다양한 방법론들은 중국 근대의 과학기술과 군사학에 지대한 영향을 미치기도 했다.

---

3) 손이양, 양계초, 호적, 심유정 등의 연구 성과에 근거해, 20세기 이래로 점점 더 많은 전문가와 학자들이 묵가 논리학을 대표로 하는 중국 고대 논리학을 아리스토텔레스의 삼단논법을 핵심으로 하는 고대 그리스의 형식 논리학과 고대 인도의 인명학(因明學)과 더불어 세계 논리학의 삼대 원류라고 규정하는데 인식을 같이 했다.

그리고 『묵자』의 체계적인 해설서인 『묵자한고墨子閒詁』가 손이양孫詒讓에 의해 1894년에 발간된 이후, 서양의 제국주의 침략에 맞서야 했던 중국 근대 혁명가들은 묵자를 재조명하며 구국救國의 새로운 이념으로 제시하려는 노력들을 하기 시작하였다. 근대 중국에서 묵자의 매력에 빠져들었던 혁명가 또는 개혁가들로는 담사동, 양계초, 호적, 손문, 노신 등이 있었다. 이들은 개혁운동의 내용과 방향을 묵자의 사상을 기반으로 전개하는 노력들을 하기 시작했다. 이들은 묵자를 새로이 연구하면서, 봉건시대의 잔재와 제국주의의 침략 등으로 혼란스러운 중국의 현실을 해결하기 위한 방법을 묵자에게서 찾고자 했던 것이다.

청말 민국 초, 서구 제국주의 열강의 강력한 문호 개방 요구에 굴복한 청 나라는 중체서용中體西用, 동도서기東道西器4) 등을 유신 변법의 준칙으로 삼아 전국에 선포하였다. 이에 다양한 지식인과 지도층이 중국의 전통 사상과 정신 가운데 마침 재발굴된 묵자를 통하여 반봉건 사상의 무기로 대체하려고 노력하였는 바, 그 면면을 살펴보면 다음과 같다.

첫 번째는 담사동譚嗣同인데 그는 무술변법 운동의 지도자였다. 비록 운동 실패 후 사형에 처해졌지만, 평소에 묵자를 흠모하여 "정수리가 닳아서 발꿈치에 이르더라도 천하를 이롭게 했다"는 말을 본받아 "몸뚱이 하나로 남을 이롭게 하는 것 외에 또 무슨 보탬이 되겠는가?"하며 거사에 임했다고

---

4) 당시의 대부분의 지식인들은 서양의 신과학에 무력해진 중국의 현실을 보면서, 기능이나 기술은 서양의 신문화에서 그리고 사상이나 정신은 중국 고유의 전통 가운데에서 봉건적인 요소들은 제거한 후, 이 두 가지를 결합하여 해결하려는 노력들을 하였다. 그래서 체(體)와 용(用), 그리고 도(道)와 기(器) 또는 기(技)의 형식으로 이를 융합하려고 애쓴 결과가 중체서용(中體西用) 또는 동도서기(東道西器)와 같은 방법들이었다.

한다. 그는 참다운 앎을 임협任俠과 격치格致로 구분하여, 임협이 인仁이며, 격치가 학學이라고 주장하기도 했다.

두 번째는 5·4 신문화운동에 미친 영향을 들 수 있다. 당시 운동의 주요 기조를 보면, 전반적인 중국 역사에서 중심적인 역할을 하던 유가는 단지 제자백가 중의 하나로 돌아가야 하며, 묵가는 선양되어야 한다는 것이었다. 그 배경을 살펴보면 1911년에 신해혁명으로 청나라가 멸망하고 중화민국 북양 정부가 수립되었지만, 새 정부는 아직 정치적으로 불안정했고, 여전히 봉건적 요소가 강하게 남아 있었다. 이에 근대적 개혁을 요구하는 지식인들이 들고 일어나 봉건적인 사상을 타파하고 새로운 문화를 형성해야 한다고 주장하였다. 당시 중국 사회는 여전히 충효, 가부장제, 군신 관계 등의 유교적 전통에 기반하고 있었기에, 신문화운동을 주창하는 지식인들은 유교 사상이 중국 사회 발전을 가로막는다고 보고 이를 극복해야 한다고 주장하였다. 그런 상황 가운데 얼마 지나지 않아 원세개遠世凱가 정권을 탈취하고 왕위에 오르면서, 다시 공자로 돌아가자는 존공복고尊孔復古 운동을 벌이자, 또다시 왕조 체제로 회귀하는 것 아닌가 하는 위기감이 감돌았었다. 그런 상황에서 19세기 이후 서구 열강이 중국에 진출하였고, 서양의 민주주의, 과학, 자유주의, 개인주의 사상이 일본을 거쳐 유입되기 시작하였다. 서구 문물을 접한 지식인들은 중국 사회를 개혁하기 위하여 서양 사상을 적극적으로 받아들이려고 하였다.

그러면서 신문화운동이 적극적으로 전개되기 시작했는데, 초기의 신문화운동은 유가의 전통적인 윤리가 사회적인 역할에 대한 차별로 서구의 평등주의와 어긋난다고 보았다. 그래서 신문화운동은 공가점타도孔家店打倒라고 하면서 유교 사상에 대한 공격으로 이어졌는데, 이때 진독수는 "공자를 몰아내야 한다."라고 주장하며 기존 유교적 가치 체계를 부정하고 공격하면서 새로운 문화를 건설하자고 주장한 바가 있다.

세 번째는 양계초로 그는 '묵학墨學으로 나라를 구할 것救國'을 호소하며 "안타까운 점은 어리석은 후손들이 조상의 무가지보인 묵학을 지하에 2,000년 동안 매장했다는 것이다."라고 하며, 묵자를 적극적으로 옹호하였다. 또한 그는 적극적으로 묵자를 연구하여『자묵자학설子墨子學說』,『묵자학안墨子學案』,『묵경교석墨經校釋』등 3권의 책 저술하기도 하였다. 그러면서『묵자학안墨子學案』에서 "묵자를 연구할 때는 그의 학설만이 아니라 그의 인격을 연구하는 것이 더욱 중요하다. 학설을 놓고 보자면 충분히 가치가 있지만 폐단 역시 적지 않다. 반면 인격적인 면에서 묵자는 천고의 위대한 실천가라 부를 만하다. 중국에서는 비할 수 있는 사람이 없으며, 전 세계에서도 이런 인물을 찾기 어렵다. 묵자는 '지행합일'을 이룬 사람으로, 알면서 행하지 않는다면 아는 것조차도 아는 것이 아닌 점이 된다고 보았다. 입으로 인의 도덕에 대해 몇 마디 떠드는 것쯤 누군들 못하겠는가? 그러나 실천은 이와 전혀 별개의 문제이다."라고 주장하였다. 그리고 더 나아가『음빙실합집飮氷室合集』에서는 "금일의 중국을 구제하려면 묵학의 고통을 감내하는 것을 버리고 무엇으로 할 수 있겠는가? 묵학의 생사를 가볍게 여기는 것을 버리고 무엇을 할 수 있겠는가?"라며 자신의 결의를 드러내기도 하였다.

네 번째는 호적으로 그는 묵자를 중국에서 출현한 가장 위대한 인물이자, 위대한 과학자, 논리학자, 철학자라고 평하였다. 호적은 그의 저서인『중국철학사개관』에서 묵자의 실존주의적 방법이 그의 철학의 요체라고 주장하고 있다. 그에 의하면 "중국철학사에서 묵자가 갖는 의의는 그의 실존주의에 있다고 보았는데, 묵자는 정과 부정, 그리고 선과 악의 기준으로 실존주의를 모든 인간 행동에 적용시켰다고 평하였다. 그 밖에 겸애, 불침략, 절약의 경제, 또는 운명의 부인否認 따위의 모든 것은 구체적인 특수한 실천에 지나지 않는다는 것이다."라 하였다. 또한 『선진명학사先秦名學史』에서는 "『묵자』야말로 고대 중국의 진정한 가치를 지닌 유일한 저작이다. 묵자의 정신을 발양하는 것은 나라와 백성을 구하기 위한 것이다."라고 극찬하기도 하였다.

다섯 번째로 손문은 그의 저서 『삼민주의三民主義』에서 묵자를 찬양하였다. 그는 묵자를 평등, 박애의 종사로 받들면서, "옛날에 애愛를 가장 많이 언급한 사람으로 묵자만한 이가 없다. 묵자가 말하는 겸애는 예수가 말한 박애와 똑같다."고 하였다. 그는 또 묵자를 작은 예수요, 큰 마르크스라고 평하기도 했다.

그밖에 진독수는 "묵학이 끊어지지 않았으면 한漢대 이래의 역사는 이렇지 않았을 것이다."라고 탄식하였다. 그리고 노신은 그의 『한문학사요강漢文學史綱要』에서 "묵자는 노나라 사람으로 이름이 적이다. … 하나라 도를 숭상했다. 겸애와 상동을 주장하고 옛날의 예악을 비판했으며 또 유가를 비판했다. … 그러나 유가는 실實을 숭상하고 묵가는 질質을 숭상했다. 따라서 논어와 묵자의 문장에는 모두 화려한 수식이 없고 의미만 통하면 그만일 뿐이었다."라고 하였으며, 또 "오늘날 청년들에게 가장 필요한 것은 실천이지 말이 아니다. 그 실천이 묵자이다."라고 하면서 묵자의 실천을 높이 샀다. 그리고 모택동毛澤東도 "묵자는 노동자였다. 관직에 오르지 않았지만, 다른 성

인보다 훌륭한 성인이었다. 공자는 밭을 갈지 않았지만, 묵자는 손수 책상
과 의자를 만들었다."고 묵자가 노동자이면서 훌륭한 사상가라고 언급한
바가 있다.

3장
묵자는 인간과 사회를 어떻게 보았는가?

1. 묵자가 바라 본 인간이란?

1. 묵자의 인간에 대한 문제의식

춘추시대에서 전국시대로 넘어오는 과정에서 혈연 중심의 씨족사회가 해체되기 시작하였다. 그러면서, 5, 6인 정도의 소규모 농가로 구성된 소농민 계층이 광범위하게 형성되었고, 이를 바탕으로 사회의 기본 구성단위 중의 하나로 개인의 문제가 본격적으로 제기되기 시작하였다. 이에 제자백가는 세상의 혼란을 잠재우고 새로운 질서를 구축하는 주체로 하늘, 국가, 씨족 외에도 개인 또는 개인의 집합으로서의 인민의 위상과 역할을 고민하지 않을 수 없게 되었다. 전국시대 때 인성론에 대한 논의가 활발해진 것도 이러한 개인의 등장과 무관하지 않다.

묵자 또한 사회 전체보다 개인을 앞세우지는 않았지만, 개인을 하나의 사회 구성 요소로 인식한 것은 분명하다. 묵자는 사실상 중국에서 가장 이른 시기에 개인의 문제를 구체적으로 언급한 사상가 중의 한 사람으로서 그가 꿈꾸었던 이상적인 공동체를 만들어 나가기 위한 모든 논의를 개인으로부터 시작하고 있다. 왜냐하면 묵자는 공동체와 그 구성원으로서의 개인을 통합해서 사고했고, 공동체 안에서 개인의 역할을 중요하게 봤기 때문이다.

묵자의 인간을 보는 관점은 하夏, 은殷, 주周 3대를 거치면서 하늘 또는 자연에 대한 인간의 주체적 자각이 발전함에 따라 형성된 것을 이어받았다. 하지만 자세히 내용을 살펴보면 그중에서도 과거의 전통적 인간관 중 하夏의 전통에 가장 가까이 닿아 있다. 묵자는 어려서는 주례周禮를 숭상하는 유학의 영향을 많이 받았다. 그것은 『묵자』의 내용 중에 시경과 서경의 인용이 많은 것을 봐도 알 수 있고, 『회남자淮南子』, 「요략要略」편을 보면 "묵자는 유자儒者의 업業을 공부하고, 공자의 학술을 이어 받았다."라는 표현도 있다.

그러나 묵자는 주례周禮보다는 소박한 공동체를 지향했던 하례夏禮를 따랐다. 그래서 장자는 묵자의 사상이 우禹의 도道에서 나온 것이라고 했다.

묵자墨子가 도道를 일컬어 말하기를 "옛날 우禹임금은 홍수에 잠기면 물길을 터주고, 사방 오랑캐의 땅과 온 중국 땅을 통하도록 만들었으며, 명천名川 삼백과 개천 삼천과 수없이 많은 작은 공사를 했다. 우禹임금은 친히 삼태기와 삽을 들고 천하의 물을 다 모아 흐르게 했다. 소낙비에 목욕을 하고 거센 바람에 빗질을 하면서 만민을 안정시켰다. 우임금은 성인聖人이다. 천하를 위하여 이처럼 노력했다."고 했다. 그래서 후세 묵자墨者로 하여금 모두 짐승 껍질과 거친 베옷을 입고 나막신과 짚신을 신으며 밤낮으로 쉬지 않고 스스로 고생하는 것을 최고의 모범으로 삼았다. 또 말하기를 "능히 이렇게 하지

않으면 우임금의 도가 아니고, 묵자墨者가 되기에 부족하다."고 했
다. 『장자』, 「천하편」

그런 면에서 묵자의 인간관은 하의 전통적인 인간관과 가까우며, 공동
체성과 인간의 평등성을 강조하고 있다. 조금 더 구체적인 내용을 살펴보면
다음과 같다.

2. 묵자 인간관의 특징

(1) 자유의지를 가진 개인의 역할 강조

춘추시대까지만 해도 개인은 거론될 수 없었으며, 개인은 단지 씨족 중
심의 혈연 집단의 일부였을 뿐이다. 그러나 춘추시대 말에 이르러 주 종실의
약화, 종실과 천자로부터 토지를 나눠 받은 혈족 사이의 유대감 약화, 농업
기술의 발전, 수리 관개 사업으로 인한 경작 가능 토지의 증가 등과 같은 환
경의 변화와 더불어 자연과 사회에 대한 개인의 주체적 자각이 높아지면서
개인의 문제가 본격 거론되기 시작하였다. 이는 『논어』에서 나타나는 '자신
의 욕심을 버리고 사람이 본래 지녀야 할 예禮로 돌아가야 한다'는 '극기복례
克己復禮'에서 나타나는 1인칭 대명사인 '나'라는 뜻의 '기己'가 등장하는 것을
보면 알 수 있다. 이러한 흐름이 묵자에 이르러 인간의 보편성에 기반한 인
성론이 본격 논의 되면서, '나'를 표현하는 '아我', '기己' 등의 사용 빈도가 급
속히 늘어나는 것을 볼 수 있다. 그런데 묵자의 인간에 대한 인식은, 한 걸음
더 나아가 독립적이고 자율적인 존재로서의 자아에 대한 인식으로까지 나
가고 있다.

옛날에 사람들이 처음으로 생겨나 아직 지도자가 없을 때, 사람들은 저마다 의義로움을 달리했다. 한 사람이 있으면 한 가지 의로움이 있었고, 두 사람이 있으면 두 가지 의로움이 있었으며, 열 사람이 있으면 열 가지 의로움이 있었다. 사람의 수가 더욱 많아지면 그들이 주장하는 의로움 역시 많아졌다. 『묵자』, 「상동 상」

즉 개인은 자기만의 사고를 가지고, 그 자신과 자신이 몸담고 있는 사회에서 일정한 힘을 가진 존재로 새로이 등장하는 것이다. 그래서 묵자는 운명론을 믿지 않고 개인의 주체적 노력을 강조한다.

"삼가라! 천명은 없다! 오직 나는 사람을 높이고 말을 지어내지 않는다. 운명은 하늘에서 내리는 것이 아니고 스스로 얻는 것이다." 『묵자』, 「비명 중」

묵자가 운명론을 믿지 않는 또 다른 이유는 운명론은 개인의 자유의지를 부정하기 때문이다. 어떤 식으로 행위를 해도 운명대로 귀결된다면, 자유의지와 자율적인 주체성은 아무런 의미도 없게 된다. 그래서 묵자는 유가의 군주만이 받을 수 있는 천명론을 다음과 같이 정면으로 부정한다.

운명이란 것은 폭왕暴王이 지은 것이고, 막다른 사람이 방법으로 삼는 것으로, 인격자의 말이 아니다. 『묵자』, 「비명 하」

이렇게 묵자는 인간을 자연 상태 속에서 객관적으로 파악하고, 자유의지를 지닌 평등한 존재로 인식하였다.

물론 묵자는 개인을 사회 전체의 문제보다 앞세우지는 않았다. 묵자는 인간을 개인적 존재이자 동시에 사회적 존재로 보았는데, 묵자가 본 인간은 개인적으로는 인격을 함양하고, 사회적으로는 사랑을 실현하는 존재였다. 다만 묵자는 한 사회 속에서의 개인의 욕망을 인정하고 개인의 문제를 중시하긴 하되, 공동체성을 더욱 강조하였다. 그럼에도 사회 변화의 과정에 주체적 개인의 역할을 인정한 것은 당시로서는 획기적인 일이 아닐 수 없다.

⑵ 인간의 평등성 강조

묵자는 모든 사람을 평등하게 보았다. 신분제도도 무시하였으며, 다만 사람의 어짊과 의로움에 따라 역할을 달리해야 한다고 보았다.

> 고로 옛 성왕들이 정사를 다스릴 때에는, 덕 있는 자를 벼슬자리에 앉히고 어진 이를 숭상하였다. 비록 농업이나 상공업에 종사하는 천한 사람이라도 능력이 있으면 그들을 등용했고 벼슬을 높여주고, 녹을 무겁게 주어, 그에게 정사를 맡기되 결단하여 명령할 수 있는 권한을 위임하였다. …… 따라서 관리라고 하여 언제까지나 귀한 것이 아니고, 백성이라 하여 언제까지나 천하지 않았다. 『묵자』, 「상동상」

아마 묵자가 당시 사회에서 가장 비천한 계급인 공인工人이었기 때문에 평등을 더욱 강조한 것으로 보인다. 사마천은 묵자가 대부大夫 벼슬을 하였다고 했으나, 묵자가 벼슬을 했다는 증거는 찾기 어렵다. 그러나 묵자가 공인 출신의 천인이었다는 증거는 무수히 많이 있다. 목수 일을 하는데 필요한 공구에 대한 예를 많이 들고 있으며, 직접 수레의 빗장을 만들었다는 이야기도 있다.

모든 공인이 일을 함에도 본本이 되는 법도가 있다. 모든 공인은 곱자를 기준으로 네모를 만들고, 그림쇠를 기준으로 원을 만들며, 먹물로 곧게 하고, 추로써 수직을 바르게 하고, 물을 기준으로 수평을 만든다. 정교한 공인이나 미숙한 공인이나 모두 이러한 다섯 가지 기준을 법도로 한다.『묵자』,「법의」

혜자가 "묵자는 기술이 대단히 뛰어나서 수레의 빗장은 잘 만들었지만 솔개 만드는 기술은 졸렬했다."고 평가했다.『한비자』,「외저설좌상」

묵자는 목수로서 피지배 계층에 속해서 그랬는지 당시의 제자백가들 가운데 드물게 하늘 아래 모든 인간은 평등하다고 주장하였다.

비록 하늘은 가난한 자와 부유한 자, 귀한 자와 천한 자, 먼 자와 가까운 자, 친한 자와 소원한 자를 차별하지는 않지만 어진 이는 들어 높이고, 어질지 못한 자는 들어 내친다.『묵자』,「상현 중」

천하의 크고 작은 모든 나라는 모두 하늘의 고을이다. 사람은 어린이나 어른이나 귀하거나 천하거나 모두 하늘의 신하이다.『묵자』, 「법의」

물론 이러한 평등사상은 묵자만의 생각은 아니다. 이러한 사상은 '천하위공天下爲公' 즉 천하는 만민의 공유물이라는 생각으로부터 나온 것이다. '천하위공天下爲公'의 사상은 주나라 초기의 재상이었던 강태공이 지은『육도六韜』나 진나라의 여불위가 편찬한『여씨춘추呂氏春秋』에서도 살펴 볼 수 있다.

"큰 지혜는, 혼자만의 지혜가 아니며, 큰 꾀는, 혼자만의 꾀가 아니며, 큰 용기는, 혼자만의 용기가 아니며, 큰 이익은, 혼자만의 이익이 아닙니다. 천하를 이롭게 하는 자는 천하가 그 길을 열어 주며, 천하를 해치는 자는, 천하가 이를 막습니다. **천하는 한 사람의 천하가 아니며, 천하 만민의 천하인 것입니다.** 천하를 취하는 것은, 들짐승을 쫓는 것과 같은 것으로서, 천하 만민에게는 모두 그 고기를, 나눠 받을 마음이 있는 것입니다. 배를 함께 타고 건너는 것처럼 건너게 되면 모두 그 이익을 함께 하지만, 실패하게 되면 모두 그 해를 함께 합니다. 그러므로 모두가 길을 열어 줌은 있어도, 길을 막음은 없는 것입니다."『六韜』, 「武韜, 發啓」

옛 선왕들의 천하를 다스림은 반드시 모두 함께하는 공평을 앞세웠다. 공평하면 천하가 평등하고, 평등하면 공평하다. … 천하는 한 사람의 천하가 아니라 천하 모든 사람의 천하다.『呂氏春秋』,「孟春記, 貴公」

그러나 묵자는 여기에서 그치지 않고 더 나아가 천자도 운명적으로 타고나는 것이 아니라, 선출하여 세워야 한다고 했다.

이러한 고로 인민들은 천하에 어질고 훌륭하고 성스럽고 지혜롭고 분별력 있는 사람을 골라 천자로 세워 천하의 의義를 하나로 화동시키는 일을 맡도록 하였다.『墨子』,「尚同」

즉 모든 가치의 결정은 일반 백성의 뜻에 따라야 한다고 봤으며, 천자도 백성의 대표자로 인식한 것이다. 이는 요임금이 순임금에게, 순 임금이 우임금에게 황제의 자리를 물려 준 '선양'을 특수한 경우로만 보지 않고 일반화시켰다는 점에서 당시에는 상상도 할 수 없는 독창적이면서도 혁명적인 생각이라 아니할 수 없다.

(3) 인간은 이익을 추구하는 존재

묵자는 인민들의 기본적인 삶의 욕구를 객관화하고 정당화하였다. 즉 묵자는 인간 자체를 이익을 추구하는 존재로 파악했다. 그래서 묵자는 피지배층 인민들의 배고픔, 헐벗음, 피로함을 직면하고, 문제의 해결을 사회체제 안에서 찾았다. 현대적 의미의 기본권 개념을 당시에 도입한 것이다. 묵자는 인민들의 기본적인 욕구 해결을 통치자의 기본 책무로 보았을 뿐만 아니라, 사회 공동체 안에서 자발적이고 주체적으로 해결되기를 바랐다. 그러면서 이를 이루기 위한 기본조건으로 서로 사랑해야 함을 적극적으로 강조하였다.

> 인민들에게는 세 가지 근심이 있는데 배고픈 자 먹지 못하고, 헐벗은 자 입지 못하고, 피로한 자 쉬지 목하는 것, 이 세 가지가 인민의 큰 근심거리이다. 『묵자』, 「비악 상」

> 힘이 있는 자는 부지런히 다른 사람을 돕고, 재물이 있는 자는 힘써 다른 사람에게 나누어 주고, 도리가 있는 자는 다른 사람에게 권면하여 가르친다. 이렇게 되면 배고픈 자는 먹을 것을 얻을 것이요, 헐벗은 자는 옷을 얻을 수 있을 것이요, 피로한 자는 쉴 수가 있을 것이요, 어지러운 것은 다스려질 것이다. 『묵자』, 「상현 상」

묵자가 보기에 인간의 욕구 또는 욕망은 지극히 자연적인 것이다. 그래서 인간의 욕구와 욕망을 단순히 제거해야 할 것으로만 본 것이 아니라, 객관적으로 인식하고 인정한 것이다. 다만 인간의 욕구나 욕망이 통제되지 못할 경우 혼란이 올 수 있기에 적절한 통제는 필요한 것으로 봤다.

⑷ 자유의지를 가진 개인의 선택 중시

공자는 '천명天命'을 말하지만 묵자는 '천지天志'를 말하고 있다. 공자에게는 인간이 가야 할 도리와 길이 당위적으로 정해져 있다. 즉 인仁은 인간의 자각을 통해 얻은 신념이기 이전에 하늘로부터 부여받은 명령이기 때문이다. 하지만 묵자는 '천지天志'를 말하면서 하늘을 무조건 따라야 하는 것이 아니라 인간에게 자유의지로 선택할 수 있는 기회를 남겨 놓는다. 다만 하늘의 뜻을 따르는 인간은 상을 받을 수 있고, 따르지 않는 인간에게는 화가 미칠 수 있다는 것을 분명히 하고 있다.

> 고로 부유하고 귀하기를 바란다면 반드시 하늘의 뜻에 합당하게 따르지 않으면 안 되는 것이다. 하늘의 뜻을 따르는 자는 평등하게 서로 사랑하고 교통함에 있어 서로 이롭게 할 것이니 반드시 상을 받을 것이며, 하늘의 뜻에 반하는 자는 차별하여 서로를 미워하고 교통함에 있어 서로를 해칠 것이니 반드시 벌을 받을 것이다. 『묵자』, 「천지 상」

그런데 궁극적으로 인간이 따를 수밖에 없다는 측면에서 결과만을 놓고 보면 천명天命과 천지天志는 별 차이가 없어 보인다. 그러나 천명과 천지는 인간을 기준으로 내용을 자세히 살펴보면 어법에서부터 명백하게 차이가 난다. 천명은 천이 주가 되어 인간의 내면에 들어와 도덕성이 되어 외부로 발현되며 확산되는 것이다. 그렇기에 천天과 내적 도덕성이 일체화되어 선택의 여지가 없이 당위적일 수밖에 없다. 그래서 천명天命인 것이다. 하지만 천지天志는 특정하게 주어진 조건과 환경 속에서 상호작용하는 인간관계에 적용되는 인간의 외적 규범인 것이다. 그래서 인간이 주가 되어 하늘의 뜻인 천지天志를 본받을지 말지를 주체적으로 결정하게 되는 것이다. 다만 그 결과에 따른 책임이 상벌로 나타나면서 천지天志를 따를 것을 종용하고 있는 것이다.

그런 면에서 묵자는 인간을 자유의지를 가진 주체적 존재로 보았으며, 다만 선택에 의해 결과가 달라질 수 있다고 본 것이다.

⑸ 인간은 교화가 가능하다.

유가에서는 '인간은 하늘과 하나가 될 때 이상적인 상태에 도달한다'는 천인합일론天人合一論을 통하여 하늘天을 인간의 의식 안에 내면화內面化함으로써 도덕성의 근거로 삼았다. 그래서 도덕성을 키우기 위해 수양론修養論이 필요하였다. 그러나 묵자墨子는 인간의 타고난 본성보다는 인간의 외적 조건 및 환경을 중시하여, 인간 본성에서의 도덕성을 중요하게 생각하지 않았다. 묵자가 볼 때 개인은 자연의 한 부분이다. 그렇기 때문에 개인은 자연에서 살아남기 위해 치열하게 몸부림치며 싸우는 욕망을 가진 존재일 뿐이다.

> 묵자가 말하여 가로되, "옛날 인민이 처음 태어나 법과 정치가 없었을 때에는 말하는 의리가 사람마다 달랐다. 한 사람이 있으면 한 가지의 의리가 있고, 두 사람이 있으면, 두 가지의 의리가 있고, 열 사람이 있으면 열 가지의 의리가 있으니, 사람이 많아지자 주장하는 의리가 많아졌다. 이로서 사람들은 자기가 주장하는 의리는 옳다 하고 남의 의리는 그르다 하며 서로를 비난하게 되었다. 그리하여 안으로는 부자, 형제 사이에도 서로 원망하고 미워하니 흩어져 화

합할 수 없고, 밖으로 천하의 백성들은 물과 불과 독약으로 서로를 해쳤다. 여력이 있어도 서로 돕지 않고, 재물이 남아 썩어도 서로 나누지 않으며, 훌륭한 도리를 서로 숨기고 서로 가르치지 않으니, 천하는 어지러워 마치 짐승과 같았다."『묵자』,「상동 상」

따라서 묵자는 당시의 사회의 혼란을 바로잡기 위해서는 내적인 도덕성의 자각보다는 외적인 조건과 주어진 환경을 극복해 나가는 것이 중요하다고 보았다. 그래서 묵자는 인간의 내적 도덕성 보다는 외적 규범을 더 중시하였다. 올바른 교육이나 사회제도와 같은 외적 자극이 인간을 변화시키는 데 더 효율적이라고 본 것이다. 물론 묵자가 인간의 마음이나 수양론 자체를 부정하는 것은 아니다. 하지만 묵자는 인간의 본성을 외부의 힘을 받아들일 수 있는 공간으로 간주하였고, 도덕적 자기 수양이란 외부의 힘을 받아들여 자신을 변화시키는 것이라 보았다. 마치 수양의 과정은 재료에 외부의 힘을 가해 변형시키는 것과 유사한 것이었다.

또 한편으로 묵자의 외적 규범은 공동체성으로 귀결된다. 묵자는 서로 사랑하고 이익을 나누는 겸애교리兼愛交利를 통한 공동체적 인간관계에서 모든 갈등 및 사회 문제의 해법을 찾고 있다. 즉 묵자는 내적인 도덕성보다는 공동체성을, 수양론 보다는 겸애론을 사회 혼란을 잠재울 수 있는 유력한 방식으로 본 것이다.

이러한 묵자의 인간관을 종합해 보면, 묵자의 인간관은 현실적이며 실용주의적인 인간관이다. 그는 인간의 이기심이나 욕망을 부정하지 않았으며, 그것을 내적 수양을 통해 바꿀 수 있는 가능성을 높이 보지 않았다. 그보다는 이기심이나 욕망과 같은 에너지를 공동선으로 전환할 수 있는 외적인 교육과 제도, 그리고 그것을 바탕으로 한 도덕적 실천을 강조하였던 것이다.

3. 묵자의 인성론

묵자는 중국 역사상 보편적인 인성에 대해 논의를 전개한 최초의 사람이라고 해도 과언이 아니다. 묵자는 공동체적인 이상사회에 관심이 많았는데, 이상사회의 구성원으로서의 인간의 문제 또한 묵자에게는 중요한 문제가 아닐 수 없었기 때문이다.

일반적으로 선진시대 인성론은 인간이 어떤 존재인가를 살피기보다는 인간이 어떻게 살아가느냐에 초점을 맞추고 있다. 그렇기 때문에 인성론에는 윤리적인 문제뿐이 아니라 정치적인 문제도 긴밀하게 연결되어 있다. 그래서 인성이 선하다고 본 맹자는 도덕적 교화 정치에, 인성이 악하다고 본 순자는 외부의 물리적 강제력에, 본연의 인성이 규범과 무관하다고 본 노자는 무위無爲의 통치에 관심을 가졌다. 묵자도 예외는 아니다. 묵자는 겸애와 상벌제도라는 당근과 채찍 같은 외적 조건을 활용하여 대동사회를 만들어 가고자 하였다.

그런데 묵자는 인성에 대해 정확하게 규정하고 있지 않다. 다만 「소염所染」, 「칠환七患」, 「상동尙同」 등을 보면 인성에 대한 묵자의 견해를 엿볼 수 있다. 그런데 묵자의 인성에 대한 견해는 하나로 통일되어 있지 않고 경우에 따라 다르게 표현되고 있다. 어떻게 보면 백지설일 수도 있고, 어떻게 보면 성악설로 보일 수도 있다. 이를 살펴보려면 우선 묵자가 표현한 인성과 관련된 것으로 보이는 논의들을 구체적으로 살펴 볼 필요가 있다.

「소염所染」이나 「칠환七患」편을 보면 묵자는 인성을 실과 물감에 비유하여 물들이기 나름이라고 판단하고 있다.

> 묵자가 실을 물들이는 것을 보고 탄식하며 말했다. 파란 물감을 물들이면 파래지고 노란 물감을 물들이면 노래진다. 넣는 물감이 변하면 그 색도 변한다. 다섯 가지 물감을 넣으면 다섯 가지 색이 된다. 그러니 물들이는 것을 신중하게 하지 않을 수 없다. 유독 실을 물들이는 것만 그런 것이 아니고 나라도 물들여지는 것이니 신중해야 할 일이다. 『묵자』, 「소염」

묵자는 사람의 인성도 실과 같아서 주변 사람들에 의해 물들기 나름이라고 판단하고 있다. 굳이 현대의 인성론 범주에 따라 구분하자면 백지설로 볼 수 있다.

> 무릇 군주가 나라를 편안하게 할 수 있는 방도는 무엇인가? 진실로 도리를 행하는 것이다. 행실과 도리와 성품은 물들여지는 것이다. 『묵자』, 「소염」

> 고로 풍년이 든 때에는 인민들이 어질고 착하지만 흉년이 들면 인민들은 인색하고 포악해지는 것이다. 어찌 인민들이 항상 같을 수 있

겠는가? 『묵자』, 「칠환」

윗글만을 보면 묵자의 인성에 관한 견해는 무선무악설無善無惡說이며, 후천적인 환경에 의해 선하게도 또는 악하게도 변할 수 있다는 것으로 보인다.

그러나 묵자는 또 다른 곳에서는 인성이 악惡하다고 볼 수 있는 견해를 내세운다. 이미 앞서 논한 바가 있지만 「상동尚同」 상편을 보면 "옛날 인민이 처음 태어나 법과 정치가 없었을 때에는, 말하는 의리가 사람마다 달랐는데, 사람이 많아지자 주장하는 의리도 많아져서, 사람들은 자기가 주장하는 의리는 옳다 하고 남의 의리는 그르다 하면서 서로를 비난하게 되었으며, 마침내는 물과 불과 독약으로 서로를 해치는 지경에 이르렀다."고 한다. 내용을 보면 인간의 본성을 악하다고 보고 있으며, 특히 '옛날 인민이 처음 태어나 법과 정치가 없었을 때에는' 이라는 전제를 고려하면 어떤 형태의 영향도 받기 이전의 인간은 선천적으로 본성이 악하다는 것을 강조하고 있음을 알 수 있다.

그런데 묵자는 왜 인성에 대한 판단이 하나로 통일되어 있지 못하고 경우에 따라 제각각일까? 묵자는 왜 서로 달라 보이는 두 가지 견해를 같이 내놓았을까? 결론부터 이야기하자면 사실 묵자는 인성에 대해 서로 다른 두 가지의 견해를 제시한 것이 아니다. 묵자는 인성을 도덕적 가치 판단을 기준으로 구분하지 않았다. 그렇기 때문에 인성을 고정된 것으로 보지 않고, 상황에 따라 변할 수 있는 것으로 보았다. 즉 그는 인성 자체에 대한 관심보다는, 인간이 살아가는 방식이나 인간의 변화 가능성에 대한 관심이 더 많았던 것이다. 그럼에도 묵자의 인성론에 대해 논란이 있는 것은 다만 식자들이 현대적 관점에서 인성론을 성선설, 성악설, 백지설, 혼재설 등으로 분류해 놓고, 그에 맞춰 옛날의 사상가들의 인성에 대한 견해들을 짜 맞추어 분류하고 싶은 욕심을 앞세운 것뿐이다. 그래서 묵자의 견해가 통일되지 못하고 두 가지가 혼재된 것으로 보였을 뿐이다.

사실 묵자가 인성을 거론하기는 했지만, 묵자에게 있어서 인간의 본성이 선하니 악하니 하는 것은 주요 관심사가 아니었다. 묵자에게 있어서 주요 관심사는 인간을 둘러싸고 있는 외적 환경이고, 외적 환경이 인간에게 미치는 영향이었다.

묵자는 현실의 혼란과 갈등, 무질서 등을 직면하고, 그 원인을 인간의 욕망과 감정에서 찾았다. 묵자는 인간을 자연의 한 부분으로 보았고, 따라서 인간의 욕망과 감정도 자연의 한 부분으로 인정하였다. 맹자의 인간의 본성은 선하며, 이 선한 본성은 밖에서 녹아 들어온 것이 아니라 인간의 고유한 선천적 본성이라는 인식과는 달리, 묵자는 인간을 자연적인 존재로 보고 욕망과 감정을 객관적으로 인정하였다. 그래서 인민의 배고픔과 헐벗음, 피로함을 적극적으로 해결하고자 하는 노력이 중요하다고 역설하였다. 그렇다고 인간의 욕망과 감정을 무조건 긍정적으로 본 것은 아니며, 욕망과 감정이 통제되지 못할 경우 공동체성의 파괴나 무질서를 불러올 수 있음도 알고 있었다.

그래서 묵자는 세상의 혼란과 무질서를 잡기 위하여, 인간 내면에서의 도덕적 수양을 강화하기보다는 인간에게 영향을 미치는 외적 조건의 개선과 이를 통한 인간 본성의 개선을 강조하였다. 이런 면은 특히 천지天志 편에 잘 나타나 있다.

하늘의 뜻은 큰 나라가 작은 나라를 침공하고, 큰 집이 작은 집을 어지럽히며, 강한 자가 약한 자를 겁박하고, 다수가 소수에게 횡포를 부리며, 꾀 많은 자가 어리석은 자를 속이고, 귀한 자가 천한 자를 업신여기기를 바라지 않는다. 이것은 하늘이 바라지 않는 바이다. 여기에 그치지 않는다. 사람들이 힘이 있으면 서로 돕고, 도리를 알면 서로 가르치며, 재물이 있는 자는 서로 나누어 주고, 또한 윗사람은 힘써 다스리고 아랫사람은 힘써 일하기를 바란다. 윗사람이 힘써 다스리면 나라와 가문이 태평하고, 아랫사람이 힘써 일하면 재물이 넉넉하게 된다. 만약 국가가 태평하고 재물이 넉넉하면 안으로 단술과 젯밥을 깨끗하게 마련하여 하늘과 귀신에게 제사를 올리고, 밖으로는 진귀한 옥과 구슬들을 가지고 사방의 이웃 나라들과 친교를 맺으면, 제후들은 원망이 생기지 않고 변경에는 전쟁이 일어나지 않을 것이다. 또 안으로는 굶주린 자를 먹여주고 피로한 자를 쉬게 하여 만민을 지켜주고 부양해 주면, 군신 상하가 은혜롭고 충직하며, 부자 형제가 자애롭고 효성스러울 것이다. 그러므로 오직 하늘의 뜻을 밝혀 순종하고 받들어 천하에 널리 편다면, 형벌과 정치가 다스려지고 만인은 화목하고 국가는 부유해져서, 쓸 재물들이 풍족하게 되어 백성들은 모두가 따뜻한 옷을 입고 배부르게 먹으며 편안하여 근심이 없을 것이다. 『묵자』, 「천지 중」

이렇듯 묵자는 인간의 내면적 도덕성보다는 인간에게 영향을 미칠 수 있는 외적 조건을 중시하였으며, 인간의 인성을 규정하려 하기보다는, 외적 조건의 개선을 통한 인성 개조를 중시하였다. 그리고 더 나아가 인민의 인성 개조를 담당할 지식인 계급의 역할에 대해, 하늘의 뜻을 따르는 것이라 하여, 정당성을 부여하였다. 그리고 이러한 정당성을 바탕으로 정치, 경제, 문화 등의 다양한 측면에서 이를 다스리기 위한 다양한 주장과 그에 따른 실천을 전개하였다.

4. 묵자의 수신修身론

물론 그렇다고 해서 묵자가 수신의 문제를 무조건 등한히 했던 것은 아니다. 묵자도 공자와 같이 각기 개인의 수신과 관련된 심도 높은 논의를 진행하였다. 그것은 개개인이 지닌 덕성이 곧 공동체의 도덕성이 된다는 인식을 공유하고 있었기 때문이다.

공자는 「술이述而」 편에서, 수신이 공동체 구성원으로서의 개인이 지켜야 할 기본이며, 또한 공동체의 질서를 유지하는 근간이라고 하였다. 그는 덕을 닦지 못하는 것, 학문을 연마하지 못하는 것, 의義를 듣고 실천으로 옮기지 못하는 것, 선하지 아니한 것을 고치지 못하는 것을 자신의 걱정으로 삼았다. 그러한 점은 묵자도 크게 다를 바가 없는데, 『묵자墨子』「수신」 편을 보면 잘 나타나 있다.

군자는 가까운 것을 살피고, 가까운 것부터 닦는 사람이다. 남이 행실을 닦지 않아서 비방당하는 소리를 듣는 것을 보면 그것으로써 자신을 반성하는 계기로 삼는 사람이다. 이렇게 하여 남의 원망을 듣지 않고 자신의 행실을 닦아 나간다. 『묵자』, 「수신」

군자는 몸으로써 실천하는 사람이다. 자신의 이익만을 중시하며 명예를 잊고 경솔하게 행동하면서 천하에 바른 선비가 된 이는 일찍이 있지 않았다. 『묵자』, 「수신」

그런 점에서 묵자와 공자의 공동체와 수신에 대한 입장에는 공통점이 있다. 이를 황성규는 다음과 같이 들고 있다.

첫째, 공자와 묵자는 개인의 집합체가 곧 공동체라고 보고 개인선과 공동선과의 균형과 조화를 추구하였다. 개인이 자신의 가치 및 행복을 추구하는 것은 지극히 당연한 일이지만, 공동체와 분리되어 이루어질 수 없으며 공동체와 상호작용하는 과정에서 형성되어야 하는 것이므로 공동체의 가치와 전통에 위배되어서는 안 된다. 그들이 수신 이론을 통해 강조한 덕성의 본질은 바로 공동체 구성원으로서 개인이 지녀야 할 바람직한 품성이다.

둘째, 공자와 묵자는 개인의 수신에서 가장 중시되어야 할 덕목으로 인仁을 제시하였다. 인이라는 글자의 함의에서도 드러나 있듯이 인은 자신과 자신들의 가족의 이익을 추구하는 것이 아니라 공동체 안에서 나와 타인과의 원만한 관계를 지향하고 있다.

셋째, 개인선과 공동선은 상호 대립적 배타적 관계가 아닌 보완적 관계를 이루어야 한다고 보았다. 공자와 묵자는 모두 덕성과 품성을 갖춘 재능 있는 인재의 사회적 역할에 주목하고 강조하였다. 이는 개인이 모여 공동체를 구성한다는 기본적 인식에 근거한 것으로서 도덕적 개인이 도덕적 사회를 만든다고 파악한 것이다. 또한 그들은 도덕성과 능력에 근거하여 인재를 선발하고 그에 합당한 지위를 부여해야 한다고 보았는데 이는 공동체가 개인의 성장과 진보에 주목해야 한다는 점을 시사한 것이다. 개인은 공동체를 위해 헌신하고 공동체는 개인의 가치와 존엄을 실현시키는 주체가 되는 것이 그들이 지향하는 바인 것이다.

다만 묵자는 「상현」 하편에서 수신을 통해 "덕성과 능력을 겸비한 개인은 재빨리 남을 돕고, 힘써 나누어주며, 부지런히 가르침을 베풀어야 한다."고 하며 개인 수신의 목적이 바로 국가나 왕보다는 공동체에 대한 기여에 있음을 더욱 강조하고 있다.

이렇게 되면 밝은 귀와 눈으로 다른 사람의 보고 듣는 것을 서로 도울 수 있으며, 튼튼하고 힘 있는 팔다리로 서로 도울 수 있을 것이다. 그리고 도를 깨친 사람은 부지런히 서로 가르치고 깨우쳐 줄 수 있을 것이다. 또한 늙어서 아내와 자식이 없는 사람도 부양해 주는 사람이 있어서 그의 목숨이 다할 때까지 살 수 있을 것이며 어리고 약하면서 부모가 없는 아이들도 그의 몸을 의지할 데가 있을 것이다. 『묵자』, 「겸애 하」

남이 나의 부모를 사랑하고 이롭게 해주기를 바랄 것이다. 그러면 어디서부터 시작해야 그렇게 할 수 있겠는가? 내가 먼저 남의 부모를 사랑하고 이롭게 해 준 뒤에 남이 나의 부모를 사랑하고 이롭게 해 주는 보답을 바래야 되는 것이 아니겠는가? 내가 먼저 남의 부모를 미워하고 해롭게 하고 남이 나의 부모를 사랑하고 이로움을 보답해 주기를 바랄 수 없을 것이다. 『묵자』, 「겸애 하」

이상을 종합해 보면 묵자는 하의 전통을 이어받아 인간을 자연의 한 부분으로 인식하였다. 인간은 자신의 생존을 위한 욕망과 욕구를 가지고 있는데, 이것은 바로 본성이기도 하며, 지극히 자연스러운 것이다. 그러므로 인간의 본성은 선천적으로 타고나 고정불변한 것이 아니다. 인간의 본성은 옷이 물감에 물들 듯이 주어진 조건과 환경 속에서 얼마든지 바뀔 수 있으며, 또한 가르침에 따라 개조가 가능하다고 보았다.

그래서 묵자는 인간을 외적 조건에 능동적으로 대응할 수 있는 자유의지를 지닌 주체적이고 평등한 존재로 인식하였다. 다만 인간의 내면적인 도덕성 보다는 외적 조건이나 환경을 중시하였고, 인성은 환경에 따라 물들기 나름이고 교화를 통하여 변화시킬 수 있다고 보았다. 그래서 묵자는 인간을 바꾸기 위한 수단으로 상벌을 강조한다. 묵자는 상벌의 기준으로 하늘天의 뜻志인 겸애兼愛를 내세운다.

그리고 묵자는 기존의 혈연 중심의 인간관을 뛰어넘어 인간을 공동체 사회의 한 구성원이자 공동체 사회를 위하여 역할하는 존재로 보았으며, 이러한 인간관을 바탕으로 겸애를 방법으로 하여 인간을 공동체 사회를 만들어 나가는 실천적 주체로 상정하였던 것이다.

1. 묵자의 사회에 대한 문제의식

전국시대 당시 대부분의 제자백가가 사회를 보는 관점은 사회의 지배구조에 초점이 맞춰져 있었다. 그러나 묵자의 관점은 그 사회 구성원들이 얼마나 이익을 누릴 수 있으며 생활을 여유 있고 윤택하게 할 수 있는가 하는 이용후생利用厚生에 맞춰져 있었다. 이 말은 묵자가 사회를 유지하는 조건으로써 구성원들의 삶과 이익을 중요하게 봤다는 말이기도 하다.

묵자가 말했다. 옛날 영명한 임금이신 성인들이 천하를 다스리고 제후들을 바로잡은 방법은 그가 백성을 사랑함에 충직했고, 백성을 이롭게 함에 있어 삼가 돈독했고, 충성과 믿음이 서로 이어졌으며, 또 이익을 보여줬기 때문이다. 『묵자』, 「절용 중」

어진 사람이 천하를 도모하는 것에 대해 말하자면, 천하가 가난하면 백성을 부유하게 하는데 종사하고, 인민이 적으면 많게 하는데 종사하고, 인민이 어지러우면 태평하게 다스리는데 종사해야 한다. 이 일을 함에 있어 힘이 부족했거나, 재물이 풍족하지 않았거나 지혜롭게 알지 못했는지 염려한 후에야 천하를 도모한 것이라 할 수 있다. 『묵자』, 「절장 하」

묵자가 본 전국시대의 사회는 주나라의 예법이 무너지고, 제후들이 스스로 왕을 자칭하기 시작했으며, 영토와 노예를 얻기 위한 제후들의 상호 침략전쟁으로 춘추시대보다도 더욱 혼란스러운 세상이었다. 대국이 소국을 공격하고, 큰 가문이 작은 가문을 어지럽히고, 강한 자가 약자를 겁탈하고, 다수가 소수를 폭압하고, 지혜로운 자가 어리석은 자를 속이고, 귀한 자가 비천한 자를 업신여기는 사회가 되었다. 그 결과 사람들을 끊임없이 고통 속에서 신음하고 있었다.

이러한 상황 속에서 묵자는 제자백가 중 어느 누구보다 인민이 살기 좋은 사회와 나라를 만들기 위하여 고민한 사람이었는데, 묵자는 천하의 혼란이 서로가 서로를 차별하고 미워하는 것 때문이라고 보았다. 그래서 이에 대한 해결 방안은 서로 사랑하고 서로에게 이익을 주는 것兼相愛 交相利 뿐이라고 생각하였다. 그러기 위해서는 무엇보다 사람과 사람이, 국가와 국가가 서로 사랑하고 도와야 한다고 생각하였다.

여기에서 '겸兼'은『묵자』의「겸애兼愛」하편에 의하면 "성왕의 도리이며, 왕공대인이 편안할 수 있는 수단이며, 만민의 의식주가 풍족할 수 있는 수단이다. 고로 임금이 평등하게 아우르는 것을 힘써 행하면 임금은 반드시 은혜롭고, 신하는 반드시 충직하며, 어버이는 반드시 자애롭고, 자식은 반드시 효도하며, 형은 반드시 우애하고, 아우는 반드시 공손할 것이다. 그러므로 군주는 은혜로운 군주, 충직한 신하, 자애로운 아비, 효성스러운 아들, 우애하는 형제들이 되기 위하여 마땅히 겸兼을 행하지 않으면 안 되는 것이다. 이것이 성왕의 도리이며 만민에게 크게 이로운 길이다".라고 하였다.

여기서 주목해야 할 말은 '겸'은 "만민의 의식주가 풍족할 수 있는 수단이다."라는 말이다. 묵자가 사회의 혼란에 대해 가지는 문제의식은 단지 서로 사랑하지 못하고 돕지 못하는 감성적이고 정서적인 문제 때문만은 아니다. 그가 보기에 사람들이 서로 사랑하지 못하고 돕지 못하면, 전쟁이 일어나게 되고, 전쟁이 일어나면 사회의 물질적 기반이 붕괴되고, 물질적 기반이 붕괴되면 사람들이 고통받고 살기 어려워지기 때문이다. 묵자는 인간이나 사회를 막론하고 존재를 유지하기 위한 수단으로 윤리나 도덕적 감수성보다는 외적 조건으로서의 물질적 기반을 중시한다. 그래서 묵자에게는 모든 구성원들에게 이익이 되는 것이 겸애이고, 겸애를 행하는 것이 '인仁'이자 '의義'인 것이다.

물론 사람을 사랑해야 한다는 주장을 묵자만 한 것은 아니다. 공자도 인仁을 주장하였는데, 인仁도 사람을 사랑하는 것이다. 그러나 공자의 사상은 혈연관계를 기초로 한 종법제도를 우선적으로 인정하고 있다. 그래서 가까운 사람부터 친하게 지내는 친친親親의 원리에 따라 사랑을 베푸는데도 차등을 두고 있다. 즉 사랑을 베푸는데 가볍고 무거움이 있고, 두터움과 얇음이 있다는 것이다. 그러나 묵자는 사랑을 하는데 차등을 해서는 안 된다고 한다. 묵자는 보편적이고 평등한 사랑을 주장한다.

남의 나라를 자기 나라처럼 보고, 남의 집안을 자기 집안처럼 보며,
남의 몸을 자기 몸처럼 봐야 한다. 『묵자』, 「겸애 중」

또한 사랑을 베푸는 데도 순서가 있다. 유가는 '자기의 마음으로 미루어 남을 헤아린다'는 '추기급인推己及人'을 이야기하며 자기 어버이를 먼저 사랑

한 뒤에 남의 어버이를 사랑할 것을 주장한다. 하지만 묵자는 이를 반대하며 남을 먼저 사랑할 것을 주장하였다.

> 반드시 내가 먼저 남의 어버이를 사랑하고 이롭게 하는데 종사한 뒤
> 에야, 남이 나의 어버이를 사랑하고 이롭게 하는 것으로써 갚을 것
> 이다. 『묵자』, 「겸애 하」

이렇듯 묵자는 보편적이고 평등한 사랑을 주장하며, 차별 없이 서로가 서로를 사랑하면 사회가 안정될 것으로 보았다. 그리고 그러한 사회에서의 가장 기본적인 문제는 구성원 전체에게 이익이 되도록 모든 백성들이 의식주의 풍족함을 갖추는 것이라 보았다.

2. 묵자가 본 인간의 사회적 역할

묵자는 모든 사회 구성원이 서로 사랑하고 이익을 나누는 공동체를 꿈꾸면서, 공동체의 구성원으로서의 인간의 사회적 역할에 주목하였다. 당시의 시대적 상황을 고려했을 때, 인간과 사회, 또는 부분과 전체를 통일시켜 바라보는 묵자의 사회를 보는 관점은 상당히 객관적이며 탁월한 견해라 아니할 수 없다.

(1) 인간은 노동하는 존재

인간의 사회적 역할에 대한 구체적인 내용을 살펴보면, 우선 묵자는 인간을 노동하는 존재로 보았다. 묵자는 노동을 인간의 핵심적인 생존 조건으

로 보고 일하지 않는 자는 살 수 없다고 하였다. 묵자 자신이 공인工人이었기 때문에 더욱 노동을 중시한 것일 수도 있다.

> 오늘날 사람은 진실로 금수, 큰사슴과 노루, 새와 벌레 등과 다르다. 오늘날 금수, 큰사슴과 노루, 새와 벌레 등은 자신의 날개와 털에 의지해서 사람의 의복처럼 체온을 유지하고, 자신의 발굽과 손톱으로 사람의 발처럼 이동하며, 물과 풀을 자신의 음식으로 삼는다. 그러므로 비록 수컷이 곡식을 갈거나 채소를 심지 않고, 암컷 역시 실과 베를 짜지 않아도 입고 먹을거리가 이미 갖추어져 있다. 오늘날 사람들은 이와 다르다. 스스로 힘써 일하는 자는 살고, 힘써 일하지 않는 자는 살지 못한다. 『묵자』, 「비악 상」

더 나아가 묵자는 노동을 생존의 수단만이 아니라 인간사의 성패를 결정하는 중요 요인으로 보았다. 묵자는 어지러움과 다스려짐, 편안함과 위태로움, 귀함과 천박함, 영예와 치욕, 부유함과 가난함 등을 결정하는 것은 '운명'이 아니라 노동이라고 하였다. 묵자는 노동을 인간의 생존 수단이자 사회를 유지하기 위한 필수적인 수단으로 본 것이다.

> 힘써 노동하면 반드시 잘 다스려지고, 힘써 노동하지 않으면 반드시 어지러워진다. 또 힘써 노동하면 반드시 안정이 되고, 힘써 노동하지 않으면 반드시 위태로워진다. … 힘써 노동하면 반드시 귀해지고, 힘써 노동하지 않으면 반드시 천해진다. 힘써 노동하면 반드

시 영화를 누리게 되고, 힘써 노동하지 않으면 반드시 치욕을 얻는
다. … 힘써 노동하면 반드시 부유해지고, 힘써 노동하지 않으면 반
드시 가난해진다. 힘써 노동하면 반드시 배부르게 먹을 수 있고, 힘
써 노동하지 않으면 반드시 굶주리게 된다. … 힘써 노동하면 따듯
하게 옷을 입을 수 있고, 힘써 노동하지 않으면 추위에 떨게 된다.
『묵자』, 「비명 하」

아울러 노동에 대한 묵자의 관점들을 확대해서 살펴보면, 묵자는 기본
적으로 노동 생산성을 중시하기 때문에 노동력을 제공할 수 있는 인민의 숫
자가 많아져야 한다고 보았다. 그러면서 한편으로는 사치품 생산이나, 인민
의 이익에 부합되지 않는 잉여자본을 축적하기 위한 노동을 해서는 안 된다
고 하였다. 오로지 인민의 이익을 위한 노동이 되어야 한다고 강조하였다.
묵자는 당시에 이미 노동의 가치와 노동의 사회성에 주목함으로써 '노동하
는 인간'을 객관적으로 파악했던 것이다.

⑵ 인간은 공동체적 존재

다음으로 묵자는 인간의 공동체성에 주목하였다. 사실 공동체에 대한
입장은 제자백가 중 그 누구보다도 묵자가 가장 많이 강조하고 있으며, 묵
자가 제기하는 모든 논의의 귀결점이라고 보아도 과언이 아니다. 묵자가 꿈
꾸는 이상사회는 곧 공동체 사회이기도 하다.

묵자는 천하가 하나의 공동체이기를 바랐다. 남의 아버지를 나의 아버
지 대하듯 하고, 남의 아들을 나의 아들 대하듯 하면, 서로 해치고 빼앗을 일

이 없어진다. 그러면 나라건, 가문이건, 개인이건 남을 해치거나, 남의 것을 빼앗지 않고, 서로 도우며 안락한 삶을 누릴 수 있다고 하였다. 그런데 묵자는 공동체를 이루기 위해서는 그 구성원 개개인의 노력과 역할이 굉장히 중요하다고 역설하였다. 묵자는 공동체를 이루기 위한 개개인의 노력과 역할들을 구체적으로 제시하고 있다.

그 첫 번째는 겸애兼愛이다. 공동체 사회를 지향하는 묵자는 무엇보다 겸애를 중시하였다. 묵자는 겸애를 "천하에 남이란 없다.天下無人"란 한마디로 압축해서 설명하고 있다. 남 보기를 나 보듯이 하여 서로 사랑한다면, 천하의 모든 어지러움은 사라진다고 보았다.

고로 천하가 두루 서로 사랑하면 다스려지고, 서로 차별하고 미워하면 어지러워진다. 『묵자』, 「겸애 상」

묵자의 말은 남의 나라를 제 나라 같이 보고, 남의 가문을 제 가문 같이 보고, 남 보기를 제 몸 같이 보라고 한다. 『묵자』, 「겸애 중」

두 번째는 공유共有이다. 묵자는 사유를 비난하고, 공동체를 위해서는 공유를 해야 한다고 주장한다. 천하의 모든 나라는 하늘의 고을이며, 사람은 어린이나 어른이나, 귀하거나, 천하거나 모두 하늘의 신하이기 때문에 네 것 내 것을 구분해서는 안 된다고 한다.

성인聖人은 재물을 자기 집에 저장하지 않는다. 사유를 비난한다.

사재를 저장하는 것은 자기를 위할 뿐 자기와 인민을 다 같이 사랑하는 것이 아니다. 인민을 후대하는 것은 자기를 제외하는 것이 아니다. 사랑은 후하고 박함이 없다. 자기만을 내세우면 어진 이가 아니다. 의義는 리利이며 불의는 해害다. 뜻은 공적으로 분별될 뿐이다.『묵자』,「대취」

세 번째는 나눔이다. 서로 돕고 나누지 않으면 이 세상은 짐승의 세상과 같다고 한다. 그래서 서로 돕고 나눌 때만이 어지러운 것이 다스려지며, 안락한 생명 살림을 이룰 수 있을 것이라 한다.

남아도는 힘이 있어도 서로 돕지 않고, 남아도는 재물이 썩어가도 서로 나누어주지 않으며, 좋은 지식은 숨기어 서로 가르쳐주지 않으면, 천하의 어지러움이 금수와 같다.『묵자』,「상동 상」

그러면 어질게 되는 길은 무엇인가? 그것은 힘이 있으면 부지런히 인민을 돕고, 재물이 있으면 힘써 인민에게 나누어 주고, 도리가 있으면 권면하여 가르치는 것이다. 이렇게 되면 배고픈 자는 먹을 것을 얻을 수 있고, 헐벗은 자는 옷을 얻을 것이며, 어지러운 것은 다스려질 수 있다. 만약 배고픈 즉 먹을 수 있고, 추운 즉 입을 수 있으며, 며, 어지러운 즉 다스려질 수 있으면, 이것이 안락한 생명 살림이다.『묵자』,「상현 하」

네 번째는 분업과 협력이다. 사람에게는 저마다 직분이 있어 직분에 충실해야 하고, 자기가 각기 잘할 수 있는 일을 함으로써 전체 공동체에 기여를 해야 한다고 한다.

왕공대인들은 아침 일찍부터 늦게 퇴근하기까지 판결을 하고 정사를 다스리는 것이 직분이다. 선비와 군자들은 있는 힘을 다하여 지혜를 바쳐 안으로 관부를 다스리고, 밖으로 관문과 시장, 산림과 택량의 이익을 거두어 창고와 곳간을 채우는 것이 그들의 직분이다. 농부들은 아침 일찍 들에 나가 저녁에 들어오기까지 밭 갈고 씨 뿌려 곡식을 많이 거두는 것이 그들이 맡은 직분이다. 부인들이 아침 일찍 일어나 밤에 잠들 때까지, 실을 뽑고 길쌈하며 삼과 누에고치와 칡과 모시를 다듬어 베와 비단을 짜는 것이 그들이 맡은 직분이다.『묵자』,「비악 상」

제자인 치도오와 현자석이 묵자에게 물었다. "의를 실천하려면 무엇을 가장 힘써야 할까요?" 묵자가 말했다. "비유를 하면 담장을 쌓는 것과 같다. 흙을 잘 다지는 사람은 흙을 다지고, 흙을 잘 운반하는 사람은 흙을 나르게 하며, 흙을 잘 파는 사람은 삽질을 시켜, 제각기 능한 일로 협동해야 담장을 쌓을 수 있다. 의로운 일을 행하는 것도 이와 같아서 변론을 잘하는 사람은 변론을 하고, 말과 글을 잘하는 자는 말과 글을 하게하고, 일을 잘 처리하는 자는 일을 관하게 하여, 제각기 능한 일을 해내면 의로운 일이 이루어진다."『묵자』,

묵자는 이렇게 인간의 사회적 역할을 강조하여 인간은 노동을 해야 하고, 서로 사랑하며 이익을 나누면서 인류공동체에 기여해야 한다는 것을 역설하고 있다.

⑶ 공동체와 개인과의 관계

다음으로 묵자는 공동체 못지않게 공동체 속에서의 개인의 역할에 주목하였는데 특히 현명한 사람의 역할을 강조하였다. 묵자는 천하가 가지고 있는 다양한 문제는 현명하고 어진 개인에 의해 해결될 수 있다고 보았다. 그리고 천하는 반대급부로 현명한 개인에게 합당한 지위와 권위를 보장해서 마음껏 자신의 역량을 펼치도록 도와주어야 한다고 하였다. 그러면서 군자로서 지녀야 할 기본적인 자질을 '의義'와 '능력能'으로 제기하고 있다.

의롭지 않은 자는 부유하게 해주지 않고, 의롭지 않은 자는 귀하게 해주지 않으며, 의롭지 않은 자와는 가까이 하지 않는다. 「묵자」, 「상현상」

그래서 묵자는 「상현尚賢」 중편에서 위정자들이 백성들의 군주와 사직의 주인으로서 국가를 다스림에 있어 이를 오래 보전하려면 덕성과 재능을 지닌 개인을 숭상하는 일이 정치의 근본이 됨을 살피지 않을 수 없음을 강조하며 인재의 중요성을 제기하고 있다.

나라에 현명하고 훌륭한 사람들이 많으면 국가의 정치는 돈후해지
고, 현명하고 훌륭한 사람들이 적으면 나라는 각박해진다. 『묵자』,
「상현 상」

또 묵자는 한 벌의 의복을 만들거나 가축을 도살할 때에도 반드시 전문
적인 능력을 가진 사람들의 손을 빌려야 한다고 한다. 그런데도 공동체의 문
제점을 해결할 때에는 지혜로운 사람이 아닌 친척들을 임용하여 부리고 공
동체를 위해 별다른 공적이 없이 부귀하고 아첨하는 사람들을 등용하는 것
은 잘못된 처사임을 지적하고 있다. 이것은 지혜롭지 못한 사람들로 하여금
나라를 다스리게 하는 것이니 반드시 관리들은 부패하고 정사가 혼란해 질
것이라고 보았다. 그래서 귀하고 천함을 가리지 말고, 현명하고 능력이 있
는 사람을 뽑아 책임 있는 역할을 맡기라고 하였다.

덕 있는 사람을 등용하여 쓰고 현명한 사람을 존중하였다. 비록 농
사를 짓거나 장인이나 장사를 하는 사람이라 하더라도 능력이 있으
면 그를 등용하여 높은 자리를 주고 많은 녹봉을 주며 그에게 정사
를 맡겨 결단하고 명령할 권한을 주었다. 『묵자』,「상현 상」

묵자는 개인의 집합체가 곧 공동체라고 보고 개인선과 공동선과의 균형
과 조화를 추구하였다.

이상에서 볼 때 묵자는 사회 구성원들의 이익을 보장하기 위한 물적 토
대의 안정적 구축을 중시하였으며, 사회의 안정을 이루는 가장 중요한 조건

으로 공동체성을 무엇보다 강조하였다. 이 생각은 묵자 사상의 전체를 꿰뚫고 있는 기본적인 토대이기도 하다. 이러한 관점을 바탕으로 묵자가 바라는 이상적인 사회구조의 중심 내용으로 묵자가 생각하는 공동체관의 주요 원칙들을 살펴보고자 한다.

3. 묵자 공동체관의 주요 원칙들

묵자가 생각하는 올바른 사회는 그의 인간관과 마찬가지로 현실적이고 평등하며 실용적인 공동체로 볼 수 있다. 묵자는 혼란스러운 전국시대에서 나타나는 전쟁, 신분 차별, 빈부 격차 등의 다양한 사회 문제들을 해결하기 위한 방안으로 합리적이고 도덕적인 사회 질서의 원칙을 제기하였다.

첫 번째는 겸애兼愛를 바탕으로 한 차별 없는 사랑으로 이루어지는 조화로운 사회 구축이다. 묵자는 자기 가족, 또는 군주만을 사랑하는 차별적인 사랑別愛 때문에 사회가 갈등과 다툼이 일어나 혼란해진다고 보았다. 그래서 모든 사회 구성원이 서로를 동등하게 사랑하고 배려하는 모습들이 보편적으로 이루어지면, 갈등과 전쟁이 사라지고 사회는 잘 다스려져 안정될 것이라고 했다. 이는 개인과 가족 윤리를 뛰어넘어 사회 공동체 전체의 배려와 나눔, 평등과 협력을 지향하는 원칙이다.

두 번째는 비공非攻을 바탕으로 한 정의롭지 않은 전쟁을 반대하는 것이다. 묵자는 천하를 하나의 공동체로 봤다. 그렇기 때문에 남의 나라를 공격하는 것은 공동체 내에서 갈등과 분열을 일의키는 불의不義라고 주장하였다. 더욱이 전쟁은 인민을 고통스럽게 만드는 가장 소모적이고 불필요한 낭비에 지나지 않기 때문이다. 물론 자기만의 이익을 위해 남을 정벌하는 침략에 대해 방어적이고 정의로운 전쟁은 인정했지만, 기본적으로 공공의 이익公益과 민생民生을 해치는 전쟁을 금지해야 한다고 역설하였다. 이는 천하 공동체 내에서의 모든 구성원의 보호와 안전을 중시한 반전과 평화의 원칙이다.

세 번째는 상현尚賢을 바탕으로 한 도덕적이고 능력에 따른 공정한 사회 운영이다. 묵자는 인재를 등용하는데 있어 혈통이나 신분 계급이 기준이 되어서는 안 되고, 도덕적이고 유능한 인물을 택해서 공공의 이익을 위해 나라를 다스리는 역할을 맡겨야 한다고 보았다. 이는 사회의 특권이나 기득권을 배제하고, 도덕성과 능력을 겸비한 사람에게 공동체의 운영을 맡겨야 한다는 원칙이다.

네 번째는 상동尚同을 바탕으로 한 사회 질서의 통일과 협력을 모색하고, 그리고 이를 위해 소통을 확대·강화하는 것이다. 묵자는 사회의 반목과 무질서는 사람들이 각자 자기만의 기준을 세워 자신의 이익만을 따르기 때문이라고 보았다. 이를 해결하려면 공공의 이익에 부합하는 도덕적 기준을 세우고, 위에서 아래까지 어떠한 특권도 배제하고 기준에 따른 통일이 이루어져야 한다고 주장했다. 그러려면 무엇보다 위아래를 가릴 것 없이 누구든지 의견을 제시할 수 있고, 논의를 하여 생각을 모아가는 소통은 필수여야 한다. 이는 도덕적으로 일원화된 사회질서를 세워나가는 데 필요한 필수적인 원칙이다. 그렇다고 약자나 소수에 대한 강자나 다수의 횡포나 억압이 있어서는 안 되고, 단지 도덕적 기준의 통일이 이루어져야 하는 것이다.

다섯 번째는 절용節用과 절장節葬을 바탕으로 한 검소하고 효율적인 공동체 운영이다. 묵자는 사치와 낭비를 강하게 비판했는데, 이는 공동체성을 파괴하는 특권의식의 발로이기 때문이다. 번거롭고 사치스러운 의복, 장례, 건축 등은 내용이나 진실된 마음보다는 형식이나 거짓된 태도들을 일반화시킬 뿐만 아니라, 불필요한 낭비로 민생을 해치고 더 나아가 국가의 힘까지 약화시킬 수 있다고 보았다. 이러한 관점은 검소함節用과 간소한 장례節葬를 강조한 것으로, 민民 중심의 실질적인 복지 실천의 원칙을 말한 것이다.

이상에서 본 것처럼 묵자의 모두를 위한 사회를 만들고 가꾸고자 하는 생각은 기본적으로 "모두가 평등하게 사랑하고, 능력에 따라 일하며, 낭비 없이 함께 살면서, 안정적인 생활이 보장되는, 평화롭고 조화로운 공동체"를 지향하고 있다.

4 묵자가 본 국가 구성 원리와 지도자론

(1) 묵자가 본 국가의 구성 원리

순자나 한비자는 국가를 구성하는 원리로서 국가가 개인을 제어하는 것에 초점을 맞추었다. 그런데 이와 달리 묵자는 개인의 이익을 위해서 어떻게 국가가 조직되는가를 판단하였다. 전자가 위에서 아래로 사유하였다면, 후자는 아래에서 위로 올라간 것이다. 그래서 이러한 논의의 근거를 제시하기 위하여 묵자는 「상동尙同」 중편에서 굳이 태초 상태를 가정하였다. 태초에는 한 사람이면 한 개의 의로움이 있고, 열 사람이면 열 개의 의로움이 있으며. 백 사람이면 백 개의 의로움이 있어서, 서로 자신이 옳다고 싸웠다는 것이다. 그렇기 때문에 이들을 통합하기 위하여 정치를 하는 우두머리와 국가가 출현하였다는 것이다. 그러므로 국가는 한편으로 개인의 이익을 보호하고, 다른 한 편으로는 개인의 이기심을 중재하여 모든 구성원의 이익을 충족시키기 위해서 만들어진 것이다. 즉 묵자는 태초의 혼란을 개인과 개인의 이익이 충돌하며 생긴 것으로 보았다. 그래서 그는 개인의 이익을 위한 욕망을 인정하였고, 개인의 이익을 조화롭게 실현시켜 주기 위한 것을 국가의 역할로 상정하였던 것이다.

묵자의 논리에 따르면, 개인들은 무리를 지어 경쟁하며 서로 싸운다. 이를 해결하기 위해서, 무리를 지은 개인들이 자기들 가운데 가장 덕성과 현명함을 갖춘 자를 뽑고, 모든 개인 간의 분쟁의 근원인 자신 이익에 대한 조정과 중재할 수 있는 권한을 그에게 위임한다. 그러면 현자는 권한을 사용하여, 각각의 이익에 대한 주장들의 충돌을 막는다. 현자는 각 개인들의 이익 충돌을 조정하고, 그들을 조직해서 생산을 늘리는 등 이익의 극대화를 꾀한다. 이 때 각 개인들은 현자에게 자신의 권한을 넘겼기 때문에, 그의 명령에 따라야 한다. 그런데 현자가 명령할 수 있는 권한은 각 개인이 자신의 권한을 스스로 위임한 것이기 때문에 자신의 명령과 같다. 현자는 이렇게 얻은 이익을 모든 개인에게 공평하게 분배한다. 이렇게 하여 서로가 서로에 대한 투쟁을 종식시키고, 그 사회 전체의 이익뿐만 아니라 개인들의 이익을 극대화시킬 수 있다. 이와 같은 생각은 『묵자』 「상동尙同」편에 잘 나타나 있다.

명확하도다! 정치 우두머리가 천하의 의로움을 같게 하여 하나로 함이 백성에게 없어서 천하가 혼란스러워졌다. 이런 까닭으로 천하의 현명하고 우량하고, 총명하게 알고, 지혜로 논증하는 사람을 골라 뽑아서 천자로 세워서, 그로 하여금 천하의 의로움을 같게 하여 하나로 함에 일삼게 하였다. 『묵자』, 「상동 중」

그런데 묵자가 설명한 국가 구성 원리에 대하여, 일부 학자들은 「상동」의 논리를 내세워 묵자를 전제주의자라고 규정한다. 학자에 따라서는 상동은 윗사람과 아랫사람 사이의 소통일 수도 있지만, 본질적으로는 군주의 전제專制주의적 중앙집권일 뿐이라고 본다. 또 정치와 종교가 하나로 결합한 통치이기 때문에 사상과 언론의 자유가 전혀 없으며, 사람들의 개성이 말살되어야 하는 절대군주의 전제주의라고 규정하기도 한다. 따라서 묵자의 사상은 군주 1인의 가치 체계가 강력하게 관철되는 전제적인 통치이며, 군주의 자의적인 독단이 견제될 수 있는 체제적인 장치가 마련되지 않은 전체全體주의이기 때문에 여기에서 전체의 이익을 위한 무고한 개인의 희생은 당연한 선택이라며 단정하기도 한다.

그런데 이러한 논리들은 타당하지 못하다. 전제 군주는 하명下命을 하지만 묵자는 상동尚同을 하기 때문이다. '상동尚同'에서 가장 중요한 것은 국가의 구성 원리이다. 국가가 왜 어떻게 만들어졌는가에 대해 상동 편은 답을 하고 있는데, 여기에서 국가가 어떻게 구성되었는가를 찾는 것은 군주가 왜 존재하는가를 따지는 것과 같다. 당시 유가의 맹자나 순자, 법가의 한비자, 혹은 도가의 노자나 장자는 모두 군주정, 혹은 왕정을 당연한 것으로 간주하였다. 그들은 예禮나 법의 발생에 대해서는 언급을 하고 있지만, 군주나 국가의 기원을 따지지는 않았다. 당시는 정복 전쟁이 일상화되어 있는 상황에서 정복 군주가 백성들에게 하명下命하는 것은 당연한 일이다. 그런데 묵자는 감히 상동尚同을 주장하면서 백성이 왜 군주와 같아야 하며, 국가 권력에 복종해야 하는가에 대해 문제제기를 하고 있다. 그는 상동尚同할 조건을 따지면서 상동尚同은 백성 각 개인의 이익 주장체=義의 실현 과정이라고 주장하였다. 타당한 논리라고 볼 수 있다.

격변의 시대에 묵자는 상동尚同의 논리를 제시하며 새로운 국가 모델을 제시했다. 상동론을 맹자의 통치론과 비교해 보면, 묵자가 지향하는 바가 더욱 명확하게 드러난다. 그의 국가는 많은 사람들이 생각하는 것처럼 '군주 전제專制'나 '전체주의'가 아니라, 사회계약론에 가깝다. 묵자에 의하면 개인들은 자신의 이익 주장利=義으로 생기는 혼란을 극복하기 위해서, 자신의 권한을 윗사람賢者에게 넘김으로써 국가가 구성된다. 따라서 개인들은 현자의 말과 지시를 따라야 한다.尚同 하지만 반대로 현자는 그 개인들을 전부 차별 없이 사랑해야 한다.兼愛 이는 상동과 겸애를 상호 교환하는 계약 관계라 할 수 있다.

자유의지를 가진 개인들이 서로 관계를 맺는 합리적인 방법은 계약이다. 묵자는 모든 사람들이 자유의지를 가지고 있음을 강조한다. 만약 어떤 사람에게 상과 벌을 내린다는 것은 그만큼 그가 자율적인 주체라는 말이다. 개인이 자율적으로 자유의사에 따라 행위를 하였기 때문에 그것에 대해 책임을 묻는 것이다. 상과 벌이 그것이다. 그래서 묵자는 개인의 자율성과 주체성을 인정하기 때문에 상과 벌로 인간을 통제하려 들었다. 그런데 반대로 유가는 성선설의 입장에서 백성의 자율성과 주체성을 인정하지 않는다. 공자는 말한다.

정치로 이끌고 형벌로 가지런하게 하면, 백성들이 벗어나기는 하나 부끄러워함이 없다. 덕으로 이끌고 예로써 가지런하게 하면 부끄러워함이 있을 뿐만 아니라 또한 바르게 된다.『논어』,「위정」

법은 인간의 행동만 제어하나, 예禮는 인간의 마음까지 제어하려 한다. 법보다는 예에 의존하는 것이 좋아 보인다. 그러나 역설적으로 군자가 백성을 덕과 예로 이끈다는 것은 백성의 자율성과 주체성을 인정하지 않는다는 말이기도 하다. 즉 주체적인 인간일 경우에는 그 행위의 법적 책임만을 물으면 된다. 하지만 아직 주체성이 미성숙했을 때는 덕과 인품으로 타이르고 가르친다.

공자는 자신을 수양한 후에 남을 교화시킬 것修己治人을 주장하였다. 군자가 인격을 닦아서 백성을 다스려야 한다는 것이다. 이를 이어받은 맹자는 인간의 본성을 논하며 성선설을 주장하였다. 그런데 맹자의 성선설은 백성에게는 제외되고 다스리는 군자에게만 적용된다. 왜냐하면 백성과 군자가 똑같이 선한 본성을 가졌다면, 누가 누구를 다스릴 수 있겠는가? 아니 애초에 다스릴 필요가 없을 것이다. 모든 정치가 알아서 잘 풀릴 터이니 말이다. 그러므로 백성을 다스리려 한다면, 논리적으로 백성에게는 성악설이 적용되어야 한다. 역설적으로 인간의 주체성을 인정하고 보장하는 것은 성악설이다. 그렇기 때문에 군자의 지배를 강조할수록 백성의 성악설적인 측면은 더 강조되어야 한다. 하지만 성선설을 주장한 맹자는 우물에 빠질 것 같은 어린 아이를 염려하는 것孺子入井에 빗대어 이러한 논리적 모순을 백성을 갓난애赤子로 치부함으로서 돌려 회피하고 있다. 갓난애에게는 자유의지나 자율적 주체성이 없기 때문이다. 그러므로 맹자의 입장을 살펴보면 지배자는 자율적 주체가 되는 반면에 피지배자는 자율적 주체성이 인정되지 않는다. 따라서 양자 사이에는 계약 관계가 성립될 수 없다. 계약은 자유의지를 가진 자율적 주체 사이에서만 맺어지기 때문이다. 바로 이점 때문에 묵자와 맹자는 정반대의 길로 가게 된다.

(2) 묵자의 정치 지도자론

인간의 내면보다는 상대적으로 환경이나 외적 조건을 중시하였고, 이를 개선하기 위한 인간의 사회적 역할을 강조해 왔던 묵자에게 그만큼 지도자의 역할은 중요할 수밖에 없었다. 그래서 묵자의 지도자론을 조금 더 이해하기 쉽도록 유가의 지도자론과 비교하여 살펴보고자 한다.

묵자에게 있어 정치 지도자의 역할은 국가 구성 원리 못지않게 관심이 많은 분야이다. 이는 처음부터 묵자가 정치 지도자와 국가를 동일시한 측면도 있지만, 무엇보다 묵자의 주 관심이 통치 체제나 제도보다는 사람, 그리고 사람과 사람의 관계에 주어져 있었기 때문이다. 묵자에게 있어 통치 체제나 제도는 사람들 간의 관계가 정형화되면 그로부터 형성되는 것이었을 뿐이다.

묵자는 태초를 인간의 욕망이 앞서는 혼란 시기로 봤다. 그래서 이를 바로잡을 현명한 지도자를 선출하는 것이 중요하다고 봤다. 이때까지도 묵자는 국가를 논하지 않는다. 다만 현명한 지도자를 논할 뿐이다. 그래서 묵자는 현자賢者를 뽑아서 현명하고 어진 순서대로 천자天子, 국군國君, 향장鄕長, 이장里長으로 삼았다고 한다. 물론 이들을 선발하는 순서는 상향식이다. 아래에서 부터 마을에서 가장 현명한 사람을 이장으로 선출하고, 이장 중에서 가장 현명한 사람을 향장으로 뽑으며, 그 다음에 국군과 천자를 순서대로 뽑는 것이다. 이들의 임무는 각자의 영역 안에서 개인들의 이익에 대한 주장利=義 간의 충돌을 막고, 개인과 전체의 이익을 극대화시키는 것이었다.

그런데 문제는 누가 어질고 현명한가 하는 것이다. 그 기준을 묵자는 겸 애兼愛로 보았다. 겸兼은 계급이나 신분의 구분이 없는 '전체'를 의미한다. '겸애兼愛'는 '전체를 사랑함'이다. 어떤 부분을 차별하거나 편애하지 않는 무차별적이고 무조건적 사랑이다. 모든 개인들이 자기의 '이익 주장'을 현자에게 넘길 때는 현자가 자신의 이익을 차별하지 않는다는 것을 전제한다. 겸애는 자기를 포함에서 모두의 이익을 전체적으로 평등하게 고려하는 사랑의 능력이다. 그런 능력을 가진 자가 현자인 것이다.

그런데 유가는 묵자와 현실 인식부터가 달랐다. 묵자가 본 태초의 혼란은 현실이라고 볼 수 있다. 그러니 요순堯舜의 선양禪讓은 신화일 뿐이다. 그리고 이는 탕임금과 무왕의 방벌放伐과 더불어 유가에서 천명天命이라는 이름으로 신화화되었다. 왜 현실을 신화화하는가? 유가의 천명론에 따르면 군주는 하늘이 임명한다. 그렇기 때문에 군주의 절대적 권위는 당위가 되고, 군주는 오직 하늘에게만 책임을 지면 되고, 백성에게는 책임을 질 필요가 없다. 따라서 통치는 군주와 그 의뢰인인 관료의 몫이다. 백성들은 철저하게 통치의 주체에서 배제될 뿐 아니라 통치 행위에서 철저하게 배제된다. 오로지 통치의 대상일 뿐이다.

물론 유가의 백성에 대한 사랑은 지극하다. 맹자는 『서경書經』「태서泰誓」를 인용해서, 하늘은 백성을 통해서 보고 듣는다고 한다. 분명히 천명은 백성의 눈과 귀로 지각한 것에 근거해 있다. 그렇기 때문에 백성의 마음이 천명을 결정하는 것이라고 볼 수도 있다. 그러나 문제는 '백성이 보고 들은 내용', '백성의 마음'을 누가 어떻게 확인하는가이다. 임금은 확인자가 되지 못한다. 임금은 천명의 선택을 기다려야 하는 자이기 때문이다. 백성도 확인자가 되지 못한다. 불특정 다수이기 때문이다. 결국 제 3자인 지식인 관료들만이 확인자가 될 수 있다. 결국 유가의 철학은 지식인 관료의 이념이라 할 수 있다. 이렇게 지식인 관료를 주체로 하는 관점에서 맹자의 혁명론이 나온다. 「진심盡心」 하편에 보면 왕이 왕답지 못하면 신하가 쫓아낼 수 있다는 것이다. 그럴 때 신하, 즉 관료는 확인자이며 심판자가 될 수 있다.

물론 유가의 논리도 발전하여 하늘과 백성을 하나로 연결한다. 그래서 맹자는 선언한다. 하늘은 백성의 눈과 귀를 통해서 보고 듣는다, 백성의 마음이 하늘의 마음이다, 백성의 선택이 하늘의 선택이다 등등. 여기에서 백성을 위하는爲民, 백성을 근본으로 하는民本 사상이 나온다. 백성의 마음을 얻기 위해서는 백성을 위해야 한다. 하지만 이 경우에도 백성은 통치의 대상에서 벗어나지 못한다.

이에 반해 묵자는 인민을 대상화한 적이 없다. 묵자의 문제의식과 대응 방안은 인민으로부터 출발하기 때문이다. 물론 묵자도 유가와 마찬가지로 통치의 권위를 천에서 빌려오기는 한다. 그것이 인민을 설득하고 소통하기에 훨씬 효과적이고 효율적이기 때문이다. 하지만 묵자는 유가가 유세를 통해 군주의 힘을 빌려 도덕적 정치를 확대하려고 했던 것에 반해, 묵자는 자신도 유세를 하기는 했지만 스스로가 조직을 만들고 주체가 되어 세상의 혼란을 바로잡으려 했기 때문에 대상과 주체의 분리를 경험하지 않아도 되었던 것이다.

이상을 종합 볼 때 묵자는 태초에는 인간의 욕망을 다스리지 못하여 사회가 혼란할 수밖에 없었다고 봤다. 이 당시에 혼란을 통제하기 위하여 무엇보다 필요한 것은 물적 토대의 안정과 공동체성이었다. 그런데 이러한 것들은 현명하고 어진 지도자가 나와 계급과 신분을 초월하여 겸애를 펼쳐야 확보될 수 있는 것이다. 그런데 이에 반해 유가는 하늘로부터 천명을 받는 군주와 지식인 관료층과 일반 백성을 구분하고 이러한 질서를 유지하기 위한 방법으로 예禮를 상정하고 있다. 따라서 유가에서의 위민爲民. 민본民本 사상은 백성이 통치 대상이라는 전제를 벗어나지 못하는 한계를 지닌다. 이에 비해 묵자는 주체와 대상을 분리하지 않았고, 인민이 사회 혼란을 극복하는 주체가 될 수 있다고 본 것이다.

4장
묵자는 어떻게 세상을 바꾸려고 했는가?

묵자는 춘추전국시대의 제자백가 중에서도 가장 '혁신적인 사상가'라 할 수 있다. 그의 사상은 당시의 신분과 혈통 중심의 사회질서를 근본부터 흔드는 실천적 혁신 사상이었다. 그는 철저히 모든 사상의 기반을 민民의 먹고사는 문제로부터 시작해 민의 이익을 위한 실천을 헌신적으로 전개해 나갔다.

대개 춘추전국시대의 제자백가는 대부분 자신이 처한 위치와 조건 속에서 자신만의 방법으로 세상의 전쟁과 혼란을 극복하기 위한 사상들을 전개하였다. 그런데 묵자는 당시로서는 천한 신분이었던 목수였다. 그렇기에 그는 누구보다 하층민들의 어려움과 고통을 잘 알고 있었으며, 그래서 이러한 문제들을 해결하기 위해 피지배 계층의 입장에서 현실을 바꾸려고 노력한 사람이었다. 그로 인해 묵자는 그의 생존 시기로부터 2,500년을 뛰어넘은 현대에 내놓아도 무리 없이 적용할 수 있을 정도의 혁신적인 사상을 당시에

가지고 있었다. 구체적으로는 '평등', '주권재민', '노동 중시', '반전 평화',
'공동체론'과 같은 담론들을 이미 당시에 제기하였다.

1. 민民 중심의 사고

⑴ 민을 위한 정치가 아닌 민에 의한 정치 주장主權在民 思想

묵자의 평등사상은 바로 정치에 대한 생각으로 연결된다. 당시의 대부분의 제자백가들이 사회를 보는 관점은 정치적 지배구조에 초점이 맞춰져 있었다. 그러나, 묵자의 관점은 하나의 공동체 안에서 그 구성원들이 얼마나 이익을 누릴 수 있는가에 있었다. 여기에서 이익은 묵자의 입장에서 개인적인 이익이 아니라 구성원 모두의 이익, 즉 공익公益을 말한다. 즉 묵자의 관심은 바로 이용후생利用厚生에 맞춰져 있었다. 그런 면에서 묵자는 사회를 유지하는 조건으로써 구성원들 전체의 이익을 무엇보다 중요하게 생각하였다. 그래서 묵자가 생각하는 올바른 정치는 모든 구성원의 이익을 극대화하는 것에 맞춰져 있다.

> 묵자가 말했다. 옛날 영명한 임금이신 성인들이 천하를 다스리고
> 제후들을 바로잡은 방법은 그가 백성을 사랑함에 충직했고, 백성을
> 이롭게 함에 있어 삼가 돈독했고, 충성과 믿음이 서로 이어졌으며,
> 또 이익을 보여줬기 때문이다. 『묵자』, 「절용 중」

> 어진 사람이 천하를 도모하는 것에 대해 말하자면, 천하가 가난하
> 면 백성을 부유하게 하는데 종사하고, 인민이 적으면 많게 하는데

종사하고, 인민이 어지러우면 태평하게 다스리는데 종사해야 한다. 이 일을 함에 힘이 부족했거나, 재물이 풍족하지 않았거나 지혜롭게 알지 못했는지 염려한 후에야 천하를 위해 도모한 것이라 할 수 있다. 『묵자』, 「절장하」

그런데 묵자는 민의 이익을 담보할 수 있는 방법으로, 단순히 민이 위함을 받는 정치가 아니라 '민이 주도하는 정치'가 되어야 한다고 생각을 넓혀 갔다. 즉 단순히 민을 위한 정치가 아니라, 한 걸음 더 나아가 민에 의한 정치를 주장한 것이다. 그래서 당시로서는 놀랍게 천자도 선출해야 한다는 이야기를 당연하게 하고 있다.

안으로는 부자, 형제 사이에도 서로 원망하고 미워하니 흩어져 화합할 수 없고, 밖으로 천하의 백성들은 물과 불과 독약으로 서로를 해쳤다. 넘는 힘이 있어도 서로 돕지 않고, 재물이 남아 썩어도 서로 나누지 않으며, 훌륭한 도리를 숨기고 서로 가르치지 않으니, 천하는 어지러워 마치 짐승 같았다. 대저 이렇게 천하가 혼란한 원인은 통치하는 지도자가 없이 살았기 때문이다. 이런 연유로 천하의 어질고 착한 이를 뽑아 그를 세워 천자로 삼았다. 『묵자』, 「상현상」

이는 물론 묵자가 요堯임금이 순舜임금에게, 또 순임금이 우禹임금에게 왕위를 물려준 선양禪讓의 방식을 알고 있었고, 그에 대한 영향을 받았을 것으로 추정된다. 하지만 이미 선양이 이루어졌던 시기로부터 세습제가 보편화되고, 전제 왕정이 본격적으로 강화되기 시작한 지 적게 잡아도 천년은 넘은 상황에서 천자의 선출을 언급하는 묵자의 생각은 매우 혁명적인 것이라 할 수 있다. 더욱이 과거의 선양禪讓은 주체가 왕이었지만, 묵자의 사고 속에서 천자를 선출하는 주체는 민民이기 때문에 더욱 그렇다. 여기에서 무려 2,500년 전임에도 묵자의 주권재민 사상을 엿볼 수 있다. 이러한 묵자의 혁신적인 사고는 여기에서 그치지 않고, 사회계약설로까지 확대되고 있다.

(2) 사회계약설

묵자는 경經과 그것을 해설해 놓은 경설經說에서 군주는 신하와 백성이 함께 약속해서 세운 것이라는 이론을 제기하고 있다.

군주는 신하와 백성의 일반적인 계약에 의한 것이다.君, 臣萌通約也. 『墨子』「經上」

군주는 무리가 선출하여 이름을 붙인 것이다.君, 以若名者也.『墨子』「經說上」

그냥 원문 그 자체로는 해석이 어려우며, 몇몇 글자에 대한 고증이 필요하다. 비록 학자마다 견해가 다른 면은 있지만 주해를 참고해서 경經에서 맹萌은 민民으로 해석하고, 경설經說에서 약若은 군君으로 해석하면 뜻이 이해

된다.5) 묵자는 상고시대에 다음과 같이 군주를 선택하여 세우게 되었다는 가설을 제기하고 있다.

묵자는 사람들이 자기만의 이익을 위해 갈등하고 다투기 때문에 사회가 혼란스러워진다고 보았으며, 이를 해결하기 위해서는 어질고 현명한 지도자를 세워 통합을 이루어내야 한다고 생각했다. 그래서 묵자는 2,500년 전에 토머스 홉스의 논리와 유사한 사회계약설을 제기하며, 천자를 뽑아 사회가 어지러운 문제를 해결해야 한다는 논리를 전개하고 있다. 이는 그가 비록 현대적 의미의 계급의식과는 차이가 있을 수밖에 없지만, 자신의 신분 계층에 대한 자각을 바탕으로 민 중심의 사고가 상당히 철저했음을 보여주는 것이라 할 수 있다.

2. 공동체 중심의 사고

묵자는 또한 인간의 공동체성에 주목하였다. 사실 공동체에 대한 입장은 제자백가 중 그 누구보다도 묵자가 강조하고 있는 바이며, 묵자가 제기하는 모든 논의의 귀결점이라고 보아도 지나친 말이 아니다. 묵자가 꿈꾸는 이상적인 사회는 곧 공동체가 실현되고 작동하는 사회이기 때문이다.

(1) 묵자가 지향하는 공동체의 구성 원리

묵자는 개인을 자신의 생존 조건을 획득하기 위해 욕망하는 존재로 인정하였다. 그래서 인간과 사회에서 일어나는 다양한 문제의 원인을 개인적

---

5) 기세춘, 『묵자』, 바이북스, 2009, 725쪽.

인 욕망에서 비롯된 이기심에서 비롯된 것으로 보았다. 그렇기 때문에 이를 해결하기 위한 방법으로 묵자는 평등하고 보편적이며 쌍무적인 사랑, 즉 겸애를 해야 한다고 주장한다. 여기에서 묵자가 주장하는 겸애는 단순히 하면 좋고 안 하면 말고 하는 선택이나 권고사항이 아니다. 묵자가 보기에 인간은 이기적인 존재였기에 겸애를 하는 것은 쉽지 않다고 보았다. 그럼에도 겸애를 하지 않으면 세상의 혼란을 바로 잡을 길이 없다고 봤다. 그래서 겸애를 하는 것이 결과적으로 서로에게 이익이 되기 때문에 겸애를 하지 않으면 안 된다고 당위성을 강조하였다. 겸애는 묵자가 볼 때 인간과 사회에서 나타나는 다양한 갈등과 혼란을 제거하기 위해서는 반드시 하지 않으면 안 되는 필수불가결한 해결 방안이었던 것이다.

> 오늘날 천하의 사군자들이 진실로 천하가 부유해지기를 바라고 가난을 싫어하며, 천하가 잘 다스려지기를 바라고 혼란스러운 것을 싫어한다면, 마땅히 두루 서로 사랑하고 이롭게 해야 한다. 이것이 성왕의 법이며 천하를 다스리는 '도道'이니, 반드시 힘쓰지 않으면 안 된다. 『묵자』, 「겸애 중」

이상을 종합해 볼 때 묵자가 생각하는 공동체의 기본 원리는 개인의 사리사욕을 뛰어 넘어 '구성원 모두가 서로 차별 없이 사랑하고, 서로 돕는, 평등하고 보편적인 공동체'이다. 묵자가 생각하는 공동체가 제대로 구현되면, 그러한 공동체의 구성원들은 남을 이롭게 하는 것이 자신에게도 이로운 것이기 때문에 남을 이롭게 하려고 노력하지 않을 수 없다. 따라서 공동체가 제대로 형성이 되고, 작동된다면 당연히 구성원 모두에게 공동의 이익이 보장된다. 공동의 이익이 실현된다면 대표적으로 상호 신뢰가 회복됨으로써 개인 간의 갈등이 줄어들고, 국가 간의 전쟁이 사라질 것이며, 빈부 격차도 상당히 해소될 수 있을 것이다.

> 사람들 가운데 힘 있는 자는 서로 도와주고, 도리를 아는 자는 서로 가르치며, 재물을 가진 자는 서로 나누어 준다. 또 윗사람은 힘써 다스리고, 아랫 사람은 힘써 일하기를 바란다. 윗사람이 힘써 정사를 보면 나라와 가문이 다스려지고, 아랫사람이 힘써 일하면 쓸 재물이 풍족해진다. 『묵자』, 「천지 중」

묵자에게 있어 서로 사랑함兼愛과 서로 이익을 나누는 것交利은 별개의 것이 아니다. 보는 측면만 달리할 뿐 같은 의미와 가치를 가지고 있다. 묵자에게 겸애는 단순히 추상적이거나 감정적인 것만이 아니라 실질적인 이익을 공유하는 것이기 때문이다. 그러므로 묵자가 바라는 공동체는 일상적으로 겸애와 교리가 보편적으로 실행되면서, 상호 순환되는 체계를 갖추고 있는 것이다.

(2) 묵자가 만들고자 하는 공동체의 특성들

묵자가 바라는 공동체에는 몇 가지 특성들이 있는데 이것들을 살펴보면 다음과 같다.

첫째로 묵자는 공동체를 이루기 위한 조건으로 도덕과 규범을 중시하였

다. 여기에서 공동체의 도덕과 규범은 공동체의 이익을 실현하기 위한 실천
적 도구이다. 그래야지만 타인의 이익이 바로 나의 이익이 되어 돌아오는 것
이 보장된다. 그는 「상동」에서 공동체가 안정적으로 운영되기 위해서는 지
도자를 중심으로 공동의 가치 기준을 세우고 이에 따라 모든 구성원의 생각
을 통일시켜야 한다고 하였다. 이는 공동체 내부의 일체감과 가치 기준의 통
일을 위한 제도적 장치라고 할 수 있다.

둘째로 묵자는 공동체 내부는 물론이고, 공동체 간에도 평화의 원칙을
강조한다. 서로 간의 갈등과 다툼은 서로의 이익을 해치는 가장 비도덕적이
고 소모적인 낭비일 뿐이다. 묵자의 이러한 생각은 「비공」에 잘 나타나 있는
데, 겸애는 개인들에게만 적용하는 것이 아니라 국가 간에도 적용되어야 한
다고 봤다. 국가 간에도 서로 사랑하고 협력하여 겸애와 교리를 실천함으로
써, 공동 번영을 꾀함과 동시에 평화를 유지할 수 있어야 한다고 주장하였
다.

> 전쟁의 낭비를 계산해 보면 이것이야말로 삶의 근본을 해치는 것으
> 로, 천하 인민의 재물과 이용체用을 고갈시킴이 이루 헤아릴 수 없
> 다. 그러므로 전쟁은 인민의 이익에 맞지 않는 것이다. 「묵자」, 「비공
> 하」

세 번째로 묵자는 검소함과 절제를 통한 상호부조의 생활 공동체를 만
들어 나가야 한다고 주장하였다. 그는 「절용」과 「절장」 등에서 사치와 낭비
는 인민을 고통스럽게 하고, 분열시키며 공동체를 약화시킨다고 보았다. 그

래서 그는 검소하고 실용적인 생활 방식과 태도를 공동체 윤리로 제시했다. 이는 묵자에게 있어 공동체 구성원들 간에 경제적 평등과 협동적 관계, 그리고 공동체 정신을 강화하는 실천 윤리이기도 한 것이다.

성왕의 정치는 정령을 펴서 산업을 일으키고, 백성들로 하여금 재화를 사용하도록 하되, 유용하게 쓰이지 않는 것은 못하게 하였다. 그리하여 재화를 사용하는데 낭비가 없으므로, 인민이 힘들이지 않고 생산을 할 수 있으며, 이익은 더욱 커지는 것이다.『묵자』,「절용 상」

네 번째로 묵자는 공동체 내에서의 신분이나 혈통에 의한 차별을 부정하였다. 겸애는 기본적으로 평등하고 보편적인 사랑을 의미한다. 묵자가 만들고자 했던 공동체는 차별이 없고 다만 역할과 직분의 차이만 있을 뿐이다. 그리고 역할도 그들의 역량에 따라 얼마든지 조정될 수 있었다.

왕공대인들은 아침 일찍부터 늦게 퇴근하기까지 판결을 하고 정사를 다스리는 것이 직분이다. 선비와 군자들은 있는 힘을 다하여 지혜를 바쳐 안으로 관부를 다스리고, 밖으로 관문과 시장, 산림과 택량의 이익을 거두어 창고와 곳간을 채우는 것이 그들의 직분이다. 농부들은 아침 일찍 들에 나가 저녁에 들어오기까지 밭 갈고 씨 뿌려 곡식을 많이 거두는 것이 그들이 맡은 직분이다. 부인들이 아침 일찍 일어나 밤에 잠들 때까지, 실을 뽑고 길쌈하며 삼과 누에고치와 칡과 모시를 다듬어 베와 비단을 짜는 것이 그들이 맡은 직분이다. 『묵자』, 「비악 상」

고로 성왕의 시대에는 덕에 따라 벼슬을 주고, 관직에 따라 임무를 부여받으며, 노력한 바에 따라 상을 받고, 공적을 헤아려 녹봉을 주었다. 고로 관리라 해서 언제까지나 귀한 것이 아니고, 민이라 해서 끝까지 천한 것은 아니었다. 유능하면 등용되었고, 무능하면 쫓겨났다. 『묵자』, 「상현 상」

다섯 번째로 묵자는 천하를 하나의 공동체로 봤다. 남의 아버지를 나의 아버지 대하듯 하고, 남의 자식을 나의 자식 대하듯 하면, 서로 해치고 빼앗을 일이 없어진다. 이는 사람에게만 해당되는 것이 아니라 국가 간에도 해당된다. 묵자가 활동하던 전국시대는 빈번한 토지 겸병 전쟁으로 매우 혼란스러운 시기였다. 이러한 전쟁의 피해는 모두 인민에게 돌아갈 수밖에 없었다. 당시의 인민들은 전쟁에 병사로 나가서 전투를 하다 죽기도 하지만, 전쟁의 와중에 보급이 끊겨 굶어 죽거나, 얼어 죽는 일이 다반사였다.

지금 군사를 일으키려 한다면, 겨울에는 추위가 무섭고 여름에는 더위가 두렵다. 그래서 겨울과 여름에는 군사를 일으키지 않는다. 그렇다고 봄에 군사를 동원하면 인민들이 밭 갈고 씨 뿌리는 농사를 망치고, 가을에 동원하자니 인민들이 추수를 망친다. … 만약 백성들이 한 철을 망치면 굶주리고 헐벗어 얼어 죽고, 굶어 죽는 자가 얼마나 많은지 헤아릴 수 없을 것이다. … 그렇다면 이러한 희생을 무릅쓰고 왜 전쟁을 하는 것인가? 그것은 정복과 승리의 명성을 탐하고, 전리품으로 땅을 빼앗으려 하는 것이다. … 묵자가 말씀하셨다. 그 승리의 명성을 따져보면 참으로 쓸모없는 것이며, 땅을 빼앗는 비용을 계산해 보면 도리어 손실이 많을 것이다. 「묵자」, 「비공 중」

그렇기 때문에 인민의 생명과 생활 안정이 주된 관심사였던 묵자에게 국가 간의 정벌을 줄이고 전쟁을 종식시키는 것은 매우 중요한 문제였다. 그래서 겸애와 교리의 범위를 한 국가 내에서만 국한시키지 않고, 국가와 국가 간의 관계로까지 확장하여, 천하를 하나의 공동체로 상정한 것이다. 이러한 묵자의 인식은 현대에 와서 더욱 중요하게 시사되는 바가 있는데, 전쟁은 물론이고 기후 변화의 문제는 한 나라만의 문제로 끝나는 것이 아니다. 그러므로 이러한 문제들에 대해서는 지구공동체의 개념으로 접근해야만 하는 이유이다.

(3) 공동체를 만들기 위한 개인의 역할과 실천

묵자가 공동체를 강조하기는 하였지만 그렇다고 공동체를 위해 개인이 희생될 수도 있다는 전체주의에 빠진 것은 아니었다. 흔히 많은 학자들이 묵자를 공리주의자로 보는 견해를 제시한다. 그런데 공리주의를 한자로 제시하지 않고 있어 공리주의功利主義인지 공리주의公理主義인지 불분명하다. 일반적으로 철학 사조로서의 공리주의는 제러미 벤담이나 밀 부자가 주장한 '최대 다수의 최대 행복을 추구'하는 공리주의功利主義이다. 그런데 묵자를 공리주의자로 보는 견해는 무리가 있다. 왜냐하면 묵자는 행복이 '공동체 전체'와 '개인' 모두에게 주어질 수 없을 때, 한쪽을 제한하는 '최대 행복'에 방점을 두지 않기 때문이다.

묵자는 개인의 집합체가 곧 공동체라고 보았고, 이를 바탕으로 개인선과 공동선과의 균형과 조화를 추구하였다. 그래서 개인이 자신의 가치 및 행복을 추구하는 것은 지극히 당연한 일로써 개인의 권리가 침해되어서는 안 된다고 생각하였다. 그리고 또한 개인은 공동체와 분리되어 이루어질 수 없으며, 공동체와 상호작용하는 과정에서 형성되어야 하는 것이므로 공동체의 가치와 전통을 존중해야 한다고 보았다. 즉 묵자는 개인과 사회 전체를 상호 대립적 배타적 관계가 아닌 보완적 관계로 인식하였다.

그래서 묵자는 모두 덕성과 품성을 갖춘 재능 있는 인재의 사회적 역할을 주목하고 강조하였다. 이는 개인이 모여 공동체를 구성한다는 기본적 인식에 근거한 것으로서 도덕적 개인이 도덕적 사회를 만든다고 파악한 것이다. 그렇기에 묵자는 「상현 하」에서 "덕성과 능력을 겸비한 개인은 재빨리 남을 돕고, 힘써 나누어주며, 부지런히 가르침을 베풀어야 한다."고 하며 개인 수신의 목적이 바로 국가나 왕보다는 공동체에 대한 기여에 있음을 더욱 강조하고 있다.

이렇게 되면 장님과 귀머거리도 밝은 귀와 눈으로 다른 사람의 보고 듣는 것을 서로 도와 잘 살 수 있으며, 팔이 없는 사람과 다리가 없는 사람도 튼튼하고 힘 있는 팔과 다리로 서로 도울 수 있을 것이다. 그리고 도리를 깨우친 사람은 부지런히 서로 가르치고 이끌어 줄 수 있을 것이다. 또한 늙어서 아내와 자식이 없는 사람도 부양해 주는 사람이 있

어서 그의 목숨이 다할 때까지 살 수 있을 것이며 어리고 약하면서
부모가 없는 아이들도 그의 몸을 의지할 데가 있을 것이다. 『묵자』,
「겸애 하」

또한 공동체를 위한 서로에 대한 도움과 배려는 계산적으로 사적 이익
을 앞세우기보다는 내가 앞장서서 실천해야 한다고 하였다. 이것은 서로의
인간관계를 잘 맺기 위한 필수적인 방법으로 본 것이다.

남이 나의 부모를 사랑하고 이롭게 해주기를 바랄 것이다. 그러면
어디서부터 시작해야 그렇게 할 수 있겠는가? 내가 먼저 남의 부모
를 사랑하고 이롭게 해준 뒤에 남이 나의 부모를 사랑하고 이롭게
해주는 보답을 바라야 되는 것이 아니겠는가? 내가 먼저 남의 부모
를 미워하고 해롭게 하고 남이 나의 부모를 사랑하고 이로움을 보답
해 주기를 바랄 수 없을 것이다. 『묵자』, 「겸애 하」

묵자는 기존의 혈연 중심의 인간관을 뛰어넘어 인간을 공동체 사회의
한 구성원이자 공동체 사회를 위하여 역할하는 존재로 보았다. 그렇기 때문
에 이러한 인간관을 바탕으로 '겸애'라는 실질적인 방법을 제기한 것이다.
묵자의 "모든 사람이 서로 사랑해야 한다."는 말은 단순한 구호나 감상적인
희망이 아니라 실질적으로 공동체를 이루기 위한 실천 강령인 것이다. 묵자
는 이렇게 '겸애하는 인간'을 공동체 사회를 만들어 나가는 실천적 주체로
상정하였던 것이다.

전통사회에서의 폐쇄적이고 경직되었던 혈연 및 지연 중심의 공동체는 근대화의 흐름 속에서 쇠퇴해 왔다. 치열한 경쟁이 벌어지는 자본주의 사회 속에서 전통적인 공동체는 파괴될 수밖에 없었다. 하지만 현대에 와서 자본주의가 모든 인간을 개별화, 파편화시키고 있는 만큼 역으로 공동체에 대한 요구와 필요는 증대되고 있다. 공동체는 인간에게 안정과 행복을 위해 꼭 필요한 조직이자 가치이기 때문이다. 그런 면에서 '모두가 서로 사랑하고 돕는 평등한 공동체'를 이상으로 삼는 묵자의 공동체 사상은 현대에 와서도 상당히 의미가 있다. 겸애를 통해 평등과 평화를, 상동을 통해 소통과 질서를, 절용을 통한 공공복리를 중시함으로써, 공공의 이익을 우선하는 실용적인 공동체론이기 때문이다.

3. 반전 평화 사상

전국시대는 철기 문명의 발달과 농업혁명으로 인해 엄청난 생산력의 증대가 이루어졌고, 각 제후국은 이를 바탕으로 서로 경쟁하며 부국강병을 지상 목표로 삼았다. 그래서 이를 이루기 위한 방안으로 농사지을 땅과 인력으로서의 노예를 확보하기 위한 토지 겸병 전쟁을 빈번하게 일으켰다. 그로 인한 피해는 전부 인민들에게 돌아갈 수밖에 없어, 굶어 죽고 얼어 죽는 사람들이 수를 헤아릴 수가 없었다.

전쟁 기간은 많으면 수년, 빨라야 수개월이 걸린다. 이 동안에 임금은 정치를 돌볼 겨를이 없고, 관리들은 관부를 다스릴 겨를이 없으며, 농부들은 농사지을 겨를이 없고, 부인들은 길쌈할 겨를이 없는 즉 국가는 근본을 잃고 백성을 생업을 바꾸어야 한다, … 갑옷, 무기 등의 군수품은 오분의 일만 남아도 많이 남는 것이며, 길에서 망실되는 것도 셀 수 없이 많을 것이다. 또 멀리 행군해야 하므로 양식의 보급이 이어지지 않고 음식을 제 때에 먹지 못하니, 부역자들은 이로 인하여 굶주림과 추위에 떨다가 얼어 죽고 굶어 죽으며 병들어 도랑에서 죽어가는 자도 셀 수 없이 많을 것이다. 이러한 전쟁이야말로 인민에게 이로울 것이 없으며 천하에 끼치는 해독은 너무도 큰 것이다. 그런데도 왕공대인들은 즐겨 전쟁을 일으키니 이것은 천하 인민을 해치고 멸망시키는 것을 즐기는 것으로, 어찌 인륜의 도리에 어긋난 짓이 아니겠는가? 『묵자』, 「비공 하」

전쟁의 낭비를 계산해 보면 이것이야말로 삶의 근본을 해치는 것으로, 천하 인민의 재물과 이용利用을 고갈시킴이 이루 헤아릴 수 없다. 그러므로 전쟁은 인민의 이익에 맞지 않는 것이다. 『묵자』, 「비공 하」

그래서 묵자는 공격 전쟁을 철저히 반대했다. 그 이유들을 정리해 보면 첫째로 전쟁은 국가의 인력과 식량, 그리고 재정을 고갈시켜 민생을 파괴하기 때문이다. 전쟁의 피해를 생각하면 인민들에게 전쟁은 부역의 증가, 생업의 파괴, 조세 증가 등을 불러 일으킬 뿐이다. 더욱이 이는 인민들이 앞으로 먹고 사는데 필요한 산업의 기반을 붕괴시키고 회복을 더디게 하므로 인민들의 고통만 수를 헤아릴 수 없게 된다. 둘째로 큰 나라가 작은 나라를 공격하고, 강자가 약자를 해치는 것은 의롭지 못한 행위이다. 이는 묵자가 강력하게 비판하는 차별적 사랑의 결과이기도 하며, 내 나라에게 이로우면 남의 나라나 그 인민들은 해쳐도 된다는 생각은 묵자가 볼 때는 비윤리적이고 비합리적 것일 뿐이다. 그는 전쟁을 사람을 죽이는 가장 큰 범죄로 보았기 때문이다. 셋째로 전쟁은 통치자들의 어리석음으로 비롯된 것이기 때문이다. 어리석은 통치자들은 영토를 넓히면 부귀영화를 더 많이 누릴 수 있다고 착각을 한다. 하지만 설사 전쟁에서 이긴다 해도 전쟁 비용이 영토 확장으로 인해 얻는 이익보다 훨씬 클 수 있다. 그리고 남을 해쳐서 얻는 이익을 계속 보장받기 위해서는 불평등을 조장하고 유지시켜야만 하는데, 이는 장기적으로 모두의 이익에 부합하지 않기 때문이다.

이렇게 묵자가 전쟁을 반대한 이유는 전쟁이 철저히 지배자의 사리사욕을 채우기 위한 수단이 되어 파괴적이고 생산적이지 못했으며, 백성들은 생산을 못해 헐벗고 굶주리는 데다가 전쟁에 동원되어 수없이 죽어 나가기만 했기 때문이다. 그래서 묵자는 전쟁의 근본 원인을 사람들이 서로 사랑하지 않기 때문인 것으로 보았고, 모든 사람이 평등하게 사랑하고 배려하면 전쟁은 사라질 것으로 보았다.

묵자의 반전 평화 이론은 현대적 의미에서도 전쟁은 어떤 명분을 내세우더라도 단지 사람을 죽이는 범죄이며, 전쟁 비용을 고려할 때 승자에게도 반드시 이익을 보장해 주지 못한다는 점을 알려 주고 있다. 또 지구공동체란 관점에서 본다면 국가, 민족, 종교, 계급 중심의 배타적 정체성은 갈등과 다툼의 원인일 뿐 모두의 이익을 해치기만 할 뿐이다. 그렇기 때문에 겸애를 바탕으로 지구공동체의 보편적 연대를 강화하여 끊임없는 상생의 길을 모색하는 것은 평화와 안정, 그리고 모두의 이익을 위한 필수적이라는 교훈을 제시하고 있다.

4. 검소함과 절약의 경제적 관점 강조

묵자는 유가의 사치스러운 예禮를 강하게 비판하며, 검소함과 절약을 통치의 핵심으고 보았다. 그는 이에 따라 낭비를 금하고, 백성의 생업과 생산을 보호하며, 국가의 자원을 효율적으로 운용하는 것을 중시하였다. 그래서 그는 경제의 목적을 '백성을 먹여 살리고 국가를 안정시키는 것'에 두었으며, 사치 억제, 노동 존중, 생산 증대, 분배의 공정성 등을 강조했다.

묵자가 이렇게 주장한 이유는 전국시대는 빈번한 전쟁과 그로 인한 재정 악화, 그리고 그에 따라 빈부 격차가 심화되는 시기였기 때문이다. 또 이 당시에는 귀족과 제후들이 장례를 과도하게 치르는 경향이 있었다. 그래서 수개월의 장례를 치르면서 대규모의 인력을 동원하여 무덤을 조성하고 부장품을 제작하기도 하였는데, 이는 다른 노동 생산활동을 중단시키는 심각한 경제 손실을 초래하기도 했다. 그래서 그는 무엇보다 쓸데없는 낭비를 줄여야 한다고 강조했다. 이러한 생각을 바탕으로 자원을 절약하고, 이를 생산 증대로 연결시키며, 이를 확대함으로써 민생 안정을 이루어야 한다고 주장했다. 이것이 묵자의 경제관이다.

성왕의 정치는 정령을 펴서 산업을 일으키고, 백성들로 하여금 재화를 사용하도록 하되, 유용하게 쓰이지 않는 것은 못하게 하였다. 그리하여 재화를 사용하는데 낭비가 없으므로, 인민이 힘들이지 않고 생산을 할수 있으며, 이익은 더욱 커지는 것이다. 「묵자」, 「절용상」

묵자가 제시한 경제관의 중요 내용을 보면 다음과 같다.

첫째로 사치를 배격했다. 묵자는 군주나 귀족의 사치스러운 의례, 과도한 장례와 부장품, 대규모 궁전 건설 등에 과도한 예산과 시간을 투입하는 것을 비생산적인 소비라고 비판하였다. 이는 당연히 인민의 노동력을 낭비하는 것이며, 또 다른 생산활동의 중단을 불러일으킨다는 점에서 심각한 경제 손실이 심각하다고 보았다. 오늘날에 비추어 보면 재정건전성이나 공공소비에 상당히 문제가 있는 것으로 본 것이다.

둘째로 소비의 효율성을 강조했다. 묵자는 자원의 사용 목적을 '인민들에게 얼마나 이로운가'에 두었다. 재화는 물론이고 노동력이나 시간까지도 인민들에게 이롭지 않은 낭비는 불필요한 것으로 보았으며, 이는 단순한 도덕 윤리의 문제가 아니라 국가 경제를 해치는 심각한 잘못으로 본 것이다. 예를 들자면 묵자는 생산활동의 중단을 최소화할 것을 주장하였는데, 상례중에 노동을 금지하는 것을 비판하였고, 장례 후에도 신속히 경제 활동에 복귀할 것을 주장하기도 했다.

셋째로 묵자는 절약으로 생긴 자원과 노동력을 생산활동으로 돌려야 한다고 주장하였다. 묵자는 '백성을 배 불리고 나라를 부하게 하는 것은 생산력'이라 주장하며, 내용이나 종류를 막론하고 모든 노동을 존중하였고, 생산력을 국가의 근본으로 파악하였다. 그래서 그는 군주의 최고의 덕을 '백성이 노동을 잘 하도록 조직하는 능력'으로 보았고, 농업과 수공업 등의 실용적 기술을 장려하였다. 이는 마치 오늘날의 생산성 중심의 경제정책이나 노동 가치를 중시하는 관점과 유사하다고 볼 수 있다.

이상에서 묵자가 주장하는 경제의 원칙들을 종합해 보면, 우선 국가 운영에 있어서 민생을 우선하는 원칙을 제시하고 있다. 그는 백성의 고통과 부담을 줄이는 것이 통치의 궁극 목표로 상정하고 있으며, 더불어 공정한 분배와 약자 보호를 강조하고 있다. 다음으로 임금이나 통치자는 검소함과 절약의 모범이 되어야 한다는 원칙이다. 묵자는 지도층의 솔선수범하는 윤리적 경제관을 강조하며, 부유층의 과도한 착취나 특권을 비판하고 있으며 군주와 지배층이 먼저 절약해야 백성에게 부담이 적어진다고 보았다. 마지막으로는 경제적 효율성의 원칙을 제시하고 있다. 묵자는 2,500년 전 사람으로는 보기 드물게 경제 중심의 사고를 바탕으로 생산에 기여하지 않는 비용은 모두 해악으로 봤으며, 아울러 자원은 유한하기 때문에 고르게 배분할 것을 강조하고 있다.

이러한 묵자의 경제적 관점은 오늘날에도 활용할 수 있는 것이 많다.

첫 번째로는 공공 재정의 절약과 효율적 예산 운영을 들 수 있다. 권력자의 사치를 위한 불필요한 행정이나 행사, 과도한 시설 투자 등을 억제하도록 한다. 이를 위해서는 지속 가능한 재정 운영 계획과 효율적인 공공정책에 대한 평가가 이루어져야 한다.

두 번째는 과도한 장례나 의례와 관련된 소비 문화를 개선해 나간다. 과도한 사회적 비용 증가를 초래하는 소비 패턴에서 벗어나, 검소하고 실용적인 방식으로 지속 가능한 의례나 장례 문화를 새롭게 만들어 나갈 필요가 있다.

세 번째로는 생산활동 중심의 경제정책을 전개해야 한다. 국가의 부는

'절약 → 생산력 확대 → 이익의 재분배'의 선순환에서 온다는 묵자의 분석과 관점을 현대의 경제정책으로 응용할 수 있다. 기회비용의 관점을 통해 경제 분석을 새로이 하고, 이를 바탕으로 노동과 기술의 가치를 재평가하며, 소비의 절제와 자원배분을 최적화하도록 정책을 입안한다.

네 번째로는 약자와 서민의 과도한 지출 부담을 줄여 줄 수 있다. 결혼이나 장례, 그리고 경조사 등 문화적 지출은 서민들에게는 큰 부담으로 다가올 수 있다. 묵자의 절용과 절장 방식을 응용해, 분배적 정의를 바탕으로 한 사회적 안전망을 구축하고 활성화해 나간다.

인류는 생성 초기에는 오랫동안 생산과 소비가 분리되지 않아, 의식주의 모든 것들을 자급자족해 왔다. 그러나 근대 이전의 주문생산을 하던 시기까지는 대부분 실제로 필요한 만큼만 생산이 이루어져 잉여생산물이 별로 없거나 있어도 많지 않았다. 그러나 산업혁명 이후에는 대량생산 체계를 갖추게 되면서 생산과 소비가 본격적으로 분리되었고, 그러면서 잉여생산물이 급속도로 증가하게 되었다. 이때부터 산업의 지속적인 발달을 위해, 생산을 조정하기보다는 소비를 조정하는 방식으로 현대사회는 진화해 나갔다. 이후 대공황 등 몇 차례의 위기를 겪으면서도 계속 그 기조는 바뀌지 않고 소비가 미덕이 되면서 과소비는 하나의 패턴으로 일반화되었다.

이러한 과소비는 이제는 인간의 단순한 경제 행위이거나 경제 현상을 뛰어넘어, 인류의 존속 및 물질문명을 좌지우지할 수 있는 핵심적인 문제가 되었다. 특히 과소비가 영향을 미칠 수 있는 가장 큰 문제는 전쟁과 기후 변화를 포함한 환경의 문제이다. 현재 과소비는 지구의 자연적 한계를 초과하여 자연환경의 지속가능성을 위협할 뿐만이 아니라, 자원 고갈, 환경 파괴, 생태계 위협의 원인이 되고 있다. 또 이는 국가, 민족, 종교, 계급 간의 갈등을 부추기기도 하고, 다른 한편으로는 자연재해와 전쟁, 전염병 등의 문제로 확산되어 가고 있다.

이제 과소비는 개인의 문제가 아니라 전 지구 차원의 시스템의 문제이며 산업과 정책, 그리고 문화와 교육이 바뀌지 않으면 해결할 수 없는 문제가 되었다. 이럴 때 비록 2,500년 전 사람이지만 묵자의 치열하게 고민했던 천하공동체 개념과 절용, 절장, 그리고 겸애 등의 가치와 지향이 필요한 때이다.

5. 실리를 바탕으로 한 실용주의적 사고

실용주의를 넓은 의미에서, 어떤 생각이나 정책이 유용성, 효율성, 실제성을 띠고 있는지를 우선적으로 판단하는 것이라면, 비록 2,500년 전 사람이지만 묵자를 실용주의자라고 불러도 크게 문제는 없다.

묵자는 철저히 이익利을 추구하는 사상을 전개하였다. 물론 여기에서의 이익은 사적인 이익이 아니라 구성원 모두의 공적인 이익이다. 그는 공공의 이익을 의義로 봤다. 그렇기 때문에 의義이자 리利는 그의 사상의 핵심이자 도덕적 기준이기도 하다. 따라서 그의 모든 논리는 사회 구성원인 모든 인민의 실질적 이익에 부합하는가에 초점이 맞춰져 있다.

천하에 의로움을 얻으면 살고, 의로움이 없으면 죽으며, 의로움을 얻으면 부유해지고, 의로움이 없으면 가난해진다. 의로움을 얻으면 다스려 태평해지고, 의로움이 없으면 어지러워진다. 『묵자』, 「천지상」

이러한 실용주의적 태도는 묵자의 사상 전반에 걸쳐 나타난다.

우선 묵자의 겸애는 보편적 사랑의 형태로 제시된다. 그는 「겸애」 상편에서 남의 나라를 나의 나라처럼, 남의 가문을 나의 가문처럼, 남의 몸을 나의 몸처럼 차별 없이 사랑해야 한다고 주장하였다. 그런데 여기에서의 사랑은 추상적이거나 감정적 이상이 아니다. 여기에서의 사랑은 사회 평화와 공동의 이익을 위한 실질적이고 실천적인 사랑이다. 또 일방적인 것이 아니라 쌍무적이기도 하다.

> 만약 천하가 서루 두루 사랑한다면, 나라와 나라끼리는 전쟁이 없고, 가문과 가문끼리는 서로 어지럽히는 일이 없으며, 훔치거나 빼앗는 일도 있을 수 없고, 임금과 신하 아비와 아들이 모두 효성스럽고 자애로울 것이니, 만약에 이렇게 되면 천하는 다스려질 것이다.
>
> 「묵자」, 「겸애 상」

또 비공 또한 도덕적 이유에서 전쟁을 반대하기보다는, 인민에게 경제적, 사회적 손실을 실질적으로 입히기 때문에 전쟁을 반대하고 있다. 전쟁은 국가를 피폐하게 만들고, 인민을 해치며, 천하에 손해가 되는 일이기 때문에 반대하는 것이다. 묵자는 이처럼 전쟁을 실용적인 논리를 내세워 반대하고 있다.

오늘날 만승의 나라이면 비어 있는 성이 수천이지만 들어가 살 사람
이 없고, 수만의 넓은 땅도 개척하여 이용할 사람이 없는 실정이다.
그러므로 토지는 남아돌고, 백성은 부족한 형편이다. 그런데도 오
늘날 하늘 같은 인민을 다 죽이고 상하 인민들에게 혹독한 고통을
주면서, 빈 땅과 성을 쟁탈하는 것은 부족한 것을 버리고 남는 것을
보태자는 것이니, 이 같은 정치는 나라가 힘쓸 일이 아니다. 『묵자』,
「비공 중」

다음으로 절용과 절장 역시 사치스러운 생활과 장례 의례를 비판하고,
절약節用과 간소함節葬을 강조하고 있는데. 이 또한 사치와 낭비는 백성을 가
난하게 하고, 나라를 약하게 하는 것일 뿐 국가와 인민에게 경제적 실익을
안겨주지 못한다는 측면에서 반대하는 것이다.

후한 장례를 생각하면 거두어들인 재물을 너무 많이 묻어버리고,
오랜 상례를 계산해 보면 너무 오랫동안 생업에 종사하는 것을 막는
다. … 이렇게 하면서 부유하기를 바라는 것은 농사를 못 짓게 하면
서 수확을 바라는 것과 같으니, 부유하게 된다는 불가능한 주장은
기대할 수 없다. 그러므로 국가가 부유하기를 바라는 것은 더욱 불
가능한 것이다. 『묵자』, 「절장 하」

묵자는 그리고 효용성도 중시하였다. 겉보기에 아무리 훌륭해 보여도
실질적으로 도움이 안 되거나 실현 가능성이 없으면 실제로 이익이 되지 않

는다고 보았다.

공수자가 대와 나무를 깎아 까치를 만들어 하늘에 날려 보냈는데, 사흘 동안이나 내려오지 않았다. 공수자는 스스로 지극히 훌륭한 기술이라고 생각했다. 이 때 묵자가 공수자에게 말했다. "그대가 까치를 만든 것은 공인이 수레의 굴대 빗장을 만든 것보다 못한 것입니다. 잠시 동안에 세치의 나무를 깎아 굴대 빗장을 만들면 오십 석의 무거운 짐을 싣고 견딜 수 있습니다. 그러므로 사람의 공적이라고 하는 것은 사람에게 이로운 것이어야 훌륭한 기술이라고 말하는 것이며, 사람에게 이롭지 않은 것은 졸렬하다고 말하는 것입니다.
『묵자』, 「노문」

그밖에 묵자는 「상현」에서 인재를 등용하는데 있어서도 덕과 능력에 따라 인재를 뽑아 써야 한다는 논리도 신분이나 혈통보다는 국가를 올바로 다스리는 데 있어 효율성을 중시하였고, 「천지」에서도 '하늘의 뜻은 인민을 이롭게 하는 것'이라고 하면서 도덕과 정치도 결과적으로 이익의 증진을 목표로 해야 한다는 점을 분명히 하였다.

이렇게 묵자의 실용주의적 관점과 태도는, 그가 하고자 하는 모든 일에 대하여 유용성, 효율성, 실제성 등이 있는지를 고려하고, 결과적으로 전체 인민의 이익에 부합하는지를 최우선으로 판단한 뒤, 그에 따라 실천하였다. 그러므로 사회의 생산활동과 도덕, 그리고 정치까지도 실용주의적 관점에서 판단의 대상이 되었다. 묵자는 이에 따라 오로지 인민의 삶을 실질적으로 개선시키는 것을 최고의 가치로 상정하고, 그에 따른 실천을 헌신적으로 전개해 나간 지행합일의 사상가였다.

6. 사물의 본질을 꿰뚫는 근본주의적 사고

묵자는 근본주의적 사고를 하고 있다. 여기에서 근본주의라 함은 원리주의나 무오류의 절대적인 진리를 신봉하는 종교적인 근본주의를 말하는 것이 아니다. 묵자의 근본주의적 성향은 사물이나 상황의 문제에 대해 본질을 근본적으로 성찰하고 파악하여 해결해 나가려는 성향과 태도를 말한다.

군자가 전쟁을 할 때는 비록 진법이 필요하지만 용기가 근본이고, 상례喪禮는 예禮가 필요하지만 슬퍼하는 마음이 근본이며, 선비는 학문이 필요하지만 행실을 근본으로 삼는다. 그러므로 근본을 안정되게 세우지 않고 지엽 말단을 풍성하게 하려고 애쓰지 말아야 한다. 『묵자』, 「수신」

군자의 도는 가난할 때는 청렴함을 보여주고, 부유할 때는 의로움을 보여주며, 산 자에게는 사랑함을 보여주고, 죽은 자에게는 슬픔을 보여주어야 한다. 『묵자』, 「수신」

묵자는 정치, 경제, 사회, 문화의 전반적인 문제에 대해 단일한 기준과 원칙을 정하고, 이를 바탕으로 사상의 전체 체계를 통일시켰다는 점에서 근본주의적 성향을 갖고 있다고 할 수 있다. 묵자의 인간과 사회의 전반을 꿰뚫는 근본주의적 기준은 '인민 모두에게 실질적인 이익이 되도록 하는 것'이라고 할 수 있다. 묵자는 이 기준을 잣대로 삼아 사회의 모든 현상을 설명하고 대응 방침을 정하였다. 그래서 묵자가 볼 때, 국가의 정치와 행정은 인민들에게 이익이 되도록 해야 하고, 전쟁은 인민들에게 절대적으로 손해만 끼치므로 막아야 한다. 또 사치스러운 의례는 인민에게 이익이 되지 않으므로 폐지하는 것이 맞고, 인민의 생산에 도움이 되지 않는 음악은 불필요하므로 금지하며, 장례는 과하면 인민의 생산을 저해하고 손해를 끼치기 때문에 최소한만 인정하고, 그것을 넘는 경우는 금지시켜야 한다고 본 것이다. 묵자는 이렇게 다양한 사회현상을 하나의 기준을 통해 바라보고, 그것에 대응하여 자신의 실천에 대한 근거를 확보하고 있다.

옛날에 상제와 귀신이 나라와 도읍을 건설하게 하고 통치의 우두머리를 옹립케 했던 것은. 그들에게 높은 작위와 후한 녹으로 부귀를 누리며 놀고 지내라는 조치가 아니었고, 장차 온 백성을 위하여 이로움을 일으키고 해로움을 없애며, 가난하고 외로운 사람은 부유하고 고귀하게 하며, 위태로운 것은 평안하게 하고, 어지러움을 다스리고자 함이었다. 『묵자』, 「상동 중」

전쟁의 낭비를 계산해 보면 이것이야말로 삶의 근본을 해치는 것으로, 천하 인민의 재물과 이용利用을 고갈시킴이 이루 헤아릴 수 없다. 그러므로 전쟁은 인민의 이익에 맞지 않는 것이다. 『묵자』, 「비공

하」

성왕의 정치는 정령을 펴서 산업을 일으키고, 백성들로 하여금 재
화를 사용하도록 하되, 유용하게 쓰이지 않는 것은 못하게 하였다.
그리하여 재화를 사용하는데 낭비가 없으므로, 인민이 힘들이지 않
고 생산을 할 수 있으며, 이익은 더욱 커지는 것이다. 『묵자』, 「절용상」

고로 묵자가 음악을 비난하는 까닭은 큰 종과 북, 가야금과 비파, 크
고 작은 생황들이 그 소리가 즐겁지 않아서가 아니다. 또한 새긴 무
늬와 색깔이 곱지 않아서가 아니며, 굽고 조린 가축의 고기 맛이 달
지 않아서가 아니다. 높은 누대와 큰 정자와 아늑한 집이 편안하지
않아서가 아니다. 비록 몸은 편안함을 알고, 입은 단 것을 알며, 눈
은 그것이 아름다운 것을 알고, 귀는 그것이 즐거운 것임을 알고 있
으나, 위로 상고할 때 성왕의 법도에 맞지 않고, 아래를 살펴볼 때
인민의 이익에 맞지 않기 때문이다. 그래서 묵자가 음악을 비난한
것이다. 『묵자』, 「비악상」

묵자의 근본주의적인 판단과 그에 따른 특징들을 좀 더 구체적으로 살
펴보면 다음과 같다.

우선 묵자는 인간의 윤리 도덕을 하늘의 뜻天志으로 정당화하였다. 왜냐
하면 하늘은 인민을 사랑하기 때문이다. 하늘이 인간을 사랑하는 것은 하늘
이 인간을 두루 평등하게 먹여주는 것을 보면 알 수 있다. 그렇기 때문에 하

늘의 뜻天志이 품고 있는 내용은 경험적으로 판단할 때 인민의 이익으로 귀
결된다. 그러므로 인민이 하늘의 뜻을 따르면 서로 사랑하고 서로를 이롭게
함으로 상을 받을 것이고, 하늘의 뜻을 거역하면 서로 미워하고 해를 끼치므
로 벌을 받게 될 것이다. 이렇게 묵자는 하늘이란 존재를 설정해 놓고 이에
의탁하여 자신의 논리적 정당성을 확보한다.

그렇다면 하늘은 무엇을 바라고 무엇을 싫어하는가? 하늘은 의로움
을 바라고 불의를 싫어한다. 그런즉 천하의 백성을 이끌고 의로운
일에 힘쓰면 곧 내가 하늘이 바라는 일을 하는 것이다. 내가 하늘이
바라는 것을 하면, 하늘도 내가 바라는 것을 해주신다. 『묵자』, 『천지
상』

고로 부유하고 귀해지기를 원한다면 반드시 하늘의 뜻을 따르지 않
으면 안 되는 것이다. 하늘의 뜻을 따르면 두루 서로 사랑하고 서로
를 이롭게 할 것이니, 반드시 상을 받을 것이다. 하늘의 뜻을 거역
하는 자는 서로를 미워하고 서로에게 해를 끼칠 것이니 반드시 벌을
받을 것이다. 『묵자』, 『천지 상』

다음으로 묵자는 규범과 질서를 강조하였다. 그는 이론보다 실천을 중
시했다. 그런데 묵자의 실천은 조직적이었다. 그러므로 행동의 통일을 위한
질서와 규율이 중요했다. 그래서 『상동』을 주장한 것이기도 하다, 그리고
묵가 집단의 질서와 규율이 엄격할 수밖에 없었던 또 다른 이유는 당시 묵가

집단이 처한 상황과도 무관하지 않은 것으로 보인다. 살펴보면 당시는 사회 질서가 상당히 왜곡되어 있었고, 관습화된 의례와 장례 문화, 그리고 전쟁 등이 일반화되어 상당히 복잡하고 어지러운 상황이었다. 그런데 이러한 상황에 맞서 힘이 없던 평민과 천민들 중심으로 구성된 준군사조직을 이끌고 실천적으로 대항을 하기 위해서는 그만큼 조직을 유지하기 위한 이념과 질서가 철저하지 않으면 안 되었을 것으로 예측된다.

마지막으로 묵자의 사상은 당시 상황에서 매우 혁신적이라고 볼 수 있다. 당시는 신분제도와 그로 인한 차별의 문제, 생산과 분배의 균형이 뒤틀어진 문제, 번잡해지고 사치스러운 의례나 장례의 문제, 부역과 세금으로 고통받는 인민의 문제, 이러한 문제들을 뛰어넘는 전쟁, 그리고 당연히 제대로 이루어질 수 없는 국가 운영 등에 대한 문제들이 복잡하게 얽혀 있었다. 그런데 이러한 문제의 근본적인 원인을 자신이 처한 피지배층으로서의 신분과 입장에서 사고하고 판단했던 묵자의 해결 방안은 당연히 혁신적일 수밖에 없었다. 복잡한 문제의 해결을 가장 근본적으로 해결하고자 했던 묵자에게 현실에서 가장 고통받는 존재는 인민이었고, 이러한 인민이 고통에서 벗어나기 위해서는 심정적인 위로가 필요한 것이 아니라, 실질적인 이익이 필요했던 것이다.

그런데 이러한 묵자의 근본주의적 사고와 판단들은 전국시대 당시에 잘 먹힐 수밖에 없는 장점이 되었다. 그 내용들을 구체적으로 보면, 첫째로 정책 결정이 명확해지고, 기준이 통일됨으로 인해 다양한 현실 문제들에 대해 대응하기가 수월했다. 둘째로 민생 중심, 그리고 약자 보호의 강력한 논리가 제공됨으로 인해 묵자의 지지 계층에게 호응받기가 쉬워졌다. 셋째로 번잡하고 사치스러운 비효율적 관행들을 혁신하는 논리적 근거로 제시되었고, 이를 실질적으로 바꿀 수 있는 계기가 되었다. 넷째로 조직과 행정 운영의 원칙이 수립되고 효율성이 극대화되었다. 다섯째로 혼란스러웠던 전국시대에 묵가의 간결하고 명료한 단일 원칙이 강한 지도력을 확보하는데 도움이 되었다.

이상에서 볼 때 묵자의 주된 관심은 피지배층으로서의 자신의 처지와 입장이 반영된 인민들의 삶에 몰입되어 있었다. 이에 따라 묵자에게는 인민들이 잘 먹고 사는 것이 무엇보다 가장 중요한 문제였고, 묵자는 이러한 '인민들의 이익'을 우선적으로 실현시키려고 노력하였다. 더 나아가 묵자는 이러한 관점과 행위의 정당성을 확보하기 위하여 하늘의 뜻天志을 빌려 왔으며, 이후 정치, 경제, 사회, 문화의 모든 문제들에 대해 '인민의 이익'이라는 단일화된 잣대를 기준으로 놓고 근본주의적인 판단을 하였던 것이다.

2. 묵자의 공공복리를 위한 혁신적인 실천방식들

묵자는 국가의 가장 중요한 목적이 '인민들에게 이익을 주는 것'이라고 정의하며, 철저하게 인민의 복리 증진을 위하는 정책을 세워야 한다고 주장하였다. 그리고 이의 구체적 실현을 위해 단순하면서도 명확한 원칙을 세 가지로 나누어 제시하였다. 첫 번째는 인민에게 실질적으로 이익을 줄 수 있는지를 따져 경제적 효과성 여부를 보고 판단해야 한다고 했다. 두 번째로는 인민들에게 해가 되는 것은 아닌지를 따져 인민에게 닥칠 사회적 피해를 최소화해야 한다고 했다. 그리고 세 번째로는 겉보기나 형식적인 것보다는 실제 효과를 우선시하며 실용성과 실천 가능성을 중시하였다.

묵자께서 말씀하셨다. 어진 사람이 정사를 베풀고자 하면, 반드시 천하의 이익을 구해 일으키고, 천하의 해를 없애기 위해 힘쓴다. 이것을 천하의 법도로 삼아 인민에게 이로운 것은 즉시 행하고, 해로운 것은 즉시 그친다. 어진 사람의 천하를 위한 헤아림은 눈에 아름답고, 귀에 즐거우며, 몸에 편안한 것을 추구하지 않는다. 이로써 백성들이 입고 먹는 재물을 축내고 빼앗는 일을 어진 사람은 결코 하지 않았던 것이다. 『묵자』, 「비악 상」

제시된 원칙은 묵자의 철저한 민民 중심의 사고에서 나온 것으로 그의 인민을 위하는 마음이 잘 드러나 있다. 이러한 세 가지 원칙을 바탕으로 묵자가 제기한 실질적인 공공복리 정책의 내용들을 살펴보면 다음과 같다.

1. 「절용」을 바탕으로 한 공공 재정의 불필요한 낭비 금지

묵자는 국가의 모든 자원이 인민의 노동으로부터 나오는 것으로 봤기에 공공 재정의 쓸데없는 낭비를 줄여야 한다고 했다. 이는 현대적 의미에서 본다면 정부 지출의 효율성을 높이고, 비생산적 공공사업을 축소하여 재정건전성을 높여야 한다고 본 것이다. 구체적으로는 궁전이나 사당을 지을 때 사치스럽게 짓는 것을 배제하고, 불필요한 건축은 자제해야 한다고 하였다. 다음으로 불필요한 국가 행정을 축소하고, 의미 없는 의례나 행사들을 줄이고 예산을 삭감하라고 했다. 더 나아가 지배계층의 사적 소비도 일정하게 제한할 것을 주장하였다.

성왕의 정치는 정령을 펴서 산업을 일으키고, 백성들로 하여금 재화를 사용하도록 하되, 유용하게 쓰이지 않는 것은 못하게 하였다. 그리하여 재화를 사용하는데 낭비가 없으므로, 인민이 힘들이지 않고 생산을 할 수 았으며, 이익은 더욱 커지는 것이다. 「묵자」, 「절용 상」

2. 「절장」을 통한 장례나 제사 비용의 통제

묵자는 상례나 장례를 치르는 데는 엄청나게 많은 노동력과 시간, 그리고 재정 또는 비용이 투입되므로 사치스럽고 지나친 예식은 국가적으로도 큰 손실로 봤다. 그래서 상을 치르는 기간을 짧게 하거나 상 중의 노동 활동을 장려함으로써 생산의 감소를 줄여야 한다고 했으며, 또 상례나 장례에 과도한 비용이 투입됨으로 인해 가계가 파탄에까지 이르는 것도 막아야 한다고 했다. 그래서 장례는 최대한 간소하게 하고, 무덤에 부장품은 넣지 않는 것이 좋다고 하였으며, 기간도 3일이면 족하다고 하였다. 이러한 문제는 오늘날에는 많이 개선되었지만, 아직도 여전히 나타나는 경우가 많은데, 묵자의 인식을 빌어 장례 문화를 개선할 필요가 있다. 그럼으로써 사회적 비용을 상당히 절감할 수 있으며, 서민들의 경우 경제적 부담을 줄일 수 있고, 이로 인한 가계부채의 증가도 막을 수 있다.

지금 오직 두터운 장례와 오랜 상례로 정치를 한다면 국가는 반드시 가난해지고, 인민은 반드시 줄어들며, 법과 정치는 반드시 어지러워질 것이다. 만약 그들의 말을 본받고 그들의 도리를 행한다면 윗사람은 정사를 돌볼 수 없고, 아랫사람은 일에 종사할 수 없을 것이다. 윗사람이 정사를 돌볼 수 없으면 법과 정치는 반드시 어지러워지고, 아랫사람이 일을 할 수 없으면 먹고 입을 재물이 반드시 부족해질 것이다. 『묵자』, 「절장 하」

옛날 성왕들은 절장하는 법을 만들어 이르기를 수의는 세 벌로 하여 살이 썩기에 족하도록 하고, 관은 세 치 두께로 하면 뼈가 썩기에 충분하였다. 묘혈의 깊이는 땅 속의 샘에 닿지 않도록 하고 냄새가 새어 나오지 않을 정도에 그치면 되었다. 장례를 치른 후에는 살아 있는 사람이 상을 오래 치르거나 슬퍼하지 않도록 해야 한다고 하였다. 『묵자』, 「절용 중」

3. 「비공」을 통한 전쟁 방지

묵자에 의하면 정벌을 위한 공격 전쟁은 명백한 범죄로, 국가나 인민 모두에게 손해이며, 어떤 명분으로도 정당화될 수 없는 일이라고 주장하였다. 그는 전쟁으로 인한 사람들의 죽음이나 노동력 손실로 인한 피해는 계산하기 어려울 정도이며, 부수적으로도 경제나 치안이 붕괴되면, 인민의 생활이나 안전은 파괴될 수밖에 없다고 하였다. 더욱이 그럴 경우 지배층은 아무 손해도 보지 않거나 오히려 이익을 얻는데 반해, 고통과 상실은 오로지 인민의 몫일 뿐이라고 하였다. 이러한 전쟁의 문제는 현대에도 여전히 상존하는데, 오늘날에는 과학기술의 발전으로 무기의 위력이 갈수록 커짐으로 인하여 전쟁이 발발하게 되면 그 피해는 더욱 심각할 수밖에 없다. 그러므로 평화 외교를 강화함으로써 군비를 축소하고, 전쟁을 억제하려는 노력은 무엇보다 중요하다. 더 나아가 전쟁 비용을 지속 가능한 산업 발전이나 인민의 복지 비용으로 돌릴 수 있다면, 지구공동체 안의 모든 사람들은 평화롭고, 안정적이며, 여유 있는 삶을 살게 될 수 있다.

공격과 정벌을 바꾸어 그러한 노력과 비용으로 나라를 다스리면 생산은 배로 커질 것이며, 내가 군사를 일으키는 비용으로 제후들의 폐해를 안정시켜 주면 이로써 얻어지는 이익은 참으로 클 것이다. 바름으로써 독려하고, 옳음으로써 명성을 세우며, 인민들에게 힘써 관대하고, 우리 군사들을 신뢰하여, 이렇게 함으로써 제후의 군대를 대응하면 천하에 적수가 없을 것이다. 그렇게 천하를 이롭게 함이 헤아릴 수 없이 클 것이다. 『묵자』, 「비공하」

4. 「상현」과 「상동」을 통한 공정한 인재 선발과 민 중심의 정치 시스템 구축

묵자는 공공복리의 핵심은 어질고 유능한 인재를 잘 선발하여 정사를 돌보게 하는 것이라고 하였다. 훌륭한 인재가 공직을 맡게 되면 행정의 효율성이 높아지고 인민들이 겪는 다양한 고초들을 잘 해결할 수 있으며, 이익을 가져다 준다고 보았기 때문이다. 그러기 위해서는 무엇보다 인재 선발 시에 신분에 차별을 두지 말고 공정하게 선발할 것을 강조하였다. 그리고 선발된 인재에 대해서는 능력에 해당하는 만큼 우대를 해주어, 자신이 맡은 직분에 따른 역할을 충실히 할 수 있도록 지원해야 한다고 하였다. 이는 인재가 자신의 역할에 맞게 리더십을 충분히 발휘할 수 있는 여건을 만들어 주기 위함이었다. 이러한 인재 선발 방식과 역할 부여는 오늘날에도 똑같이 적용될 수 있는데, 공정한 인사행정 체계를 갖추고 이에 따른 덕성과 능력 기반의 공직 임명제도와 개방형 공직 선발제 등을 활용할 수 있다.

> 고로 옛 성왕들이 정사를 다스릴 때에는 덕 있는 자를 벼슬자리에 앉히고 어진 이를 숭상하였다. 비록 농업이나 상공업에 종사하는 천한 사람이라도 능력이 있으면 등용했고, 벼슬을 높여주고 녹을 무겁게 주어 그에게 정사를 맡기되 결단하여 명령할 수 있는 권한을 주었다. 『묵자』, 「상현 상」

> 옛날 성왕들은 현명한 사람을 대단히 존경하여 높이고, 능력 있는 사람을 임명하여 부렸으니, 부모 형제라도 사사로움이 없었고, 부

귀하다고 치우치지 않았으며, 아첨하는 자를 편애하지 않았고, 어진 자라면 누구든지 등용하여 높임으로써 부유하고 고귀하게 하여 관장을 삼았다. 『묵자』, 「상현 중」

옛날에 … 통치의 우두머리를 옹립케 했던 것은. 그들에게 높은 작위와 후한 녹으로 부귀를 누리며 놀고 지내라는 조치가 아니었고, 장차 온 백성을 위하여 이로움을 일으키고 해로움을 없애며, 가난하고 외로운 사람은 부유하고 고귀하게 하며, 위태로운 것은 평안하게 하고, 어지러움을 다스리고자 함이었다. 『묵자』, 「상동 중」

5. 「겸애」와 「칠환」 등을 통한 인민의 생계지원에 충실

묵자는 국가가 인민을 배부르게 하는 것이 무엇보다 중요하다고 하였다. 그래서 생산력 향상을 위하여 농사나 실용 기술을 장려하였고, 재난 대비와 빈민 보호를 중시하였음은 물론 노약자나 능력이 부족한 사람들에 대한 생계 보장까지 관심을 가져야 한다고 하였다. 현대적인 관점에서 보면 농업기술이나 산업정책을 활성화하고, 사회안전망과 기초생활보장 제도를 운영하는 것과 같으며, 더 나아가 재난에 대한 국가책임제 같은 것을 주장한 것이다.

무릇 오곡이란 인민들이 살아가야 할 양식이요, 임금이 인민을 부양할 수 있는 수단이다. 그러므로 인민이 오곡을 소중하게 여기지 않으면 임금은 자신과 인민을 부양할 수 없고, 인민이 먹을 것이 없으면 임금은 인민을 다스릴 수 없다. 따라서 식량은 생산에 힘쓰지 않을 수 없고, 토지는 힘써 경작하지 않을 수 없으며, 재화의 사용은 절약하지 않을 수 없는 것이다. 『묵자』, 「칠환」

나라에 3년치 양식이 비축되지 못하면 나라는 이미 자기의 나라가 아니며, 집 안에 삼년치의 양식이 비축되지 못하면 자식은 이미 자기의 자식이 아니다. 『묵자』, 「칠환」

큰 나라는 작은 나라를 얕보지 않고, 모든 사람이 다수라 하여 외로운 홀아비나 과부를 업신여기지 않으며, 포악하고 세가 있다하여 남의 곡식이나 가축을 탈취하지 않았다. … 이로써 자식이 없는 늙은이도 부양을 받아 수명대로 살 수 있었고, 과부와 외톨이, 형제가 없는 외로운 자도 남들과 잘 섞여 살 수 있었으며, 부모가 없는 고아도 의지할 곳이 있어 잘 성장할 수 있었다. 『묵자』, 「겸애 중」

묵자의 공공복리에 대한 정책과 방향은 사적인 것보다는 공적인 것에, 군주나 귀족보다는 인민에 중심을 두고 초점을 맞춰 구상되었다고 볼 수 있으며, '인민의 이익'을 국가 운영의 최우선 기준으로 삼았다. 그는 이미 고대에서는 보기 드물게 행정과 체제에 대한 기본적인 이해가 갖춰진 가운데, 모든 정책을 수립하는 데 있어 공공성과 형평성, 그리고 효율성과 실용성을 기준으로 평가한 탁월한 사상가라 할 수 있다.

5장

묵자가 바라는 사회는 어떤 사회인가?

묵자는 2,500년 전의 사람이지만, 그가 주장한 평등, 반전 평화, 공정성, 공동체론 등의 사상은 현대에 이르러서도 여전히 유용한 사회 가치로 활용될 수 있을 정도로 깊은 의미가 있다. 이 장에서는 우선 묵자가 원하던 사회의 모습을 현대적 관점에서 재해석하여 민주사회, 공정사회, 복지사회, 포용사회 등으로 구분하여 살펴본다. 그리고 이를 종합하여 묵자가 제기하고 꿈꾸었던 이상사회인 안생생 대동사회의 구체적인 상과 내용을 정리해보고자 한다,

전국시대는 중앙집권이 본격적으로 공고화되기 이전에, 제후 간 전쟁이 일상화된 시대였다. 귀족 중심의 종법제가 해체되어 가고, 신분 질서가 붕괴되면서 새로운 정치 정당성이 절실하게 필요해졌다. 묵자는 바로 이 시점에서 귀족주의, 가족주의, 혈연 중심주의의 해체를 사상적으로 추진하며 "누구나 선악의 판단 기준을 배울 수 있고 정치에 참여할 수 있다"는 새로운 정치관을 제시했다.

당시 묵자의 사상에는 민주주의적 요소가 매우 강하게 담겨 있다. 그는 '민주주의'라는 단어를 직접 사용하지는 않았으나, 그의 사상에는 민民 중심의 철학이 확고하게 자리 잡고 있으며, 거기에 평등주의, 평화주의, 공공복리와 같은 민주주의의 핵심 가치들이 선구적으로 포함되어 있었다. 물론 현대 민주주의와 똑같지는 않지만, 권력의 정당성, 민중 중심의 정치, 공적 책임, 공정분배 등에 대한 철저한 강조는 놀라울 정도로 현대에 이르러서도 '민주적'이라고 볼 수 있다.

1. 묵자 민주 사상의 주요 내용

⑴ 정치의 기준은 인민의 이익

묵자는 정치의 기준을 의義로 상정했다. 그런데 의義란 묵자식의 논리로는 인민 전체에게 이익이 되도록 하는 것이다. 이는 왕과 귀족 중심의 정치관을 정면으로 부정한 사상으로 당시로서는 민民을 중시한 매우 급진적이면서도 혁신적인 사상이었다.

　천하에 의로움을 얻으면 살고, 의로움이 없으면 죽으며, 의로움을
　얻으면 부유해지고, 의로움이 없으면 가난해진다. 의로움을 얻으
　면 다스려 태평해지고, 의로움이 없으면 어지러워진다.『묵자』,「천지
　상」

　의義는 리利다.『묵자』,「경 상」

　의는 뜻으로서 천하를 아름답게 하고, 능히 이롭게 하는 것이다.『묵
　자』,「경설 상」

　이러한 묵자의 사고방식은 현대 민주주의의 핵심적인 가치라고 할 수
있는 공공선이나 민생 중심의 행정, 국민 행복 우선의 의사결정 구조와도 일
치되는 것이다. 따라서 묵자는 인민의 삶을 개선하는 것을 정치의 근본 목적
으로 삼는 민주주의적 정치관을 가지고 있었다.

⑵ 민이 주체가 되는 능동적 사회참여

　묵자는 인민이 단순히 통치의 대상이 아니라, 정치를 평가할 수 있는 주
체로서 정당성의 근원이라고 보았다. 인민을 고통받게 함으로써 지지를 얻
지 못하는 통치자는 정당성을 잃을 수밖에 없다. 그 이유는 비록 현대의 학
설에 비추어 볼 때는 미흡한 면도 있지만, 묵자가 군주를 신하와 백성이 약

속해서 세웠다는 사회계약설을 주장했기 때문이다. 그리고 더 나아가 그는 천자도 선출해야 한다는 주장까지 하고 있다.

군주는 신하와 백성이 함께 약속해서 세운 것이다.『묵자』,「경상」

군주는 백성의 무리에게서 이름지어진 것이다.『묵자』,「경설상」

옛날에 하늘이 처음으로 인민을 낳아 통치자가 없을 때에는 인민들에게 주권이 있었다. 그러나 진실로 인민이 주권을 갖게 되면서, 한 사람이 하나의 의리를, 열 사람은 열 가지 의리를, 백 사람은 백 가지 의리를, 천 사람은 천 가지의 의리를 주장하게 되었으며, 사람이 많아져 셀 수 없어지면 의리 역시 셀 수 없이 많아졌다. 이에 모두가 자기의 '의義'는 옳다고 하고 남의 '의'는 그르다고 하면서, 심하게는 전쟁이 일어나고, 작게는 다툼이 일어났다. 그리하여 천하 인민은 천하의 의리를 화동 일치시키고자 어진 이를 선출하여 천자를 삼았던 것이다.『묵자』,「상동 하」

이러한 관점은 현대적인 관점에서 볼 때 당시의 많은 한계에도 불구하고 인민을 능동적 주체로 상정하였고, 인민의 여론을 중시하였으며, 공론장의 개념을 도입함으로써 통치의 민주적 정당성 개념과 연결시켰다는 점에서 획기적이라 할 수 있다.

⑶ 민의民意와 권력의 일치

묵자의 핵심 정치개념인 '상동'은 지도자의 의지가 백성이 바라는 바와 일치되어야 한다는 뜻을 넘어 제도화하는 것까지 상정하고 있다. 이는 정치 지도자에게 인민과 같은 기준으로 판단할 것과 민의와 괴리된 정치 금지, 그리고 공론과 일치된 지침에 맞춰 정책을 결정할 것을 요구한다.

천자는 정령을 피고 교화를 실시하였다. 이르기를 무릇 착한 것을 보고 들으면 반드시 윗사람에게 고하도록 하며, 착하지 못한 것을 보고 들어도 반드시 윗사람에게 고하도록 했다. 윗사람이 옳으면 반드시 옳다고 말하고, 윗사람이 그르면 그르다고 말하도록 하게 했다. 또한 아랫사람이 착하면 그것을 널리 알려 천거하고, 윗사람에게 허물이 있으면 그것을 감시하고 간하여 바로잡아, 윗사람을 따라 의리를 화동하게 하고, 아랫사람이 파당을 지어 편벽된 마음이 없도록 했다. 『묵자』, 「상동 중」

현대적으로 해석하자면 대표성과 책임성에 기반한 대의민주주의의 정당성 원리, 민의를 올바로 반영할 수 있는 거버넌스 구축, 그리고 정책의 결정이나 실행에 있어서의 투명성의 강화 등으로 연결되는 중요한 정치 이론이었던 것이다.

⑷ 평등에 입각한 보편적 인권 중시와 사회적 연대

'겸애'의 "모든 사람을 차별 없이 사랑하라"는 말은 단순한 인도주의적 구호에서 그치는 것이 아니다. 이는 민주주의의 기본 가치인 인간의 평등과 차별 없는 권리, 사회적 약자 보호에 대한 근본적 토대라고 할 수 있다. 또한 인종, 성별, 국적, 계층을 초월한 보편적 사랑과 연대를 강조하는 묵자의 주장은 현대 사회의 혐오와 차별 문제를 해결하는 철학적 기반이 되기도 한다.

> 천하의 사람들이 모두 서로 사랑한다면 강한 자가 약한 자를 억누르지 않고, 다수는 소수를 위협하지 않으며, 부자는 가난한 자를 업신여기지 않고, 귀한 사람은 천한 사람에게 거만하지 않으며, 지혜로운 사람은 어리석은 사람을 속이지 않을 것이다. 무릇 천하의 재앙과 찬탈과 원망과 한탄이 일어나지 않게 하려면 서로 사랑하는 길뿐이다. 『묵자』, 「겸애 중」

따라서 겸애는 오늘날의 인권 존중, 사회복지, 평등사상, 국제 인도주의와도 통한다고 볼 수 있으며, 민주사회에서의 인권, 평등, 복지 등의 기본적 가치의 근원이라 할 수 있다.

⑸ 과소비에 대한 반대와 공공재의 공정한 배분

묵자는 국가 운영에서 사치와 그로 인한 낭비를 가장 큰 해악으로 여겼다. 그 이유는 사치가 인민의 부담을 늘리고 공공복리를 저해하기 때문이다. 그런데 인민은 사치를 부리고 싶어도 부릴 만큼 남아도는 재화가 없다. 사치는 단지 군주와 귀족들이 부리는 것이다. 그러면 그에 대한 피해는 오로지 인민의 몫으로 남을 뿐이다. 이러한 폐해를 막기 위해서는 우선 생활에 유익한 것이 아니면 만들지 말아야 하며, 무엇보다 과소비를 줄여야 한다고 생각했다.

> 성왕의 정치는 정령을 펴서 산업을 일으키고, 백성들로 하여금 재화를 사용하도록 하되, 유용하게 쓰이지 않는 것은 못하게 하였다. 그리하여 재화를 사용하는데 낭비가 없으므로, 인민이 힘들이지 않고 생산을 할 수 있으며, 이익은 더욱 커지는 것이다. 『묵자』, 「절용상」

따라서 민주적 국가는 재정 효율성을 높이고, 사회적 비용을 최소화하며, 복지, 교육, 안전 등의 공공서비스에 대한 투자와 민생 중심 지출을 우선해야 한다. 묵자의 '절용'은 이와 같은 정책의 근거가 될 수 있는 실용, 공익, 절제'에 기반한 민주적 재정 운영의 철학이라 할 수 있다.

2. 묵자 민주 사상의 특징

(1) '민民의 이익'을 정치의 최종 판단 기준으로 삼는 민본사상

우선 묵자는 정치의 정당성을 인민의 이익 여부에 따라 판단하는 민본사상을 가지고 있었다. 물론 민본사상은 공자와 맹자에게도 있었지만, 이는 도덕적 엘리트의 판단과 해석을 전제로 민을 대상화한 '민을 위한 정치'로 그쳤다. 그러나 묵자의 민본사상은 도덕적 엘리트와 상관없이 민이 직접 판단하고 정치적 정당성을 부여한다는 의미에서 '민에 의한 정치'로 한 걸음 더 나아갔다고 볼 수 있다.

다음으로 묵자는 민의 정치적 판단을 객관화하고 있다. 묵자는 의義와

리利를 같은 것으로 봤는데, 의義는 추상적 도덕원리가 아니라 민의 이익을 객관적으로 판단하는 기준이 되었다. 이로써 인민의 이익이 정치의 규범으로 재정의 되었던 것이다.

마지막으로 정치에 대한 평가를 민이 직접 한다는 의미도 성립된다. 즉 정치에 대한 판단은 민이 주체적으로 자신의 이익을 기반으로 해석될 때만 정당성을 가진다는 논리가 성립한다. 그래서 통치자에 대해 민의 생활 개선을 기준으로 평가하며, 이는 정책 평가의 민주화와 객관화, 그리고 책임정치의 요구로 이어진다고 볼 수 있다.

이로부터 묵자의 '사회계약설'이 등장하는데, 이는 결과적으로 지도자가 인민의 의지를 믿고 따르지 않으면 정당성을 상실한다고 보는 논리이다. 그런데 이 논리가 올바로 성립하려면 결과적으로 집권했던 임금의 정당성 여부를 판단하는 것만으로 그쳐서는 안 되고, 한 걸음 더 나아가 임금을 처음 선출할 때부터 판단을 할 수 있어야 한다. 그래서 순舜에게 요堯가 선양을 했던 것처럼, 묵자는 천자도 선출해서 써야 한다는 주장을 하게 된 것이다.

⑵ 묵자 민주 사상의 기본인 평등과 포용

겸애는 보편적이고 평등한 인정의 원리로부터 제기된 것이다. 그래서 겸애는 사랑의 범위를 가족·친족으로 제한하는 유교적 질서를 넘어 모든 사람에게 동일한 도덕적 지위를 부여하는 원리로 작용한다. 묵자는 특정 가문, 지위, 계급의 선천적 우월성을 부정하였고, 귀족 중심의 정치로부터 비롯된 차별적 지배 논리 역시 철저히 반대하였다. 그에 의하면 모든 개인은 정치와 도덕적 판단의 주체가 될 수 있다. 그렇기에 신분 질서를 뛰어넘어

평등에 입각한 민주 사상을 제기할 수 있었던 것이다.

또 묵자는 인간 능력을 선천적으로 타고난 것이 아니라, 보편적으로 누구나 갖고 있다고 보았다. 그래서 그는 '인仁'을 선천적으로 타고나는 특성이 아니라 학습과 훈련으로 누구나 획득이 가능한 능력으로 보았다. 그렇기 때문에 묵자에게 있어 특권은 인정될 수 없으며, 직책이나 지위가 다른 것도 단지 역할의 차이일 뿐이다. 이는 정치에 참여할 수 있는 권리에도 똑같이 적용된다.

⑶ 상향식 합의에 기초한 통치

묵자의 '상동'은 흔히 위아래가 하나로 같아야 하기 때문에 일방적인 복종을 요구하는 억압적인 질서를 표방하고 있다고 오해되고 있다. 그러나 '상동'은 단순한 복종 개념이 아니라, 사람마다 각기 다른 견해들에 대해 공동 기준을 세우는 것이고, 이를 바탕으로 한 사회적 합의에 가깝다. 묵자는 "인민이 각자 다른 의견을 고집하여 혼란이 생긴다"는 현실을 전제하고, 의견을 상호 조정해서 공동 규범을 세우기 위한 초기적 합의 이론을 제시했다. 그 이론이 '상동'에서 언급되고 있다.

상동의 의미는 군주가 독재적으로 명령하는 구조가 아니라, 공동의 기준을 정하고 사회 전체가 그 기준을 공유하는 방식에 더 가깝다. 그래서 상동의 핵심은 '통일된 기준', 즉 공적 기준의 공개성에 있다. 상동은 일방적 복종이 아니라 공동체 구성원 모두가 공유하는 공적 기준의 합의를 의미한다. 즉, 통치자는 기준을 설명하고, 민은 그 기준의 타당성을 인정하며, 기준은 공적 복리 판단에 따라 평가되어야 한다. 이 구조는 정책 기준의 투명성과 책임성이라는 민주정 핵심 요소와 맞닿아 있다.

⑷ 공공복리를 실천하는 '참여 공동체 민주주의'

묵자가 만들었던 정치결사체인 묵가 조직은 전쟁이 나면 약자의 편에서 침략을 막기 위해, 전쟁 방어, 공성기술 지원, 빈민 구제 등 실제 현장에서 공공적 활동을 적극적으로 수행했다. 그런 묵가 조직의 구성원들은 의무적으로 참여하고자 하는 정신이 매우 강하였다. 그렇기 때문에 묵가 집단 내에서는 공동체의 문제를 방관하는 것을 죄로 여겼으며, 따라서 정치 참여는 선택이 아니라 의무로 간주되었다.

> 지금 만약 그대들이 믿음으로 교류하여 먼저 천하 제후를 이롭게 하려 한다면, 큰 나라가 불의를 할 경우 함께 걱정하고, 큰 나라가 작은 나라를 공격하면 협력하여 작은 나라를 구해주며, 작은 나라의 성곽이 온전치 못하면 그것을 보수해 주고, 입을 옷과 곡식이 모자라면 니누어 주며, 재화가 부족하면 공급해 주어야 한다. 『묵자』, 「비공하」

묵가 제자들의 이러한 모습은 정치가 특정 엘리트들만의 권리가 아니라, 공동체 구성원 전체의 실천적 참여를 통해 이루어진다는 의미를 갖는다. 이는 현대의 '참여 민주주의'와 구조적으로 유사하다.

이상에서 볼 때 묵자의 민주 사상은 정치권력의 근거를 민民의 이익에 두고, 통치자는 도덕성과 능력에 따라 선발되며, 정책은 공평성과 보편적 사랑을 기준으로 평가되었다. 그리고 사회적 혼란이 있으면 공동의 기준을 제시하고 이를 바탕으로 한 합의로 해결하였으며, 전쟁과 지배의 논리를 배격하고, 평화와 평등의 정치철학을 제시하였다. 그런 점에서, 묵자의 민주 사상은 귀족적 봉건 체제에 대한 대안적 정치 이론으로 제시된 것이라고 볼 수 있다.

묵자가 바라는 사회는 민民을 중심에 둔 합리적, 평등적, 평화 지향적 사회이다. 이는 인민의 이익을 절대기준으로 삼는 공정하고 평등하며 평화를 중시하는 민주사회 모델이라고 할 수 있으며, 합리성과 효율성을 지닌 안전하고 포용적인 사회였던 것이다.

1. 묵자가 생각하는 공정성의 의미

묵자는 전 세계적으로도 가장 일찍이 공정성을 현실 사회 안에서 제도화하려고 노력한 사상가 중의 한 사람이었다. 여기에서 묵자가 말하는 공정성은 사사로움이 없이 누구에게나 모두 같은 기준으로 대하며, 출신과 신분에 관계없이 능력에 따라 기회를 주고, 인민 전체의 이익을 실현시키는 것을 말한다. 묵자의 이러한 공정성에 대한 자각은 무엇보다 천하가 특정한 소수 사람들의 것이 아니라 이 세상 모든 사람의 것이라는 생각에서부터 비롯되었다. 이러한 생각은 일찍이 강태공이 주나라 문왕에게 한 말에서 그 연원을 찾을 수 있다.

사람들과 더불어 아픔을 같이하고, 서로를 보호해주며, 마음을 함께 하고, 성공을 함께 하며, 좋은 것도 함께 하고, 성취함도 함께 해야 합니다. … 천하는 한 사람의 천하가 아니라 천하 만민의 천하입니다. 천하를 취하는 것은 들짐승을 사냥하는 것과 같으니, 천하의 모든 사람이 고기를 나누어 갖고 싶은 마음을 가집니다. 또 같은 배를 타고 강을 건너는 것과 같아서, 함께 물을 건너면 다같이 이롭고, 실패하면 다같이 해를 입습니다. 그런즉 모두에게 열려 있어야 하며, 닫고 막는 일이 없어야 합니다. 『육도』, 「무도」

즉 원래 묵자가 말하는 공정성의 개념은 '천하는 천하인의 것'이라는 '천하위공天下爲公'의 사상으로부터 비롯된 것이다. 인류가 발생한 초기에는 공기와 물은 물론 땅도 임자가 없었다. 모든 자연에서 나온 것들은 인간에게 공유되었다. 그런데 인간의 욕망으로 인해 공유가 사유로 바뀌면서 사람들은 더 많이 갖기 위해 치열하게 경쟁하며 서로를 해치게 된 것이다.

그래서 묵자는 사유를 비난하고, 진정한 공동체를 위해서는 공유를 해야 한다고 주장한다. 『묵자』「법의」편을 보면 천하의 모든 나라는 하늘의 고을이며, 사람은 어린이나 어른이나, 귀하거나, 천하거나 모두 하늘의 신하이기 때문에 네 것 내 것을 구분해서는 안 된다고 하였다.

성인은 재물을 자기 집에 저장하지 않는다. 사유를 비난한다. 사재를 저장하는 것은 자기를 위할 뿐 자기와 인민을 다 같이 사랑하는 것이 아니다. 인민을 후대하는 것은 자기를 제외하는 것이 아니다. 사랑은 후하고 박함이 없다. 자기만을 내세우면 어진 이가 아니다. '의義'는 '이利'이며 불의는 해로운 것이다. 뜻은 공적으로 분별될 뿐이다. 『묵자』, 「대취」

이처럼 묵자의 공정사회에 대한 구상은 '공유'의 개념으로부터 출발하였다. 그런데 이러한 구상은 단순한 이상주의에 머물지 않고, 실현이 가능한 새로운 사회질서를 만들고자 하는 묵자의 사상에 밑거름이 되었다. 그는 누구에게나 차별이 없는 평등과 약자를 배려하는 인권과 인민 전체의 실질적인 이익을 추구하는 실용주의를 결합하여, 혁신적인 공정사회를 구상하였다.

2. 묵자가 본 공정사회 구성 요건

묵자가 상정한 공정사회는 공평함을 넘어서 서로 사랑하고, 서로의 이익을 나누는, 그래서 '모두가 이익을 얻는 사회'이다.

> 오늘날 천하의 선비와 군자들이 진실로 천하가 부유해지기를 바라고 가난을 싫어하며, 천하가 잘 다스려지기를 바라고 혼란스러운 것을 싫어한다면, 마땅히 두루 서로 사랑하고 이롭게 해야 한다. 이것이 성왕의 법이며 천하를 다스리는 '도道'이니, 반드시 힘쓰지 않으면 안 된다. 『묵자』, 「겸애 중」

그러므로 공정사회를 이루는데 있어 묵자는 세 가지 조건을 강조한다.

첫째는 대우와 기회의 평등이다. 신분이나, 부유함에 따라 대우가 달라지면 안 되고, 출신하고 상관 없이 도덕성과 능력으로 평가를 받을 수 있어야 한다. 또한 기회도 누구나 똑같이 주어져야 한다.

둘째는 이익이 공평하게 분배되어야 한다. 노동의 성과와 사회의 자원이 소수의 지배계층에게만 주어지는 것이 아니라, 모두에게 공평하게 나누어져야 한다. 그리고 사치와 낭비를 금하고, 이로부터 남은 자원이 있다면 이는 민생에 도움이 되도록 사용되어야 한다.

셋째는 도덕이나 윤리의 기준에 일관성이 있어야 한다. 신분에 따라 도덕성의 잣대가 다르게 적용되면 안 된다. 오히려 윗사람은 아랫사람보다 도덕적 기준이 더욱 엄격하게 적용되어야 한다.

이렇게 되어야 모든 사람은 법 앞에 평등해지고, 통치자의 도덕적 책임은 더욱 엄중해진다.

3. 공정성이 갖춰야 할 실질적 내용들

(1) 약자를 위한 공정성

묵자는 세상의 어지러움이 자기만이 옳다고 생각하고, 자신만의 욕구를 충족시키기 위한 이기심에서 비롯되었다고 보았다. 그래서 이를 다스리기 위한 방법 중의 하나로 공정성을 중요하게 생각하였던 것이다. 공정성은 무엇보다 인간의 존엄성과 사회적 약자에 대한 배려가 중요하므로 이를 위해서는 노력에 대한 정당한 보상이나 차별 없는 기회 등이 보장되어야 한다. 묵자는 공정사회를 이루기 위해서는 강자가 약자를 억압하거나 재물을 빼앗지 않고, 사회적 약자도 다 같이 평등하게 잘 살 수 있어야 한다고 주장하였다.

> 큰 나라는 작은 나라를 얕보지 않고, 모든 사람이 다수라 하여 외로운 홀아비나 과부를 업신여기지 않으며, 포악하고 힘이 있다 하여 남의 곡식이나 가축을 탈취하지 않았다. … 이로써 자식이 없는 늙은이도 부양을 받아 수명대로 살 수 있었고, 과부와 외톨이, 형제가 없는 외로운 자도 남들과 잘 섞여 살 수 있었으며, 부모가 없는 고아도 의지할 곳이 있어 잘 성장할 수 있었다. … 이것이 내가 말한 두루 평등함을 실현한 것이다. 『묵자』, 「겸애 중」

묵자는 공정을 기반으로 한 새로운 질서와 제도를 고민했지만, 그러한 형식 이전에 형식을 채울 수 있는 내용으로 윤리적 차원에서의 차별 없는 사랑과 약자에 대한 동등한 배려 역시 필요하다고 생각하였다. 묵자는 굳이 형식과 내용, 사회와 개인 등을 이분화하지 않고 통합적으로 보았다. 이러한 생각은 그의 복지관에서 잘 나타나 있다.

⑵ 분배의 공정성

묵자는 또한 공정하려면 분배가 잘 되어야 한다고 생각하였다. 묵자가 보기에 서로 돕고 나누지 않으면 이 세상은 짐승의 세상과 같은 것으로 생각되었다. 그래서 인간이 서로 돕고 나눌 때만이 어지러운 것이 다스려지며, 인간들은 안락한 생명 살림을 이룰 수 있을 것이라 한다.

남아도는 힘이 있어도 서로 돕지 않고, 남아도는 재물이 썩어가도 서로 나누어주지 않으며, 좋은 지식은 숨기어 서로 가르쳐주지 않는다. 천하의 어지러움이 금수와 같다. 『묵자』, 「상동 상」

그러면 어질게 되는 길은 무엇인가? 그것은 힘이 있으면 부지런히 인민을 돕고, 재물이 있으면 힘써 인민에게 나누어 주고, 좋은 도리가 있으면 권면하여 가르치는 것이다. 이렇게 되면 배고픈 자는 먹을 것을 얻을 수 있고, 헐벗은 자는 옷을 얻을 것이며, 어지러운 것은 다스려질 수 있다. 만약 배고픈 즉 먹을 수 있고, 추운 즉 입을 수 있으며, 며, 어지러운 즉 다스려질 수 있으면, 이것이 안락한 생명 살림이다. 『묵자』, 「상현 하」

묵자는 공정사회가 이루어지려면 사회 전체의 이익을 위해 자원이나 재화를 공평하게 분배해야 한다고 보았다. 그러기 위해서는 우선 쓸데없는 사치와 낭비를 금해야 하고, 이로 인해 남는 재화들을 기회비용으로 활용할 수 있으면 안락한 생명 살림이 이루어질 수 있다고 본 것이다.

⑶ 공동체의 이익을 우선하는 공정성

묵자가 강조하는 이익은 사적인 이익이 아니라 공동체 모두의 이익이다. 그래서 묵자는 공동체 모두의 이익을 위하는 것이 의義라고 하였다. 『묵자』의 「경經」 상편에 보면 리利와 의義는 같은 것이라는 표현도 나온다.

묵자는 모든 사람이 서로 사랑하기를 바란다. 그런데 묵자는 사회의 잘못된 것이 있으면 이를 바꾸기 위한 실천을 중시한다. 그래서 실질적이다. 그렇기 때문에 사랑도 감정적이거나 추상적이지 않고, 말로만 하는 사랑도 의미가 없다. 묵자식의 사랑은 구체적으로 이익을 나누는 것이다. 때문에 리利를 의義와 같은 것으로 본 것이다.

그리고 묵자는 차별을 싫어한다. 묵자에게 있어 공적인 것보다 사적인 것을 앞세우는 것은 차별이다. 묵자에게 차별은 모든 불화와 갈등과 다툼, 그리고 더 나아가 전쟁의 원인이기 때문이다. 그래서 앞에 별도의 수식어를 붙이지 않아도 묵자가 말하는 이익은 당연히 사적인 것이 아니라 공공의 이익이 된다.

따라서 묵자에게는 공정성이란 바로 공동체의 이익이 우선되는 것을 말한다.

⑷ 인사의 공정성

그리고 묵자는 공정한 사회를 만들기 위해서는 정치가 중요하다고 보았는데, 그 중에서도 인사의 중요성을 강조하였다. 올바른 정치는 훌륭한 인사에서 나온다고 생각한 것이다. 묵자는 국가를 이끌어 가는데 가장 중요한 요소로 통치자의 어짊과 능력을 중시했다.

현명한 자에게 정치를 맡기면 어리석은 자도 현명해질 수 있지만, 어리석은 자에게 정치를 맡기면 지혜로운 자도 오히려 어지럽게 된다. 따라서 현명한 자를 등용하는 것이 정치의 근본이 되는 것이다. 『묵자』, 「상현 중」

고로 옛 성왕들이 정사를 다스릴 때에는 덕 있는 자를 벼슬자리에 앉히고 어진 이를 숭상하였다. 비록 농업이나 상공업에 종사하는 천한 사람이라도 능력이 있으면 등용했고, 벼슬을 높여주고 녹을 무겁게 주어 그에게 정사를 맡기되 결단하여 명령할 수 있는 권한을 주었다. 『묵자』, 「상현 상」

여기에서 묵자가 말하는 올바른 통치라는 것은 백성들의 억울함을 없애고 헐벗고 굶주리지 않도록 그들의 삶을 윤택하게 하는 것이다. 그리고 이러한 올바른 통치를 제대로 수행하기 위해서는 역시 현자를 잘 골라 등용해야 한다는 점을 재차 강조하고 있다. 그리고 현자 등용의 목적은 당연히 혼란을 다스려 백성들의 이익을 극대화하고 안위를 돌보기 위한 것이다.

> 나라를 세우고 정치 지도자를 모시는 것은 그 직위를 높이고 후한 봉록을 주기 위함이 아니었다. 백성들에게 이로움을 일으키고 해로움을 없애기 위해서이며, 가난하고 소외된 자들을 부귀하게 하고, 위태로운 것을 편안하게 하고, 혼란스러운 것을 다스리기 위함이다. 이것이 옛 훌륭한 임금들의 통치이다. 『묵자』, 「상동 중」

그렇기 때문에 묵자는 지도자의 덕목으로 의義를 가장 중시하였고, 모든 지도자는 의로운 사람이어야 한다고 하였다.

> 고로 옛 성왕들이 정사를 다스릴 때 말하여 가로되, 의롭지 않은 자는 부유해서는 안 되고, 의롭지 않은 자는 고귀해서도 안 되며, 의롭지 않은 자는 친밀하지 않도록 해야 하고, 의롭지 않은 자는 가까이 해서는 안 된다고 하였다. 『묵자』, 「상현 상」

묵자는 현자를 뽑을 때 혈연 중심의 신분제 사회의 관행을 타파하기를 바랐고, 오직 능력과 지도력에 따른 선발을 공정하게 할 것을 강력하게 주장하였다. 그리고 선발되었다고 그 자리를 계속 유지할 수 있는 것이 아니라, 이후에도 계속 노력을 하여 제 역할을 올바로 수행할 것을 강조하였다.

옛날 성왕들은 현명한 사람을 대단히 존경하여 높이고, 능력 있는 사람을 임명하여 부렸으니, 부모 형제라도 사사로움이 없었고, 부귀하다고 치우치지 않았으며, 아첨하는 자를 편애하지 않았고, 어진 자라면 누구든지 등용하여 높임으로써 부유하고 고귀하게 하여 관장을 삼았다. 『묵자』, 「상현 중」

고로 성왕의 시대에는 덕에 따라 벼슬을 주고, 관직에 따라 임무를 부여받으며, 노력한 바에 따라 상을 받고, 공적을 헤아려 녹봉을 주었다. 고로 관리라 해서 언제까지나 귀한 것이 아니고, 민이라 해서 끝까지 천한 것은 아니었다. 유능하면 등용되었고, 무능하면 쫓겨났다. 『묵자』, 「상현 상」

묵자는 이러한 조건들이 갖춰질 때 공정한 사회가 이루어질 수 있다고 보았다.

묵자에게 '공정'은 모두가 서로 이익을 나누고, 아무도 소외되지 않는 사회를 만들어 나가는 것이었다. 그래서 군주의 개인 욕심이 아니라 인민 전체의 이익을 국가 운영의 기준으로 삼았고, 사치와 낭비를 줄이고 효율적 자원 운용으로 모든 인민의 생계 보장을 목표로 하였다. 또 사회 구성원 간에 차별과 적대 대신 보편적 사랑과 협력을 통해 사회의 균형을 유지할 것을 주장하였다. 이렇게 묵자는 '공정사회'를 만들어 나가기 위해, 공익을 바탕으로 분배에 힘쓰며, 보편적 사랑을 통한 사회통합이 이루어지도록 실천적인 노력을 헌신적으로 기울였다.

　이러한 묵자의 관점과 노력은 오늘날에도 세대와 지역 간의 갈등 해소, 절제를 통한 기후 변화 대응, 공익 중심의 거버넌스 체계 구축, 정치경제적인 특권의 해소를 통한 사회통합 등을 기본으로 하여 모든 사람의 사회에서의 출발점이 같아지도록 하는데 많은 시사점을 제시해주고 있다.

3. 묵자의 복지사회 지향

묵자의 복지 사상은 겸애를 기반으로 한 실질적인 민생 보장 체계를 구축하는 것이다. 그에 의하면 국가의 존재 이유는 '인민의 이익'에 있으며, 인민의 이익은 바로 인민이 먹고사는 문제의 해결이다. 묵자의 복지관은 인간의 욕망과 필요가 충족되어 모두가 안정적으로 살아가는 사회를 만들어 나가는 것이었다. 따라서 묵자의 복지관은 단순한 자비나 시혜와 동정이 아니라 국가와 사회, 그리고 개인이 함께 실천하고 풀어 나가야 할 공공복리 체계에 가깝다.

1. 묵자의 복지관

(1) 묵자가 생각한 복지의 기본 원리와 가치

묵자는 전국시대 당시에 가장 고통받는 사람들의 삶에 주목하였고, 이들의 삶을 개선하는 것이 세상에서 가장 중요한 일로 여겼다.

> 묵자께서 말씀하셨다. 어진 자의 정사를 다스림은 반드시 천하의 이익을 일으키고, 반드시 천하의 해로운 것을 없애기 위해 힘쓴다. 이것을 천하의 법도로 삼아 인민에게 이로운 것은 즉시 행하고, 해로운 것은 즉시 그친다. 『묵자』, 「비악 상」

묵자에게 있어 인민의 이익이 되도록 하는 것은 사람들이 굶주리지 않고, 추위에 떨지 않으며, 휴식을 취할 수 있고, 위험에 노출되지 않도록 하는 것이었다. 그런 면에서 묵자에게 복지란 생존을 보장하는 최소한의 사회안전망을 의미하는 것이었다.

이러한 묵자의 복지관은 두 가지 가치에서 출발한다. 하나는 차별 없는 사랑과 보편적 배려이다. 그에게 있어 복지의 대상은 특정한 계층이나 사람들만이 아니라 모든 사람이 대상이 되는 것이었다. 두 번째는 사람들에게 불필요한 해로움을 제거해 주는 것이었다. 여기에서 해로움이란 부역, 세금, 전쟁과 같은 것들이었다. 묵자는 인민들이 이러한 폭력으로부터 고통받지 않도록 하는 것이 무엇보다 중요하다고 보았다. 이러한 묵자의 복지관을 굳이 현대적인 개념에서 살펴보자면 보편주의 복지관에 가깝다고 볼 수 있다.

(2) 묵자가 구상한 복지 내용들과 실천 방안

묵자가 인민들에게 제공되어야 한다고 생각한 복지 내용들을 보면, 첫째로 기본적인 생존권의 확보에 있다. 식량과 의복, 그리고 편안하고 따뜻하게 쉴 수 있는 주거의 문제이다. 두 번째는 정당한 노동의 대가를 보장받는 것이다. 계층에 따른 차별 없이 누구나 일한 만큼 정당한 보수를 지급받을 수 있도록 하는 것이다. 세 번째는 공동체 내에서 서로 돕고 사는 것이다. 겸애를 기반으로 하여 서로의 이익을 나누자는 것인데, 현대적 의미로 보면 공공 돌봄인 것이다. 네 번째는 인민들이 고통을 받거나 손실을 입지 않는 것이다. 성이나 궁궐을 짓는 부역이나 전쟁에 동원되는 것, 그리고 이러한 일들에 필요한 비용을 충당하기 위한 가혹한 세금의 수탈 같은 것들이었다.

묵자는 이러한 문제들이 발생하는 까닭을 사회의 구조적인 문제 때문이라고 보았다. 그래서 그는 복지를 단순히 가난한 사람을 돕는 것이 아니라 누구도 가난해지지 않도록 사회가 바뀌어야 한다고 생각했다. 때문에 묵자는 인민들로 하여금 이러한 고통을 겪게 하는 신분 차별과 전쟁, 그리고 귀족들의 사치스러운 문화와 과도한 장례 문화 등을 비판하였다.

그리고 이를 위해 묵자는 복지를 도덕적 명분이나 형식적인 제도가 아니라 실질적으로 인민의 이익이 되도록 실천적인 정책을 세우기 위하여 노력했다. 그는 우선 생산은 하지 않으면서도 불필요하게 재화를 소모시키는 사치와 낭비를 없앨 것과 그로부터 남는 재산을 민생에 투자해야 한다고 강변했다. 또 실용주의적 차원에서 인민들에게 이익이 되는 공공서비스도 적극 확대되어야 한다고 제기하였다. 그래서 기근이 들었을 때에는 관리들의 녹봉을 줄이고, 관곡을 인민들에게 내려주며, 모든 의식과 제례를 줄임으로써 물에 빠진 아이를 구하려는 어미의 마음으로 인민을 돌봐야 한다고 주장하였다. 그리고 사회적 약자를 보호하고, 정당한 보수를 받을 수 있도록 노동권이 보장되어야 한다고 주장했다. 특히 묵자는 다른 동물들과 달리 인간은 노동을 하지 않으면 살 수가 없다고 노동을 중시하였기 때문에 이 문제는 민감하게 대처하였다.

힘써 노동하면 반드시 잘 다스려지고, 힘써 노동하지 않으면 반드시 어지러워진다. 또 힘써 노동하면 반드시 안정이 되고, 힘써 노동하지 않으면 반드시 위태로워진다. … 힘써 노동하면 반드시 귀해지고, 힘써 노동하지 않으면 반드시 천해진다. 힘써 노동하면 반드시 영화를 누리게 되고, 힘써 노동하지 않으면 반드시 치욕을 얻는다. … 힘써 노동하면 반드시 부유해지고, 힘써 노동하지 않으면 반드시 가난해진다. 힘써 노동하면 반드시 배부르게 먹을 수 있고, 힘써 노동하지 않으면 반드시 굶주리게 된다. … 힘써 노동하면 따듯하게 옷을 입을 수 있고, 힘써 노동하지 않으면 추위에 떨게 된다.

『묵자』, 「비명 하」

2. 묵자의 복지사회 구성 원칙

묵자의 복지 원칙은 단순한 시혜가 아니라, 사회 정의와 경제적 효율성을 바탕으로 공동체를 효과적으로 운영하기 위한 체계적이고 실천적인 원칙들을 가지고 있다. 구체적으로 살펴보면 다음과 같다.

첫째는 보편성의 원칙이다. 묵자는 모든 사람은 존엄하기 때문에 차별하면 안 된다고 보았다. 그의 복지는 신분과 계급, 권력과 부 등을 기준으로 차별하지 않는 보편적 복지로서 현대의 기본권 개념과 같은 것이었다.

둘째는 실천성의 원칙이다. 묵자의 모든 사상은 말뿐이 아니라 항상 실천을 전제로 하고 있다. 그리고 그에 따른 성과를 중시한다.

셋째는 최대의 이익을 담보하는 원칙이다. 묵자에게 있어 실천의 성과 측정은 사람에게 얼마나 이익이 되었는가를 판단 기준으로 삼았다. 따라서 그의 복지는 도덕이기보다는 효용의 문제였다.

넷째는 약자 보호의 원칙이다. 묵자는 자신이 노동자이자 천한 계층이었기에 항상 약자의 입장을 대변하려고 노력하였다. 그래서 그는 취약계층에 대한 관심이 많았는데, 특히 노인, 고아, 과부, 홀아비, 장애인들은 공동체가 책임져야 하는 돌봄의 대상으로 파악했다.

다섯째는 공동 책임의 원칙이다. 묵자는 복지를 개인적 선의에 맡기지 않았다. 그는 복지의 문제를 공동체나 국가가 책임져야 한다고 생각했으며, 제도적으로 뒷받침되어야 한다고 보았다.

여섯째는 상호부조의 원칙이다. 묵자는 복지를 일방적으로 나누어주는 것이 아니라 서로 돕고 나누는 것으로 보았다. 그는 사랑도 단순히 감정만의 문제가 아니라 이익으로 표현되는 것이기에 서로 사랑하고 서로 이익을 나누는 겸상애兼相愛 교상리交相利의 원칙을 복지에도 적용시키고 있다.

일곱째는 평화의 원칙이다. 묵자는 전쟁을 천하에서 가장 큰 낭비이자 해악으로 봤기에, 진정한 복지는 전쟁을 막는 것에서 시작한다고 보았다. 그는 전쟁과 폭력은 모든 복지를 무너뜨리는 가장 중요한 원인이므로 평화를 복지의 기본 전제로 생각하였다.

여덟째는 절약과 효율성의 원칙이다. 묵자는 사치와 낭비를 죄악으로 보았으며, 특히 과도한 장례와 사치 등의 과시적 소비에 대해 비판하였다. 그는 쓸데없는 과소비를 하지 말고, 백성의 힘을 아끼라면서 효율성과 자원 배분의 우선순위를 정하였는데, 불필요한 전쟁, 과시적 행사, 사치한 장례, 낭비적 공사 등의 과소비를 줄임으로써 남은 비용을 복지와 생산에 투여해야 한다고 주장하였다.

아홉째는 지속가능성의 원칙이다. 묵자는 공동체에 기반하면서 도덕성과 실용적인 접근을 통해 약자 보호, 공평한 자원 분배, 낭비 없는 운영 등으로 지속가능한 복지체계를 구상하고 이의 실현을 위해 노력하였다.

3. 묵자 복지사상의 주요 내용

(1) 보편적 사랑과 상호부조

묵자의 복지 사상은 모두를 차별 없이 사랑해야 한다는 '겸애'로부터 시작된다. 남의 어버이나 남의 자식도 내 어버이나 내 자식처럼 동등하게 사랑해야 하며, 더 나아가 나라 간에도 우리나라 남의 나라를 따지지 말고 똑같이 사랑하라고 하였다. 이러면 사랑만이 아니라 이익까지도 서로 나누게 되어 사회 전체의 복지가 실현된다고 보았다.

> 만약 천하가 서루 두루 사랑한다면, 나라와 나라끼리는 전쟁이 없고, 가문과 가문끼리는 서로 어지럽히는 일이 없으며, 훔치거나 빼앗는 일도 있을 수 없고, 임금과 신하 아비와 아들이 모두 효성스럽고 자애로울 것이니, 만약에 이렇게 되면 천하는 다스려질 것이다.
>
> 『묵자』, 「겸애 상」

즉 복지는 사랑을 바탕으로 이익을 주고받을 수 있을 때 올바로 실현된다는 것이다.

(2) 공정한 복지제도

묵자는 모든 사회의 구성원이 같은 기준 아래 협력하고, 동등하게 대우를 받을 수 있을 때 사회의 안정과 복지가 가능하다고 보았다. '상현'에서 신분이 아닌 도덕성과 능력으로 인재를 등용하는 것과 '상동'에서 불필요한 갈등과 다툼을 줄이기 위해 협력과 소통, 그리고 사회적 통합을 강화하는 것

등이 안정적인 복지체계를 구축하는 중요한 수단이라고 보았다. 왜냐하면 사회적 불평등이 완화되고 혼란이 줄어들어야 공공복지가 제대로 실현될 수 있는 토대가 갖춰진다고 본 것이다.

> 옛날 성왕들은 현명한 사람을 대단히 존경하여 높이고, 능력 있는 사람을 임명하여 부렸으니, 부모 형제라도 사사로움이 없었고, 부귀하다고 치우치지 않았으며, 아첨하는 자를 편애하지 않았고, 어진 자라면 누구든지 등용하여 높임으로써 부유하고 고귀하게 하여 관장을 삼았다. 「묵자」, 「상현 중」

> 봄, 가을의 제사는 때를 잃어서는 안 되고, 옥사의 판결은 적중하지 않으면 안 되며, 재물의 분배는 균등하지 않으면 안 되고, 생활과 거처는 태만하면 안 된다. 「묵자」, 「상동 중」

(3) 검소와 절제를 통한 복지 비용 확보

묵자는 인민의 고통이 귀족의 사치와 낭비로부터 비롯된 것으로 보았다. 그래서 실용적인 관점에서 불필요한 사치를 줄이고절용, 번거롭고 사치스러운 장례를 금하는 것절장을 통해 국가의 재원을 아끼고, 이를 돌려 민생과 복지에 쓰는 것이 진정한 도리라고 하였다.

> 성왕의 정치는 정령을 펴서 산업을 일으키고, 백성들로 하여금 재화를 사용하도록 하되, 유용하게 쓰이지 않는 것은 못하게 하였다.

그리하여 재화를 사용하는데 낭비가 없으므로, 인민이 힘들이지 않고 생산을 할 수 았으며, 이익은 더욱 커지는 것이다. 「묵자」, 「절용 상」

실제로 가난한 자를 부유하게 해주고, 줄어든 백성을 모여들게 하며, 위태로운 세상을 안정되게 하고, 어지러운 세상을 태평하게 할 수 있다면 이것은 분명 어짊이요 의로움이다. 「묵자」, 「절장 하」

(4) 민본적인 복지관

묵자는 인민이 곧 나라의 근본이라고 보았다. 그래서 국가는 인민을 위한 기구이며, 군주는 인민의 이익을 위해 존재하는 것이며, 정치의 목적은 인민을 보호하고 그들의 삶을 이롭게 하는 것이라 강조하였다. 따라서 묵자의 복지관은 바로 국가복지로서 사회 안정의 조건이자 인민들의 도덕성을 유지할 수 있는 물적 토대이기도 한 것이다.

고로 풍년이 든 때에는 인민들이 어질고 착하지만, 흉년이 들면 인민들은 인색하고 포악해지는 것이다. 어찌 인민들이 항심을 가질 수 있겠는가? 「묵자」, 「칠환」

대저 나라를 세우고 도읍을 설치하여 임금과 제후와 삼공을 둔 것은 교만을 부리라는 것이 아니며, 경대부와 고을 수령들을 둔 것은 놀고먹으며 편히 지내란 것이 아니라 천하 인민이 고루 잘 살도록 직분을 분별해 다스리고자 함이었다. 「묵자」, 「상동 중」

(5) **평화가 바로 복지**

묵자는 전쟁을 가장 큰 낭비이자 사회악으로 보았다. 그는 전쟁은 백성의 삶을 파괴하고 생산을 멈추게 하며, 빈부 격차를 심화시킬 뿐이라고 비판했다. 따라서 진정한 복지는 타인의 희생 위에 세워질 수 없는 것이며, 평화로운 상태에서만 가능하다고 보았다.

> 고로 옛날에 어진 이가 천하를 얻으면, 반드시 부국강병 설을 반대하고, 천하를 하나로 화목하게 하니, 사해 만민이 통합되었던 것이다. 『묵자』, 「비공 하」

> 그러면 의로운 정치는 어떻게 하는 것인가? 묵자가 말했다. 대국이 소국을 공격하지 않고, 큰 가문이 작은 가문을 찬탈하지 않으며, 강한 자가 약한 자를 겁박하지 않고, 귀한 자가 천한 자를 업신여기지 않으며, 다수가 소수를 해치지 않고 지혜로운 자가 어리석은 자를 속이지 않는 것이다. 『묵자』, 「천지 상」

이상에서 볼 때 묵자가 지향하고 제시했던 복지사회는 보편적 복지 추구, 필요에 맞춘 공정한 분배, 쓸데없는 낭비에 대한 비용 효율성 강조, 평화가 최선의 복지라는 관점, 도덕성과 능력을 갖춘 사람들에 의한 책임 있는 복지행정 체계 구축, 그리고 공동체 구성원들의 직접적인 참여 보장 등이 잘 통합된 체계적인 복지 시스템을 갖추고 있다고 볼 수 있다. 이렇게 묵자가 제시한 복지 시스템은 현대에 내놔도 조금도 손색이 없는 구조를 갖춘 지속

가능한 복지국가 모델이라고 할 수 있다.

4. 묵자의 포용 사회 지향

묵자는 춘추전국시대의 극심한 전쟁과 혼란 속에서 겸애를 통해 '모두가 이익을 누리는 공동체 사회'를 만들기 위해 헌신적으로 노력하였다. 그는 천하 전체를 하나의 공동체로 보고 모든 존재를 동등한 권리를 구성원으로 인정하였다. 그러면서 함께 살아가기 위한 조건들을 다양한 방식으로 만들기 위한 다양한 노력을 실천적으로 전개하였다. 이렇게 묵자가 만들어 가고자 한 사회를 현대적 의미로 이름을 붙인다면 바로 '포용사회'라고 표현할 수 있다. 여기에서 포용은 단순히 배제하지 않는 관용을 넘어서서, 다른 사람들을 공동체 안에서 능동적으로 받아들이고, 그 사람의 가치와 존엄성을 동등하게 인정할 수 있는 것을 말한다.

1. 묵자가 제기한 포용사회의 핵심 가치

⑴ 인간의 존엄성

묵자는 "하늘 아래 모든 사람은 하늘의 신하이다."라고 하면서 모든 사람은 평등하며, 존중받아야 한다고 주장하였다. 묵자가 인민을 지극히 염려했다는 것은 묵자에 대한제자의 언급을 통해서도 알 수 있다.

옛날 성인의 사람을 사랑함은 오늘날 사람을 사랑함과는 다르다.

그들이 노비를 사랑한 것은 사람을 사랑한 것이 맞지만, 그것은 노

비의 이로움을 고려해서 생긴 것이다. 노비의 이로움을 고려하지

않고 남자 노비를 사랑했다면 진정하게 사람을 사랑한 것이며, 여자 노비를 사랑했다면 진정하게 사람을 사랑한 것이다. 묵자는 노비에 대한 사랑을 버려 천하가 이롭다 해도 그 사랑을 버릴 수는 없었던 것이다.「묵자」,「대취」

그런데 한 사람 한 사람을 떨어뜨려 놓고 말하면 거의 이 말을 부정할 사람은 없다. 하지만 전체와 부분을 나누어 생각하는 경우에는 다른 이야기들이 나올 수 있다. 다수를 위해서는 소수를 희생시킬 수 있다는 논리와 그런 경우에도 소수를 희생시켜서는 안 된다는 논리가 대립된다.

그럴 경우 묵자는 소수의 희생을 묵과하지 않는다.「대취大取」편에서 보면 "한 사람을 죽여 천하가 보존되었다 해도 살인은 천하를 이롭게 하는 것이라 말할 수 없다. 그러나 자기를 죽여 천하가 보존되었다 하면 자기를 죽인 것은 천하를 이롭게 한 것이라 말할 수 있다."고 하였다. 이 말은 아무리 천하를 위해 이롭다 해도 사람을 수단화해서 죽이는 것은 옳지 못하다는 것이다. 묵자가 공리주의자功利主義者가 아닌 이유이다.

⑵ 차별 없는 사랑

묵자는 세상이 혼란스러운 이유를 모든 사람을 두루 사랑하지 못하고, 차별하기 때문이라고 하였다. 그래서 출신, 나이, 성별, 경제력, 지위 등의 어떤 조건과도 상관없이, 모두를 동등한 인간으로서 존중하고 사랑해야 한다고 하였다. 그러면서 남의 어버이도 내 어버이처럼, 남의 자식도 내 자식처럼 차별 없이 사랑하라고 하였다. 그러면 천하의 온갖 재앙이나 사람들 간의 원망과 한탄이 일어나지 않게 된다고 한다.

천하 인민이 모두 서로 사랑하므로, 강한 자는 약한 자를 억압하지 않고, 다수는 소수를 겁박하지 않으며, 부자는 가난한 자를 능멸하지 않고, 귀한 사람은 천한 사람을 업신여기지 않으며, 지혜로운 자는 어리석은 자를 속이지 않을 것이다. 『묵자』, 「겸애 중」

또 더 나아가 사람만이 아니라 국가끼리도 서로 사랑해야 한다고 한다.

남의 나라 보기를 제 나라같이 보고, 남의 가문 보기를 제 가문같이 보고, 남 보기를 제 몸같이 보라고 한다. 이렇게 하면 … 사람들은 서로 사랑하여 서로 해치고 도적질하지 않을 것이다. 『묵자』, 「겸애 중」

이렇게 될 때 약자도 보호를 받을 수 있고, 다른 사람을 편견없이 대할 수 있으며, 특정 집단을 배제하지 않게 된다. 그래야만 어떤 전제 조건도 없이 사람의 존재 자체를 사랑할 수 있게 된다.

(3) 사랑은 이익으로 구현되는 정의

그런데 묵자가 이야기한 사랑은 앞서 여러 차례 이야기했지만 단순하게 감정적인 것이 아니라 이익으로 구현되는 사랑이다. 다시 말해 서로가 서로에게 이익을 줌으로 인해 모두에게 이익이 되는, 그래서 모두를 위한 사랑이다. 때문에 묵자의 사랑은 일방적인 것이 아니다. 쌍무적인 것이다.

선왕의 글인 『시경』 「대아」 편의 가르침을 살펴 보자. "말은 메아리가 없을 수 없고, 덕은 보답이 없을 수가 없다네. 내가 복숭아를 던져 주면, 그는 자두로 갚는다네!" 곧 이 말은 남을 사랑하는 자는 사랑을 받고, 남을 미워하는 자는 미움을 받는다는 것을 이르는 말이다. 『묵자』, 「겸애 하」

다만 묵자는 사랑을 받으려면 남이 나를 사랑해 주기를 기다리지 말고 자신이 먼저 사랑을 해야 한다고 한다.

그렇다면 우리가 어찌해야만 남이 우리 부모를 사랑하겠는가? 내가 먼저 남의 어버이를 사랑하고 이롭게 한 다음 남이 내 부모를 사랑하고 이롭게 하기를 바라겠는가? 아니면 내가 먼저 남의 부모를 미워하고 해친 다음에 남이 내 부모를 사랑하고 이롭게 하기를 바라겠는가? 만약 효자라면 반드시 내가 먼저 남의 부모를 사랑하고 다음에 남도 내 부모를 사랑하기를 바랄 것이다. 『묵자』, 「겸애 하」

묵자는 이렇게 단순한 논리이지만 명쾌하게 공동체 구성원 모두가 서로에게 실질적 이익을 주는 관계가 정의로운 관계라고 보았다. 즉 남을 이롭게 하는 것이 나에게도가 이롭다는 것이다.

(4) 공정성 보장

묵자는 포용사회가 이루어지려면 누구든지 능력을 발휘할 수 있는 기회가 평등하게 주어져야 한다고 봤다. 그러려면 출발선이 같아져야 하고, 능력이나 노력에 따라 누구나 같이 성장할 수 있는 기회가 보장되어야 한다고 본 것이다.

> 옛날 성왕들은 현명한 사람을 대단히 존경하여 높이고, 능력 있는 사람을 임명하여 부렸으니, 부모 형제라도 사사로움이 없었고, 부귀하다고 치우치지 않았으며, 아첨하는 자를 편애하지 않았고, 어진 자라면 누구든지 등용하여 높임으로써 부유하고 고귀하게 하여 관장을 삼았다. 『묵자』, 「상현 중」

그리고 한 번 등용되었다고 해서 말년까지 신분이 보장된 것은 아니고, 노력하고 성과를 낸 만큼만 인정해야 한다고 주장하였다.

> 고로 성왕의 시대에는 덕에 따라 벼슬을 주고, 관직에 따라 임무를 부여받으며, 노력한 바에 따라 상을 받고, 공적을 헤아려 녹봉을 주었다. 고로 관리라 해서 언제까지나 귀한 것이 아니고, 민이라 해서 끝까지 천한 것은 아니었다. 유능하면 등용되었고, 무능하면 쫓겨났다. 『墨子』, 「상현 상」

묵자는 가문이나 신분에 상관없이 누구나 노력하면 자신의 미래를 바꿀 수 있는 사회를 만들기 위해 덕성과 능력에 따른 공적 기준을 세우고자 노력하였다.

⑸ 반전 평화를 위한 공동체적 연대

묵자는 기본적으로 공동체 내에서는 차별과 폭력이 없어야 한다고 주장하였다. 그래서 공동체를 파괴 시킬 수 있는 공격 전쟁을 절대적인 악으로 보았으며, 세상에서 가장 쓸모없는 낭비로 규정하였다.

> 고로 옛날에 어진 이가 천하를 얻으면, 반드시 부국강병설을 반대하고, 천하를 하나로 화목하게 하니, 사해 만민이 통합되었던 것이다. 『묵자』, 「비공 하」

> 또 전쟁의 낭비를 계산해 보면 이것이야말로 삶의 근본을 해치는 것으로, 천하 인민의 재물과 이용利用을 고갈시킴이 이루 헤아릴 수 없다. 그러므로 전쟁은 인민의 이익에 맞지 않는 것이다. 『묵자』, 「비공 하」

그래서 묵자는 전쟁을 하는 비용을 돌려 나라를 다스리는 데 사용하면 큰 이익을 얻을 수 있다고 한다.

> 공격과 정벌을 바꾸어 그러한 노력과 비용으로 나라를 다스리면 생산은 배로 커질 것이며, 내가 군사를 일으키는 비용으로 제후들의 폐해를 안정시켜 주면 이로써 얻어지는 이익은 참으로 클 것이다. 『묵자』, 「비공 하」

이렇게 묵자는 국가 간 침략을 반대했을 뿐 아니라, 내부적으로도 폭력과 차별이 없는 사회질서를 추구하였다. 이러한 묵자의 사상은 오늘날에도 상당히 유용하게 적용될 수 있는데, 이를 따르자면 전쟁만이 아니라 혐오와 배제까지 줄일 수 있는 질서를 구축해 지속 가능한 사회를 만들 수 있는 것이다.

2. 묵자가 고민한 포용사회의 목적

묵자는 천하를 하나의 공동체로 봤기 때문에 천하의 인민이 모두 차별과 배제가 없이 공존할 수 있는 질서가 안정적이고 지속적으로 유지할 수 있어야 한다고 보았다.

(1) 차별과 배제가 없는 사회

포용사회가 될 수 있는 최소한의 기본 조건은 살펴보자면 우선 차별과 배제가 없어야 한다. 모든 인간은 신분, 배경, 능력과 상관없이 그 자체로 존엄성을 인정받을 수 있어야 한다. 묵자는 모든 사람은 하늘 아래 하나의 공동체를 이루고 있으며, 이 공동체에서 차별과 배제는 없다고 가정하였다. 나와 남은 다를 수 있지만 하늘 아래 인간이라는 점에서는 다 똑같다는 것이다. 이는 사회적으로 강자이건 약자이건 구분하지 말고 다 같이 끌어안고 같이 살 수 있어야 한다는 것을 의미한다.

지금 천하의 크고 작은 모든 나라는 하늘의 고을이며, 사람은 어린 아이나 어른이나 귀하거나 천하거나 모두 하늘의 신하이다. 『묵자』,

큰 나라는 작은 나라를 얕보지 않고, 모든 사람이 다수라 하여 외로운 홀아비나 과부를 업신여기지 않으며, 포악하고 세가 있다 하여 남의 곡식이나 가축을 탈취하지 않았다. … 이로써 자식이 없는 노인도 부양을 받아 수명대로 살 수 있었고, 과부와 외톨이, 형제가 없는 외로운 자도 남들과 잘 섞여 살 수 있었으며, 부모가 없는 고아도 의지할 곳이 있어 잘 성장할 수 있었다. 『묵자』, 「겸애 중」

⑵ 다양성과 차이를 뛰어넘어 공존 질서를 회복한 사회

서로 공존하기 위해서는 사회적 신뢰와 통합력을 높여야 한다고 주장한다. 많은 사람이 모여 살기에 다양한 불협화음이 있을지라도 평화를 중시하고, 이를 위해 갈등을 조정 또는 중재할 수 있어야 하며, 생각이 다른 사람도 끌어안을 수 있어야 한다고 하였다. 묵자는 사람들이 처음 생겼을 때는 모든 사람이 자기만이 옳다고 우기면서 작게는 서로 싸우고 크게는 전쟁을 일으켜 매우 혼란스러웠다고 한다. 그렇기 때문에 시야를 넓혀 개인과 개인 간의 사소한 차이에 주목하지 말고 전체를 보라고 강조한다. 그리고는 개인과 개인을 넘어서. 국가와 국가 간에도 남의 나라를 제 나라 같이 보고 사랑하라고 주장한다.

양자강과 황하는 작은 계곡의 물을 싫어하지 않으므로 자기를 가득 채워 그렇게 크게 될 수 있고, 성인은 수고를 사양하지 않고, 사물의 도리에 어긋남이 없으므로 천하를 담는 그릇이 될 수 있는 것이다.

『묵자』, 「친사」

만약 천하가 서루 두루 사랑한다면, 나라와 나라끼리는 전쟁이 없고, 가문과 가문끼리는 서로 어지럽히는 일이 없으며, 훔치거나 빼앗는 일도 있을 수 없고, 임금과 신하 아비와 아들이 모두 효성스럽고 자애로울 것이니, 만약에 이렇게 되면 천하는 다스려질 것이다.

『묵자』, 「겸애 상」

그래야 서로 무한 경쟁하는 구조를 넘어, 갈등으로 인한 사회적 비용은 줄어들고, 서로 돕고 공동의 책임을 나누는 공동체의 규범을 올바로 세울 수 있다.

(3) 안전성과 지속성을 확보한 공동체 사회

그리고 공동체의 안전성과 지속성을 확보하는 것이 중요하다고 보았다. 이를 위해서는 구성원들을 위하여 지속 가능한 공공복리를 추구하는 것이 중요하다. 여기에서 공공복리는 모든 인민이 존엄과 자유를 누리면서 생존할 수 있는 필요조건을 유지하거나 창출하는 데 필요한 모든 것으로 이해해야 한다. 묵자는 당시 인민들의 피폐한 삶에 주목하였다. 그때 인민들은 전쟁에 차출당하고, 성을 쌓는 부역을 해야 하며, 먹고살 양식을 얻고 세금을 내기 위해 농사 등의 생업을 유지하는 등 일인 다역의 역할을 담당해야 했다. 그러므로 그들은 항상 굶주리고, 헐벗었으며, 쉴 겨를이 없었다. 이러한 비참한 상황들을 본 묵자는 인민들도 안락한 삶을 살 수 있어야 한다고 주장하였다. 그래서 그의 모든 생각과 실천은 '인민의 이익'을 우선시하였고, 겸애를 통한 공공복리에 집중하였다. 장기적으로 삶의 안정성이 보장되어야 포용이 유지되고, 그래야 공동체성이 확보되기 때문이다.

나라에 삼 년 치의 양식이 비축되지 못하면 나라는 이미 자기 나라가 아니며, 집 안에 삼 년 치의 양식이 비축되어 있지 못하면 자식은 이미 자기 자식이 아니다. 『묵자』, 「칠환」

장차 현명하게 다스리는 방법은 무엇인가? 가로되 힘이 있으면 부지런히 남을 돕고, 재물이 있으면 힘써 남에게 나누어주며, 도리를 아는 자는 권면하여 남을 가르치는 것이다. 이렇게 되면 배고픈 자는 먹을 것을 얻을 것이요, 헐벗은 자는 입을 옷을 얻을 것이요, 피로한 자는 쉴 수 있을 것이요, 어지러운 것은 다스려질 것이다. 『묵자』, 「상현 하」

그러면 공동체를 통해 누구나 위기에 처할 때도 서로 안정적으로 지지받을 수 있게 되며, 공동체의 지속성은 강화될 수 있다.

3. 현대적 관점에서 본 묵자의 '포용사회' 활용

(1) 사회적 약자에 대한 배제 문제 해결

현대는 구조적 불평등과 계층 고착이 심화되고 있다. 소득, 자산, 교육

등의 격차가 누적되면서 기회나 출발선 자체가 누구에게나 공평하지 못한 사회 구조가 되었다. 사실상 부모의 배경이 자녀 삶을 결정하는 현상이 일반화되고 있으며, 이는 포용성의 약화로 나타나고 있다. 또한 성별, 장애, 나이, 출신 지역, 이주민, 소수자 등으로 인한 차별과 편견도 심화되고 있는 상황이다.

묵자는 모두가 기본적인 존엄과 권리를 보장받는 사회를 구축함으로써, '가까운 사람만 챙기는 사회'를 넘어 어떤 개인도 출신, 계층, 장애, 성별 등으로 인해 사회 밖으로 밀려나지 않도록 하는 것이 중요하다고 보았다. 그러려면 인권과 평등의 원칙이 사회 규범으로 작동되어 법, 제도, 관행 등에서 근본적으로 차별과 배제 요인을 제거하는 것이 기본 전제가 되어야 한다고 생각했다.

> 양자강과 황하는 작은 계곡의 물을 싫어하지 않으므로 자기를 가득 채워 그렇게 크게 될 수 있고, 성인은 수고를 사양하지 않고, 사물의 도리에 어긋남이 없으므로 천하를 담는 그릇이 될 수 있는 것이다.
>
> 『묵자』, 「친사」

> 무릇 인민들로 하여금 화동하여 숭상하게 하려면 인민을 지극히 사랑하지 않고는 인민을 부릴 수 없다. 말하자면 반드시 힘써 사랑함으로써 그들을 부리고, 믿음을 다하여 그들을 지키고, 부귀로써 앞으로 인도하고, 형벌을 밝혀 뒤를 따르게 했다. 『묵자』, 「상동 하」

⑵ 배타적인 자기들만의 공동체 문화 해소

현대는 배타적 공동체 문화가 일상화되고 있다. 사회가 다양화되면서 많이 개선된 면은 있지만 아직도 친족이나 학연, 지연, 혈연, 종교 중심의 연고주의가 강하게 작용하고 있다. 그러므로 외부인이나 약자를 받아들이지 않는 "우리끼리"의 중심 문화가 많이 성행하고 있다. 이는 기본적으로 사회적 연대보다는 경쟁과 서열 중심의 사고가 강화될 때 발생하는 것으로 우리 사회가 근본적으로 바뀌지 않는 한 지속될 것으로 보인다.

묵자는 이에 대해 누구에게나 공정한 기회 보장이 중요하다고 보았다. 그러려면 신분에 따른 세습을 줄임으로써 출발선의 격차를 줄이고 능력과 노력에 따라 성장할 수 있는 구조를 만들어 누구에게나 희망 있는 사회를 만드는 것이 중요하다고 봤다. 또 능력과 노력만으로 미래를 바꿀 수 있는 사회적 계층의 이동성을 확보할 수 있어야 한다고 생각했다. 그래서 교육, 의료, 주거, 정보, 이동권 등 기본적 사회서비스에 누구나 접근이 가능해야 하며, 장애인·고령자·저소득층도 실제로 이용할 수 있는 구조가 마련되어야 한다고 했다.

힘 있는 자는 서로 도와주고, 도리를 아는 자는 서로 가르치며, 재물을 가진 자는 서로 나누어 준다. 또 윗사람은 힘써 다스리고, 아랫사람은 힘써 일하기를 바란다. 윗사람이 힘써 정사를 보면 나라와 가문이 다스려지고, 아랫사람이 힘써 일하면 쓸 재물이 풍족해진다. 『묵자』, 「천지 중」

⑶ 사회 갈등과 혐오를 해소하는 평화의 원칙 적용

현대는 정치, 세대, 지역, 계층, 이념 간의 갈등이 심화되고 있다. 또온·오프라인에서의 혐오 발언도 상당히 증가하고 있다. 이는 기본적으로 공동체 신뢰가 붕괴됨으로 인해 생기는 문제로 포용사회 구현의 가장 큰 장애가 되고 있다. 이를 바꾸려면 평화를 지키려는 마음으로, 갈등을 중재하고조정할 수 있는 대화와 토론 중심 사회로 변화 발전되어야 한다.

묵자는 갈등과 혐오의 문제를 해소하고 공동체의 안정성을 확보하려면, 개인주의적 경쟁만 강조하는 구조를 넘어서 서로 돕고 나누며 공동의 책임을 나누는 공동체적 규범이 필요하다고 보았다. 그래야 사회적 신뢰와 통합을 높임으로써 갈등과 혐오로 인한 사회적 비용을 줄이고 공동체의 지속성을 강화할 수 있다고 본 것이다. 모두가 서로에게 이익을 주며, 폭력이나차별과 배제가 없고, 능력이 공정하게 인정되는 사회가 되어야 약자도 "부담"이 아니라 함께 살아가는 구성원으로 인식할 수 있게 된다. 그렇게 되려면 공동체의 규범에 무엇보다 평화의 원칙이 자리 잡아야 한다. 그러면 누구나 위기에 빠질 때 지지받을 수 있는 보편적 안전망을 확보할 수 있으며, 장기적 삶의 안정성을 보장받아 포용성을 유지할 수 있으리라 생각했다.

남의 나라 보기를 제 나라같이 보고, 남의 가문 보기를 제 가문같이 보고, 남 보기를 제 몸같이 보라고 한다. 이렇게 하면 … 사람들은 서로 사랑하여 서로 해치고 도적질하지 않을 것이다. 『묵자』, 「겸애 중」

장차 현명하게 다스리는 방법은 무엇인가? 가로되 힘이 있으면 부지런히 남을 돕고, 재물이 있으면 힘써 남에게 나누어주며, 도리를 아는 자는 권면하여 남을 가르치는 것이다. 이렇게 되면 배고픈 자는 먹을 것을 얻을 것이요, 헐벗은 자는 입을 옷을 얻을 것이요, 피로한 자는 쉴 수 있을 것이요, 어지러운 것은 다스려질 것이다. 『묵자』, 「상현 하」

천하의 사람들이 모두 서로 사랑한다면 강한 자가 약한 자를 억누르지 않고, 다수는 소수를 위협하지 않으며, 부자는 가난한 자를 업신여기지 않고, 귀한 사람은 천한 사람에게 거만하지 않으며, 지혜로운 사람은 어리석은 사람을 속이지 않을 것이다. 무릇 천하의 재앙과 찬탈과 원망과 한탄이 일어나지 않게 하려면 서로 사랑하는 길뿐이다. 『묵자』, 「겸애 중」

(4) 절제를 통한 지속 가능한 사회 구축

현대는 인구구조의 변화, 기후 위기, 경제 양극화 등의 장기적으로 풀어나가야 할 문제들이 산적해 있다. 이에 대응하기 위해서는 모든 구성원이 협력하고 공존할 수 있는 기반을 마련하고, 단기적인 성과가 아닌 세대 간 지속 가능한 사회 시스템을 확립해야 한다.

묵자는 일찍이 사치와 과소비를 반대하고 절약의 중요성을 강조하였으며, 이러한 점들이 사람들 간의 경쟁과 차별을 더욱 부추기는 것으로 보아 철저하게 반대를 하였다. 왜냐하면 사치와 과소비는 단순한 자원만의 낭비일 뿐 아니라, 인간까지도 소모시키기 때문이다. 특히 세상의 가장 큰 낭비는 전쟁으로 보았고, 인민의 이익에 맞지 않기 때문에 반대하지 않을 수 없다고 강조하였다.

묵자가 말씀하셨다. 초나라 형산에서 화씨가 얻은 구슬과 양쯔강에서 뱀이 물어다 주었다는 수나라의 진주와 우임금이 만든 천자의 상징인 황금 솥은 제후들이 귀하게 여기는 보물이다. 그러나 그것들이 국가를 부유하게 하고, 인민을 많아지게 하며, 재판과 정사를 다스려지게 하고, 사직을 안정시킬 수 있겠는가? 그렇지 않다. 이른바 귀중한 보물이라 하는 것은 그것이 인민에게 이로운 것이다.『묵자』,「경주」

성왕의 정치는 정령을 펴서 산업을 일으키고, 백성들로 하여금 재화를 사용하도록 하되, 유용하게 쓰이지 않는 것은 못하게 하였다. 그리하여 재화를 사용하는데 낭비가 없으므로, 인민이 힘들이지 않고 생산을 할 수 있으며, 이익은 더욱 커지는 것이다.『묵자』,「절용상」

전쟁의 낭비를 계산해 보면 이것이야말로 삶의 근본을 해치는 것으로, 천하 인민의 재물과 이용利用을 고갈시킴이 이루 헤아릴 수 없다. 그러므로 전쟁은 인민의 이익에 맞지 않는 것이다.『묵자』,「비공하」

공격과 정벌을 바꾸어 그러한 노력과 비용으로 나라를 다스리면 생산은 배로 커질 것이며, 내가 군사를 일으키는 비용으로 제후들의 폐해를 안정시켜 주면 이로써 얻어지는 이익은 참으로 클 것이다. 바름으로써 독려하고, 옳음으로써 명성을 세우며, 인민들에게 힘써 관대하고, 우리 군사들을 신뢰하여, 이렇게 함으로써 제후의 군대를 대응하면 천하에 적수가 없을 것이다. 그렇게 천하를 이롭게 함이 헤아릴 수 없이 클 것이다. 『묵자』, 「비공 하」

묵자는 천하가 서로를 사랑하지 않아 의로움을 잃어버려 혼란스러워졌다고 한다. 여기에서 의로움을 잃어버렸다는 말은 사람들이 쓸 재화의 생산이 제대로 이루어지지 않고, 만들어진 재화마저 사람들에게 고르게 분배가 되지 않았다는 말이다. 전국시대 당시의 과소비는 임금과 귀족들에게 국한되는 말이었고, 그 피해는 인민들에게 전가되었다. 그래서 인민들이 먹지 못하고, 입지 못하며, 쉴 수 없는 것이 천하를 어지럽게 만드는 근본이라고 보았다.

이 문제를 해결하기 위해서 묵자는 '절용'을 통해 검소함과 절제의 중요성을 강력히 주장하였다. 그런데 이 문제는 생산력이 고도로 발달한 오늘날에도 여전히 존재하고 있으며, 오히려 더 심각해진 상황이다. 왜냐하면 생산력이 발달한 만큼 인간의 과소비 풍조는 그 이상으로 확대되었고, 이는 또다시 확대 재생산을 불러일으키는 악순환이 계속되고 있기 때문이다. 결국 생산의 과도함이 자연의 순환 질서를 붕괴시키는 일까지 일어나 기후 위기를 초래하게 되었는바, 인간의 무한한 욕구와 욕망을 지구의 자원이 감당하기 어렵게 된 것이다.

이에 대한 답은 묵자에게서 찾을 수밖에 없다. 지구 전체를 하나의 공동체로 인식하고 겸애를 바탕으로 절제와 검소함의 생활화, 서로 돕고 나누는 배려, 전쟁과 폭력의 퇴치 등이 이루어지지 않으면 방법이 없기 때문이다.

6장

묵자의 안생생安生生 대동사회는 실현 가능한가?

1. 안생생 대동사회론의 기본 개념

대동사회론은 유가 경전인 『예기』에 실려 있다. 「예운」 편에 보면 공자가 탄식하며 대동사회를 언급했다는 기록이 있다. 그런데 묵자 사상의 내용들을 종합해 보면 「예운」 편에 나오는 대동사회론과 놀라울 정도로 내용이 유사하다. 오히려 『예기』의 대동사회론은 화이부동和而不同의 화和의 정치를 주장한 공자보다는 대동소이大同小異의 동同의 정치를 주장한 묵자의 의견에 더욱 근접해 있다. 그리고 『예기』 「예운」 편의 대동사회론은 오히려 공자나 맹자가 언급한 유가의 전통적인 논리와 상반되는 논리를 포함하고 있기도 하다.

물론 묵자 자신도 자신의 사상을 일컬어 '안생생 대동사회론'이라고 명명한 적은 없다. 이를 처음 제기한 사람은 묵점 기세춘 선생이다. 그 이전에도 묵자를 연구한 사람은 있기는 하였지만, 묵점 기세춘 선생의 집필과 강의가 시작되면서 우리나라에서 묵자에 대한 소개가 점차 본격적으로 알려지기 시작하였는데, 여기에서도 기세춘 선생의 뜻을 이어받아 묵자가 지향했던 사회를 '안생생 대동사회'로 개념화하여 명기한다.

'안생생 대동사회'는 『예기』에 나오는 대동사회처럼 집약되어 정의되어 있지 못하다. 그러나 묵자 사상의 전반을 종합하면 묵자가 지향하는 이상 사회의 상을 모아낼 수는 있다. 왜냐하면 묵자의 핵심 개념이라 할 수 있는 공公, 동同, 애愛, 의義 등의 개념들이 『예기』의 대동사회론의 내용들과 같이 『묵자』 전편에 걸쳐 나타나 있기 때문이다. 그래서 묵자 사상이 왜 '안생생 대동사회론'으로 집약되는지를 밝히기 위해 우선 안생생 대동사회론의 기본 개념부터 정리하고자 한다. 안생생 대동사회론의 개념을 쉽게 이해하기 위해서는 안생생과 대동사회를 나누어 분석하는 것이 편리하다.

먼저 『묵자』의 「상현 하」 편에 나오는 안생생安生生은 학자에 따라 다양한 해석이 존재한다. 우선 '안安'을 '편안함'으로 해석하는 경우와 '어찌' 또는 '곧'의 내乃로 해석하는 경우가 있다. 앞의 경우는 '안安'을 글자 원래대로의 의미로 해석하였고, 후자의 경우에는 '안安'을 별 의미가 없는 부사로 해석하였다. 또 생생生生도 '생업에 종사하다', '삶을 살다', '생명을 살리다' 등으로 각기 다르게 해석하고 있다. 그런데 고전에 나와 있는 '생생生生'의 사용례를 보면, 가장 대표적인 것이 『주역周易』과 『장자莊子』에 쓰인 경우이다. 『주역周易』의 「계사전繫辭傳」을 보면 '생생지위역生生之謂易'이라 하여 '생생'을 '낳고 또 낳음'으로 만물이 끊임없이 생기는 모양이란 뜻으로 쓰고 있다. 『장자莊子』의 「대종사大宗師」 편을 보면 '살생자불사殺生者不死, 생생자불생生生者不生'이라 하여 '생생'을 '자기의 생生에 집착하여 그것을 끊임없이 살리려는 모양 즉 '삶의 욕망'이란 의미로 쓰고 있다. 고전의 용례는 두 경우가 다 '생생'

을 '삶의 의지'가 깃든 것으로 해석할 수 있다.

다음으로는 『묵자』, 「상현 하」 편에서 '안생생'이 나오는 문장의 맥락을 살펴볼 필요가 있다. 묵자가 말하는 '안생생'은 단순히 편안한 상태를 가리키는 것이 아니다. 안생생의 의미는 당시 인민들의 보다 절박함에서부터 비롯된 것으로 보인다. 그 앞의 문장과 연결하여 볼 때 '안생생'은 단순히 잘 사는 것 이전에 헐벗고 굶주리지 않게, 그리고 힘들 때 쉴 수 있고 어지러운 것이 다스려진, 즉 힘든 삶의 고통으로부터 벗어난 상태를 말한다. 이것은 '최대한'이 아닌 '최소한'의 삶의 조건을 이야기하고 있으며, 안생생을 이루기 위한 기본적인 필수 조건이기도 하다.

그렇기 때문에 고전에 나오는 '생생'의 의미와 묵자가 가정해서 표현하고자 하는 삶의 절박함을 극복한 상태를 종합해 보면 '안생생安生生'을 '편안한 생명 살림'으로 해석하는 것이 타당하다고 본다. 이는 사람들이 불안하지 않게 살아가도록 하고, 또 그러한 삶이 계속 이어지게 하는 것을 의미한다. 그래서 '안생생'의 필요조건을 달성하려면 서로 돕고, 재물을 나누며, 사람으로서 지켜야 할 도리를 공유해야 한다. 그래야지만 최소한의 '안생생'의 조건을 달성할 수 있는 것이다. 그렇기 때문에 안생생은 묵자 사상에 있어서 최소한의 정치적인 목적이자 윤리의 지침이기도 하다.

다음으로 '대동사회'를 분석하자면 우선 대동에 대해 살펴볼 필요가 있다. '대동大同'이라는 표현은 『예기禮記』「예운편禮運篇」에 등장한다. 다만 이 구절이 공자 자신의 발언인지 여부는 학계에서도 논란이 많다. 공자의 언행록인 『논어』에 '대동'이란 표현이 한 번도 안 나오는 것을 보면 공자의 말이 아닐 가능성이 높다. 그럼에도 『예기』에 이 글이 실려 있는 것을 보면 최소한 유가의 후예가 작성한 것으로 보인다. 그런 면에서 '대동사회'에 대한 언급이 현재까지의 기록상으로는 유가에서 시작되었음이 분명해 보인다.

하지만 또한 그렇다고 해서 대동사회론이 유가의 전유물이라고는 보기 힘들다. 유가에서는 비록 '대동'을 말하였지만, 소강사회론과는 달리 정책이나 제도 등의 실천적이고 구조적인 논리로 발전시키지는 못하였기 때문이다. 『예기』의 '대동'은 '천하가 공공의 것'이었던 때에 대한 과거 회상의 형식으로 되어 있다. 이는 상실된 도덕적 질서에 대한 기억으로 남아 있을 뿐이다. 더욱이 유가의 혈연과 위계를 중심으로 불평등을 전제로 조화를 추구했던 질서인 '예禮'의 논리는 '대동'의 논리와는 상반되는 점이 많다. 물론 유가에서도 논리적으로 친친親親에서 시작된 인仁이 애민愛民으로까지 확장되기는 하지만, 기본적으로 '차등을 두는 사랑'은 '대동'의 공공성으로 발전시키는 데는 한계가 있을 수밖에 없다.

그보다는 묵자의 겸애兼愛를 통한 차별 없는 상호 돌봄, 비공非攻을 통한 전쟁과 폭력의 제어, 상현이나 상동을 통한 공정성과 공적 질서 확보, 절용과 절장을 통한 자원의 사회적 배분 등이 내용상 대동사회에 더욱 가까운 논리 체계이며 구조화되어 있다고 볼 수 있다.

그래서 유가에서는 대동사회를 실현 불가능한 도덕적 이상사회로 간주하고 있기 때문에, 현실적으로는 실현 가능하다고 보는 소강사회를 지향하고 있다. 『예기』, 「예운」 편을 보면 공자가 "대도大道를 행하는 것은 삼대의 영걸에는 미치지 못하지만 나도 뜻은 가지고 있다."라고 언급한 대목이 나온다. 여기에서 대도를 행한 것은 요와 순이고, 삼대의 영걸은 하, 은, 주를 말하는 것이다. 그렇기 때문에 삼대의 영걸에는 미치지 못하지만 뜻은 가지고 있다는 말은, 대도에 뜻을 두고는 있지만 삼대의 영걸에도 미치지 못하니 우선은 예치禮治를 이루도록 힘쓰겠다는 말로 해석된다. 실제로 공자가 바랐던 사회는 삼대의 예치 중에서도 주례周禮를 통한 다스림이었다. 그래서 공자가 말한 극기복례克己復禮의 복례는 주공周公이 정리하고 지은 주례로 되돌아가야 한다는 말이기도 하며, 주례가 회복된 사회가 바로 소강사회인 것이다.

이에 반해 묵자가 제기한 '대동'은 안생생을 설명하면서 제기하였듯이, 헐벗고, 굶주리지 않으며, 전쟁에 끌려 나가 죽음으로 소모되지 않는 최소한의 삶을 유지하는 것으로부터 시작된다. 인민이 모두 평등한 가운데 위태롭지 않게 사회적 안전망 속에서 최소한의 인간다운 삶을 살 수 있도록 하는 것이 바로 '대동'의 시작인 것이다. 따라서 묵자의 '대동'은 유가의 '대동'과 달리 현실 속에서 모든 사람이 평등한 가운데 고통을 줄임으로써 편안하게 살아가도록 하는 실천적인 지향인 것이다.

그렇기 때문에 유가에서 말하는 『예기』의 대동사회론과 구분해서, 묵자가 실천적으로 지향하는 사회를 '안생생' 개념을 덧붙여 '안생생 대동사회'라고 명기하고자 하는 것이다. 이는 또한 묵자의 안생생 대동사회가 유가에서 말하는 도덕적 이상으로서의 '대동'과는 달리 현실에서 실천적으로 실현 가능한 사회라는 점을 분명하게 밝히기 위함이기도 하다.

묵자의 사상은 2,500년 전 고대의 철학이지만, 오늘날 민주, 평화, 복지, 공정, 지속가능성 같은 현대 문명의 핵심 가치들을 충실히 담고 있는, 시대를 훌쩍 뛰어넘은 혁신적인 사상이다. 그는 다름을 조화시키려 하기보다는 같음을 추구함으로써 "모두가 함께 서로 나눔으로 이익을 얻는 대동사회"를 꿈꾸었고, 이는 현대 사회가 지향해야 할 민주적이고, 평화적인 지구공동체로 나가야 할 방향을 분명하게 제시하고 있다. 그런 면에서 '안생생 대동사회론'의 의미와 내용을 살펴보고, 묵자는 자신이 바라는 사회를 실현시키기 위해 어떤 실천적 고민을 하였는지 알아보고자 한다.

1. 안생생 대동사회론의 주용 내용

(1) 국가 운영의 기준을 인민의 이익에 맞추는 민본사상民本思想

묵자는 민民을 중심에 놓고 사상을 전개한 사람이었다. 맹자도 민본을 이야기하기는 했지만, 그는 관료적 입장에 머물러 있을 뿐이었고, 자기 자신을 대상인 민과 일치시키지는 않았다. 단지 백성을 위할 따름이었다. 이에 반해 묵자는 자신과 인민을 동일시하였다. 그래서 '민을 위한 정치'를 뛰어넘어 '민에 의한 정치'를 시도하였다. 묵자의 민본사상은 대상과 자신을 통일적으로 인식하는 것에서부터 시작된 것이다.

묵자 민본사상의 특성을 살펴보면 우선 효용성을 중요시한 실용주의적 민본사상이라 할 수 있다. 묵자는 인민의 이익利을 국가 운영의 기준으로 삼았으며, 정치의 목적은 혼란을 다스리는 것이었고, 혼란을 다스린다 함은 '천하의 이익을 높이고, 해를 제거하는 것"이었다. 그래서 묵자가 생각하는 좋은 정치는 인민이 실제로 잘 먹고, 잘 사는가가 기준이 된다. 다음으로는 세습적인 신분제도를 비판하였다. 묵자가 볼 때 귀족의 허례허식과 사치는 바로 인민의 고통이었고, 세습되는 신분제는 공평하지 못하였다, 마지막으로 가장 강력하게 비판한 것은 전쟁이었다. 전쟁은 절대적인 낭비이고 해악일 뿐이다. 왜냐하면 전쟁에서 인민은 철저하게 수단이자 소모품으로 낭비될 뿐이기 때문이다.

때문에 묵자의 민본사상이 올바르게 펼쳐진 사회는 '모든 인민이 불편부당함이 없이 평등하게 행복을 누리는 사회'로 민주적이고 인권이 보장되며 공공의 이익이 우선되는 대동사회인 것이다.

⑵ 겸애兼愛를 바탕으로 한 보편적 인권과 사회적 연대 중시

묵자가 표방하고 있는 대동사회는 사람과 사람 사이의 구별과 차별이 사라진 사회로 보편적 사랑이 실현된 공동체이다. 봉건적 신분제를 유지하고자 했던 유가儒家는 가까운 사람부터 사랑하라는 '친친親親'의 개념을 중시했지만, 묵자는 이에 반해 모든 사람을 똑같이 사랑해야 한다고 주장하였다.

스승 묵자께서 말씀하시기를 남의 나라를 제 나라같이 보고, 남의 가문 보기를 제 가문같이 보며, 남의 몸을 제 제 몸같이 보라고 하셨다. 이렇게 하면 … 사람들은 서로 사랑하여 서로 해치고 도적질하지 않을 것이다. 『묵자』, 「겸애 중」

천하의 사람들이 모두 서로 사랑한다면 강한 자가 약한 자를 억누르지 않고, 다수는 소수를 위협하지 않으며, 부자는 가난한 자를 업신여기지 않고, 귀한 사람은 천한 사람에게 거만하지 않으며, 지혜로운 사람은 어리석은 사람을 속이지 않을 것이다. 무릇 천하의 재앙과 찬탈과 원망과 한탄이 일어나지 않게 하려면 서로 사랑하는 길 뿐이다. 『묵자』, 「겸애 중」

이렇듯 개인의 이익보다는, 서로가 추구하는 행복이 공존하는 사회가 대동의 핵심이라고 할 수 있다. 그런 면에서 묵자의 "모두를 차별 없이 사랑하라"는 겸애兼愛 사상은 인간의 존엄성과 사회적 약자를 보호하고자 하는 '포용사회'의 가치와 지향을 그대로 담고 있다. 또 인종, 성별, 국적, 종교, 계층을 초월한 보편적 사랑과 연대를 강조하는 묵자의 주장은 현재 21세기에서 가장 두드러지게 드러나는 문제 중의 하나인 혐오와 차별의 문제를 해결할 수 있는 철학적 기반이 되기도 한다. 그렇기 때문에 묵자의 겸애 사상은 오늘날의 평등과 인권 존중, 사회복지, 인도주의의 기본이 되는 사상이라 할 수 있으며, 대동사회를 지향하는 도덕 윤리의 근본이라고 할 수 있다.

(3) 비공非攻을 바탕으로 한 반전 평화 사상

묵자는 직접 행동으로 옮기면서까지 강력하게 전쟁을 반대하였다. 이러한 비공非攻의 논리는 단순한 전쟁 반대가 아니라, 힘의 논리와 폭력에 대한 거부이자 평화와 인도주의의 선언이라고 할 수 있다. 그는 정복 전쟁과 폭력을 절대적으로 반대했다. 전쟁이 없는 평화로운 사회야말로 인민이 가장 안심하고 살 수 있는 진정한 대동사회라고 보았기 때문이다.

만약 남의 마구간에 들어가 남의 말이나 소를 훔쳤다면, 그 어질지 못하고 의롭지 못한 것은 남의 개나 닭을 훔친 것보다 더욱 심하다 할 수 있다. 왜 그럴까? 그것은 남을 해친 정도가 더욱 크기 때문이다. 남을 해친 정도가 크면 클수록 그 어질지 못함도 더욱 심하고 죄 또한 더욱 무거울 것이다. 그런데 죄 없는 사람을 죽이는 지경에 이르거나 그의 옷을 벗겨가고 창과 칼을 빼앗았다면, 그의 불의함은 소나 말을 훔친 것보다 더욱 심할 것이다. 이것은 왜 그런가? 이것은 남을 해친 정도가 더욱 크기 때문이다. 남을 해침이 크면 클수록 어질지 못함도 더욱 심할 것이고 죄 또한 더욱 무거워야 할 것이다. 이러한 이치에 대해 천하의 군자들은 모두 알고 그것을 비난하며 불의라고 말한다. 그런데 이제 더 크게 남의 나라를 공격하는 것에 이르면 비난할 줄도 모르고 도리어 따르고 기리며 의롭다고 말한다. 이것을 볼 때 오늘날의 군자들은 과연 의와 불의를 분별하여 알고 있다고 말할 수 있겠는가?「묵자」,「비공 상」

그러므로 스승 묵자께서 말씀하여 가로되, 오늘날 천하의 왕공대인과 사군자들이 진정 천하의 이로움을 일으키고, 폐해를 제거하려 한다면 마땅히 빈번한 침략전쟁은 실로 천하의 큰 해독임을 알아야 한다. 『묵자』, 「비공 하」

묵자는 남의 나라를 공격하는 것은 살인하는 것과 다를 바가 없으며, 그 죄는 무엇보다 크다고 말한다. 또 전쟁으로 인한 피해는 사람의 목숨만이 아니고 파괴되고 소모되는 물자의 규모도 수를 헤아릴 수가 없기 때문에 전쟁은 백해무익하다.

이러한 묵자의 반전 평화 사상은 오늘날 국제사회가 추구하는 평화 외교, 비폭력 운동, 국제협력과 연결되어 있다고 할 수 있다. 대동사회는 평화와 상생의 국제 질서를 지향하기 때문이다. 그리고 이는 또 '힘이 정의다'라는 사고를 뛰어넘어 '정의가 힘이다'라는 가치로 전환시키는 평화의 철학이기도 하다.

(4) 상동尚同을 바탕으로 추구하는 사회적 통합과 공동체의 조화

묵자는 사회 혼란의 원인을 사람마다 기준이 제각각이기 때문이라고 생각했다. 사람마다는 선과 악의 기준이 다르고, 이익에 대한 판단들이 다르며, 가문과 지역과 계층마다도 서로 다른 가치관과 규범을 갖고 있다고 봤다. 그래서 이러한 것들이 통일되지 않아 분쟁이 발생하고 쓸데없는 낭비도 심해진다고 본 것이다. 이를 해결하기 위해서는 공동체 전체의 합의된 가치와 규범을 정하고 따라야 한다고 했다. 다만 묵자는 행동의 일사불란함을 강조한 것은 아니고 기준의 일관성을 중시하였다.

옛날에 하늘이 처음으로 인민을 낳아 통치자가 없을 때에는 인민들에게 주권이 있었다. 그러나 진실로 인민이 주권을 갖게 되면서, 한 사람은 하나의 의리를, 열 사람은 열 가지 의리를, 백 사람은 백 가지 의리를, 천 사람은 천 가지의 의리를 주장하게 되었으며, 사람이 많아져 셀 수 없어지면 의리 역시 셀 수 없이 많아졌다. 이에 모두가 자기의 '의義'는 옳다고 하고 남의 '의'는 그르다고 하면서, 심하게는 전쟁이 일어나고, 작게는 다툼이 일어났다. 『묵자』, 「상동 하」

그리하여 안으로는 부자, 형제 사이에도 서로 원망하고 미워하니 흩어져 화합할 수 없고, 밖으로 천하의 백성들은 물과 불과 독약으로 서로를 해쳤다. 여력이 있어도 서로 돕지 않고, 재물이 남아 썩어도 서로 나누지 않으며, 훌륭한 도리를 숨기고 서로 가르쳐주지 않으니, 천하는 어지러워 마치 짐승 같았다. 대저 이렇게 천하가 혼란한 이유는 통치하는 지도자가 없이 살았기 때문이다. 『묵자』, 「상동 상」

이러한 상동의 특성을 자세히 살펴보면, 첫째로 규범의 통일은 전제주의적 통일이 아니라 공정성의 기준에 대한 통일이었다. 결코 군주의 강제에 의한 통일이나 사상이나 표현의 일방적 통제가 아니고, '인민의 이익'이라는 객관적이고 합리적인 기준의 통일이었다. 둘째로 상동의 기준은 단순히 '하나가 되어야 한다는 관념적 도덕 체계가 아니라 측정 가능한 '이익'을 기준으로 제시하고 있다. 그런 면에서 보면 사회질서는 공공의 이익을 극대화하기 위한 통일된 규범을 말하는 것이고, 사회의 혼란을 제거한다는 것은 상호 이익을 조정, 재분배하는 것이 된다. 셋째는 상현의 논리와 결합해 지도자의 책임을 강화하는 것이다. 여기에서 지도자는 인민의 이익을 기준으로 정책을 세우고 판단해야 하며, 당연히 그럴 수 있는 능력이나 도덕성, 그리고 실적이 있어야 한다. 즉 공익과 복지를 위한 책임정치를 구현하는 것이다.

그래서 '상동'이 제대로 이루어지면 합리적이고 효율적으로 질서가 유지됨으로써 공정성이 구현되고, 평화로워지는 것이다. 이것을 민주사회의 개념으로 보면 사회적 합의나 공공윤리의 중요성이 부각되는 것으로, 대동사회에서도 사회 유지를 위한 필수적인 요소라고 할 수 있다.

⑤ 절용節用, 절장節葬을 바탕으로 지속 가능한 경제윤리 적용

당시의 사치와 낭비는 귀족들의 장례를 포함한 의례와 건축 등에서나 찾을 수 있을 뿐 인민들은 사치와 낭비를 할 겨를이 없었다. 당시의 사치와 낭비는 귀족들만이 할 수 있었고, 고통은 오로지 인민들이 몫이었을 뿐이다. 그래서 묵자는 사치와 낭비를 비판하고, 검소함과 절제를 강조했다.

지금 오직 후한 장례와 오래 하는 상례로 정치를 한다면 국가는 반드시 가난해지고, 인민은 반드시 줄어들며, 법과 정치는 반드시 어지러워질 것이다. 만약 그들의 말을 본받고 그들의 도리를 행한다면 윗사람은 정사를 돌볼 수 없고, 아랫사람은 일에 종사할 수 없을 것이다. 윗사람이 정사를 돌볼 수 없으면 법과 정치는 반드시 어지러워지고, 아랫사람이 일을 할 수 없으면 먹고 입을 재물이 반드시 부족해질 것이다. 『묵자』, 「절장 하」

옷을 생산하는 것은 무엇 때문인가? 겨울에 추위를 막고, 여름에 더위를 막기 위함이다. 그러므로 옷을 생산하는 도리는 겨울에는 따뜻하게 해주고, 여름에는 시원하게 해주는 것으로 그치고, 이용후생에 보탬이 되지 않는 낭비는 버린다. … 집을 만드는 것은 무엇 때문인가? 겨울에 바람과 추위를 막고, 여름에 더위와 비를 막고, 도적을 막을 수 있도록 견고하면 그친다. … 또 배와 수레를 만드는 것은 무엇을 하기 위함인가? 수레로 육지를 달리고, 배로 냇물과 골짜기를 건너 사방을 통행하는데 편리하게 하고자 함이다. 무릇 배와 수레를 생산하는 도리는 가볍고 편리하게 이용하는 것으로 그치고, 그 외의 이용후생에 보탬이 되지 않는 낭비는 버린다. 무릇 이러한 재화의 생산은 생활에 유익한 것이 아니면 만들지 말아야 한다. 그러므로 재물의 낭비가 없고, 인민들의 노동이 지치지 않고, 이익을 일으킴이 많고 컸던 것이다. 『묵자』, 「절용 상」

여기에서 '절용'과 '절장'의 목적은, 묵가 사상의 전반이 그렇듯이, 불필요한 소비를 줄이고, 인민의 생계와 그것을 위한 생산으로 자원을 돌리기 위함이다. 이는 당시의 생산력 수준을 볼 때 경제적 평등과 사회복지의 실현을 위해서는 반드시 필수 불가결한 방안이라 할 수 있다.

이상에서 절용, 절장의 근본적인 의미를 살펴보면 첫째로 절용, 절장은 단순히 사치 금지를 위한 것이 아니라, 국가 자원의 재분배를 위한 정책 제시이다. 두 번째로 목적은 단지 절약 그 자체가 아니라 모든 인민의 실제 이익이다. 셋째로 상현, 상동의 논리와 연결해 국가 운영 방식이 전체적으로 연계되어 절용, 절장을 실행해야만 효과가 나타날 수 있다는 점이다.

이는 오늘날의 지속가능한 발전이나 환경보전, 그리고 윤리적 소비 개념과도 유사하다고 볼 수 있다. 또 어느 정도의 불편함을 감수하고, 과소비를 줄이자는 묵자의 절용 정신은 기후 위기 시대의 생활윤리로 발전시킬 필요가 있다. 그리고 대동사회 역시 물질의 공정한 분배와 절약을 통한 공동복지 사회이기 때문에 절용과 절장은 현대에 와서도 반드시 필요한 논리와 정신이라 할 수 있다.

⑥ 비공, 절용을 통한 자주적이고 지속가능한 보편적 복지사회 구축

묵자는 혈연, 지연 등의 신분제를 중심으로 차별적인 사랑을 하는 유가의 친친親親 논리를 비판하면서, 겸애를 바탕으로 사회 구성원 모두를 동등하게 사랑하고 배려해야 한다는 보편주의적 윤리의 필요성을 강조하였다. 묵자의 복지관도 이에 따라 보편주의적 복지관을 따르고 있다.

지금 우리가 장차 천하의 이로움을 일으키고 그것을 옳게 취하려면 평등하게 아우르는 것만이 바른 길이다. 이로써 귀 밝은 장님과 눈 밝은 귀머거리가 협동하면 장님도 볼 수 있고 귀머거리도 들을 수 있으며, 팔 없는 사람과 다리 없는 사람이 서로 협동하면 모두 동작을 온전하게 할 수 있을 것이다. 또한 자기가 가진 도道를 널리 펴서 서로에게 가르쳐 주면 모두 깨우칠 수 있을 것이다. 이렇게 함으로써 늙어 처자가 없는 늙은이도 부양받을 수 있어 수명대로 살 수 있고. 부모가 없는 어리고 약한 고아들도 의지하여 살 곳이 있어 장성

할 수 있게 된다. 지금 오로지 두루 아우름으로 정사를 펴는 것은 바로 이처럼 서로에게 두루 이롭기 때문이다. 『묵자』, 「겸애 하」

묵자의 이러한 복지관은 모든 사회 구성원이 기본적으로 생활 보장을 받을 수 있어야 한다는 것을 전제로 한다. 그렇기 때문에 묵자의 겸애사상은 단순한 도덕적 선언이 아니라 사회 구성원 모두의 생존과 안정을 보장받을 수 있는 기본권적 관점을 유지하고 있다.

또 묵자의 절용과 절장은 단순히 절약을 위한 논리가 아니라, 복지 지출의 지속가능성을 확보하기 위한 전략적 판단에서 나온 것이다. 특히 묵자는 전쟁을 가장 큰 낭비로 보았으며. 이러한 쓸모없는 지출을 줄이는 것은 불평등 방지와 공공지출의 효율적 배분을 위한 실용주의적 실천 논리인 것이다.

⑺ 비명을 통한 가난, 재난, 질병 등의 사회적 책임 강조

그리고 묵자는 당시에 우세하던 가난, 재난, 질병 등이 하늘의 명命 의해 결정된다는 운명론적 사고를 비판하면서, 인민들이 사회적으로 겪는 고통과 빈곤, 그리고 불평등은 얼마든지 인간의 노력과 정책과 제도의 변화를 통해 충분히 개선할 수 있다고 주장하였다. 이는 가난과 불평등의 문제를 운명론이나 개인의 책임으로 국한시키지 않고 사회의 책임임을 분명히 한 것이다.

삼가라! 천명은 없다. 오직 나는 사람을 높이고 말을 지어내지 않는다. 운명은 하늘이 내리는 것이 아니고, 스스로 얻는 것이다. 『묵자』,

옛날에 우禹, 탕湯, 문文, 무武가 천하를 다스릴 때에는 반드시 굶주
린 자는 먹여 주고, 헐벗은 자는 입혀 주며, 수고로운 자는 쉬게 하
고, 어지러운 것은 다스렸으므로, 드디어 천하에 빛나는 명예와 훌
륭한 명성을 얻으니, 이를 어찌 운명이라 말하겠는가? 이것은 그들
의 노력의 결과인 것이다. 『묵자』, 「비명 하」

⑧ 상현尙賢을 바탕으로 사회적 자본과 공정성이 확보된 사회

묵자는 신분과 혈통이 아니라 능력과 도덕으로 사람을 평가해야 한다고
주장하였도, 또 그에 따라 편견 없이 인재가 등용되어야 한다고 주장했다.
이는 유가가 강조한 '예禮' 중심의 신분 질서를 부정하고, 사회 구성원이 공
정한 제도 속에서 상호 협력하는 사회를 이상으로 삼았기 때문이다.

당시에 현자를 등용하여 부린 것은 왕과 귀족의 기득권이나 특권을 강
화하기 위한 것이 아니라, 국가 구성의 기본 원리인 민民을 중심에 놓고, 민
의 이익을 보장받고 강화하는 일을 맡기기 위함이었다. 묵자는 특히 당시에
부역과 세금과 전쟁에 차출되는 것으로 고통을 받고 있는 이민들이 헐벗고,
굶주리며, 쉬지 못하는 세 가지 근심을 제거하는 것이 정치의 기본이라고 생
각했다. 그래서 이 문제를 해결할 수 있는 어질고 현명한 사람을 뽑아 정사
를 돌보게 하는 것이 매우 중요하다고 봤다.

오늘날 천하의 왕공대인과 사군자들이 진실로 어질고 의로운 사람

들이 되려고 하고, 훌륭한 선비가 되기를 바라며, 위로 성왕의 도에 합당하려 하고, 아래로 나라와 백성들의 이익에 합당하려 한다면, 어진 이를 숭상해야 한다는 말을 반드시 살피지 않으면 안 된다. 어진 이를 숭상하는 것은 하늘과 귀신과 백성들의 이익이요, 정사의 근본인 것이다. 『묵자』, 「상현 하」

이러한 묵자의 사상은 오늘날에도 공정성, 기회균등, 공평한 인사제도 등과 통하는 것으로, 묵자는 이러한 접근과 실천이 대동사회를 만들어 나가는 지름길로 본 것이다.

이상으로 묵자의 복지관을 현대적인 관점에서 정리해 보자면, 겸애는 보편적 복지에 대한 당위적이고 근본적인 인식의 토대를, 비공과 절용, 절장은 복지 재정의 안정성과 지속가능성을, 비명은 남에게 의존하지 않는 자주 복지의 근거들을 제시하고 있다. 그리고 여기에서 언급하지는 않았지만 상현, 상동을 통해 복지행정의 효율성과 공정성을, 그리고 민본사상과 실용주의적 태도를 통해 복지국가론의 정치적, 윤리적 근거들을 확인할 수 있다. 이렇게 묵자 사상이 포함하고 있는 평화, 평등, 실용, 공동체 복지와 같은 가치와 의미들은 오늘날에도 충분하게 필요하고 통용될 수 있는 것들로, 그의 실천적 접근 방식에서 보이는 바, 그의 안생생 대동사회로의 지향이 얼마나 절실했는지를 알 수 있게 해준다.

2. 안생생 대동사회론의 특징과 사회상

⑴ 안생생 대동사회의 특징 요약

안생생安生生 대동사회大同社會는 묵자가 바라는 이상적 공동체 모델로, "천하가 민주적이고, 공정하며, 서로가 서로를 해치는 일이 없이 화목하게 포용할 수 있고, 힘 없고 외로운 사람도 먹고사는데 지장이 없도록 복지가 갖춰진 사회"를 목표로 한다. 이런 사회의 특징을 요약하여 정리하면 다음과 같다.

첫째는 '천하위공天下爲公'의 사회이다. 천하는 특정 인물이나 지배층의 사적 소유가 아니라 천하인 모두의 것이다. 모든 일에 공정하고 공평한 정의가 통용되는 사회로, 통치자는 사적 이익이 아닌 공익을 추구할 책임과 의무를 갖는다. 이에 따라 구성원 모두에게 고른 기회가 주어져야 하며, 자연 배분도 골고루 이루어져야 한다.

둘째는 어질고 능력 있는 지도자를 선발할 수 있는 공정한 시스템이 갖춰져야 한다. 지도자는 혈연이나 신분과 상관없이 오로지 덕성과 능력에 따라 선발될 수 있어야 하며, 이러한 선발이 이루어질 수 있는 기회는 누구에게든 열려 있어야 한다. 대동사회가 올바로 유지되려면 뛰어난 지도자가 자신의 역량을 제대로 발휘할 수 있어야 한다.

셋째는 약자의 보호와 사회적 안전망이 갖춰져야 한다. 안생생 대동사회는 약자에 대한 보호와 보편적 복지를 전제로 한다. 노인·고아·과부·병자 등의 힘이 없고 외로운 사람들에 대한 공동체적 돌봄이 이루어져, 공동체 구성원 누구도 공동체의 책임 하에 버려지지 않아야 한다.

넷째는 공동체 모두의 이익을 위해, 부정과 부패, 독점과 불공정 등에 대한 강한 규제가 필요하다. 사회가 혼란스러운 원인은 서로 사랑하지 않고 돕지 않기 때문에, 사적인 탐욕과 부정, 그리고 독점에서 일어나는 것으로 본다. 따라서 혈연과 신분, 지위에 따른 특권을 금지하고, 부정과 부패를 철저히 관리해야 한다. 그리고 지위의 차이는 역할의 차이일 뿐이고 차별하는 근거가 되어서는 안 된다.

다섯째는 사회 구성원의 상호 신뢰와 공동체 윤리가 필요하다. 대동사회는 형식적, 제도적 측면뿐이 아니라 윤리적, 문화적 조건들이 충족되어야 한다. 공동체적 책임 의식을 바탕으로, 구성원 간의 상호 신뢰와 상호부조가 이루어져야 하며, 귀함과 천함, 친함과 소원함, 부유함과 가난함, 가까움과 거리 둠 등의 차별이 없어야 한다.

여섯째는 노동과 생산에 공동으로 참여해야 한다. 대동사회는 복지 혜택만을 공유하는 공동체가 아니라, 공동체의 이익과 유지를 위해 근로와 생산을 함께하는 공동체이다. 사람마다 자신의 직분에 충실하고. 능력에 따라 기여하며, 생산된 부는 공정하게 분배받을 수 있어야 한다.

일곱째는 정치 질서가 투명해야 하며, 협치協治가 이루어져야 한다. 지도자는 공정한 절차에 따라 능력 있는 사람을 선발해야 하고, 정책은 공론을 거쳐 민주적으로 결정되어야 한다. 각 사업마다 공동체 모두의 이익에 부합되는지를 살펴야 하며, 공정성을 기반으로 서로 돕고 배려하는 협치 시스템을 갖출 수 있어야 한다.

여덟째는 평화로운 사회질서를 지향해야 한다. 안생생 대동사회는 기본적으로 천하를 하나의 공동체로 본다. 그래서 모든 갈등을 최소화하고, 싸움의 동기를 최소화하여 '평화'가 공동체 운영의 기본 목표가 된다. 그러면

이에 따라 모든 법과 윤리와 제도가 서로 조화를 이룸으로써 개인과 개인, 마을과 마을, 국가와 국가 간이라도 구성원 간의 분쟁은 싸우지 않고 평화롭게 조절과 중재가 이루어질 수 있다.

⑵ 안생생 대동사회의 상

『예기』「예운」편에 나오는 공자가 탄식하며 말했다는 대동사회의 내용을 보면 다음과 같다.

"큰 도가 행해지면 천하가 공평해져서, 현자를 지도자로 뽑고 능력 있는 자에게 관직을 수여하며, 신의가 존중되고 화목이 이루어지게 된다. 그러므로 사람들은 자기 부모만 부모로 여기지 않게 되고 자기 자식만 자식으로 여기지 않게 된다. 노인은 여생을 편안히 마치게 되고, 젊은이는 쓰이게 되며 어린이는 성장하게 된다. 홀아비와 과부, 부모가 없는 아이와 자식이 없는 노인, 의지할 데 없는 사람과 병이 든 사람도 봉양을 받게 된다. 남자는 일이 있고 여자는 혼처가 있다. 재물이 땅에 버려지는 것을 미워하지만 자신만을 위해 갈무리하지 않으며, 힘이 몸에서 나오지 않는 것을 미워하지만 자기만을 위해서 쓰지 않는다. 이런 까닭으로 음모는 폐하여 일어나지 않고 도둑과 절도범, 난신적자가 생겨나지 않으므로 문을 닫지 않는다. 이를 일컬어 대동이라 한다."

내용을 분석해 보면 신의가 존중되는 화목한 사회로, 신분 차별이 없고,

재화가 공평하게 분배되며, 사회적 약자가 배려받는 사회를 말한다. 물론 "사람들은 자기 부모만 부모로 여기지 않게 되고 자기 자식만 자식으로 여기지 않게 된다."는 구절처럼 유가의 입장이나 논리와 맞지 않고 묵자의 논리와 같은 부분이 있으나 여기서는 자세히 다루지 않는다.

예기의 대동사회론과 달리 묵자의 안생생 대동사회는 하나의 상으로 집약되어 정리되어 있지 않다. 그래서 묵자가 바라는 삶의 모습들을 집약하여 『묵자』에 나오는 글들을 종합하여 대동사회의 상을 재구성해 보면 다음과 같다. 묵자가 꿈꾸었던 안생생 대동사회는 평등과 평화, 절제와 복지, 그리고 정의가 실현된 세상으로, '겸애'의 보편적 사랑이 사회 전반에 스며든 공동체의 모습이다.

구체적으로 보면, 첫째로 인종과 민족, 국적, 종교, 신념과 상관없이 모든 사람이 서로를 가족처럼 사랑하여 차별과 증오, 전쟁이 사라져 평화롭게 된다. 둘째로 신분과 귀천에 상관없이 어질고 능력 있는 사람들이 선발되어 정치와 전반적인 행정을 공정하게 담당한다. 셋째로 사적 소유보다는 공공의 소유가 확대되어, 빈부 격차가 줄어들고, 노약자나 장애인, 외로운 사람도 올바로 부양받으며 잘 성장할 수 있어 인민의 삶이 안정된다. 넷째로 절제와 검소의 미덕이 생활화됨으로써 쓸데없이 버려지는 것이 없다. 다섯째로 모든 사람은 남녀, 노소의 구분 없이 자신의 직분과 역할에 따라 일할 수 있고, 힘써 노동하면 결과와 상관없이 편안하게 살 수 있어 근심이 없다. 여섯째로 사람들은 서로 화목하고 신의가 있어, 남의 부모를 내 부모같이, 남의 자식을 내 자식같이 여기며, 서로 속이고 약탈하며 억압하지 않는다. 일곱째로 남의 말을 귀 기울여 듣고, 조리 있는 말로 서로 소통하며, 끊임없이 사회의 개선을 위하여 적극적으로 실천을 한다. 이렇게 되면 편안한 생명 살림이 이루어진다.

유가와 묵자가 각기 주장하는 대동사회의 모습을 비교하면, 유가는 '도덕적 조화와 질서'를 강조하는데 비해 묵자의 대동세상은 '평등과 실질적 평화'를 중시했다. 이것은 두 집단이 처한 처지에 따른 입장과 논리의 차이로 보인다.

⑶ 대동사회를 바라보는 묵가와 유가의 차이점

전국시대의 참상을 극복하고자 하는 노력은 제자백가 모두가 같았고, 다만 자신의 처지와 입장에서 제각기 다양한 원칙과 방법론들을 내세워 주장하였다. 당시 대부분의 제자백가들은 논리 전파와 유세를 중심으로 자신의 뜻을 펼쳐 나갔지만, 그중 유가와 묵가가 세를 떨칠 수 있었던 것은 각기 자신의 지지 세력을 모을 수 있었기 때문이다. 유가는 국가의 통치구조가 복잡해지면서 이를 관리하는 데 필요한 전문적인 지식인 계층인 선비士들을 공자가 대규모 사설학원을 개설하여 양성하면서 조직적인 세를 구축할 수 있었다. 이에 비해 묵자는 노동자로서 평민이나 천민의 입장을 대변하려고 노력하였기 때문에 이들의 지지를 받을 수밖에 없었다. 이렇게 지지층의 차이로 인해 유가와 묵가는 사상과 접근 방식이 서로 다를 수밖에 없었다.

또 중심적인 철학 원리를 살펴보면. 춘추전국시대의 혼란을 잠재우기 위해 초기의 유가는 관료 집단을 중심으로 주나라의 '예禮'를 복원시켜야 한다고 주장하였다. 그런데 주나라의 예는 봉건제와 종법제를 중심으로 하는 신분제도였다. 그런 상황에서 유가는 중간자인 관료 집단의 입장에서 위로는 천자를 모시고, 아래로는 백성을 거느리며, 자신의 이상에 맞춰 둘을 통합시키려고 노력하였다. 그래서 위로는 천자의 무소불위한 권한을 적당히 견제하고, 아래로는 백성이 국가의 근본이라는 민본民本사상을 내세우며 달래다 보니, 자연스럽게 도덕성을 내세우면서 자신을 중심으로 '조화'와 '중용'을 중시하고 강조할 수밖에 없었다.

그런데 묵자는 스스로가 노동자로서 천민 계층이기 때문에, 처음부터 철저하게 인민의 입장에서 인민의 고통을 줄이려고 노력하였다, 그러므로 상대적으로 도덕성보다는 실질적인 이익을 중시하게 되었다. 물론 여기에서의 이익은 사적인 이익이 아니라 공공의 이익을 말한다. 그러니 위로는 제후와 관료들이 자신들의 부와 권위를 줄여야 한다는 묵자의 말에 귀를 기울이지 않았을 것이고, 아래로도 평민이나 천민의 입장에서 묵자의 말이 좋기는 하지만 실현 가능성에 의구심을 가졌을 것이다. 그래서 묵자는 제각각인 사람들의 생각을 통일시키기 위해 동同의 논리를 강조하게 된 것으로 보인다.

그리고 각기 추구하는 이상사회에 대해 살펴보면, 유가는 대동사회를 현실적으로 실현시키기 어렵다고 보고, 조금은 안정된 소강사회를 지향하였다. 소강사회의 뜻은 대동사회의 전 단계로 소란이나 분란 따위가 가라앉은 잠잠한 상태의 사회를 말하며, 신분 세습과 재산의 사유화, 전쟁 등이 있지만 성왕의 통치로 삼강오륜의 질서가 자리 잡은 사회를 말한다. 유가의 통치 이념은 공자가 강조했던 인仁과 예禮였는데, 이를 필요로 한 사회는 예치사회였던 소강사회인 것이다.

이에 반해 묵자는 '안생생 대동사회'를 단지 꿈이 아니라 현실적으로 실현 가능한 사회로 보았다. 묵자의 통치 이념은 겸애 또는 대도大道인데, 주요 내용을 보면 신분 차별이 없고 평등하며, 재화의 공유가 이루어지고 공평하게 분배되며, 사랑 속에서 상호 신뢰하고 사회적 약자를 배려하는 열린 세상이다.

따라서 유가와 묵가의 갈등과 사상투쟁은 자신이 처한 신분과 위치, 지지 세력, 논리와 그에 따른 방법론의 차이, 지향점의 차이 등으로 인해, 당시의 혼란을 평정하고자 하는 목적은 같았으나 서로 치열하게 부딪칠 수밖에 없었다. 결과적으로 사상투쟁에서 패한 묵가는 그 이후로 약 2000년간 역사에서 지워지게 되었다. 하지만 당시 묵자의 세상을 구하고자 했던 사상은 현대에 와서도 그대로 통용될 수 있을 정도로 탁월한 견해였으며, 그에 따른 실천 방법들도 여전히 유용하다고 볼 수 있다.

묵자는 노동자이자 과학자이며, 사회 개혁가로서 자신이 바라는 사회를 실현시키기 위해 효율적이고 실질적인 실천을 적극적으로 모색하였다. 그는 실천을 통해 학문과 윤리와 정치를 하나의 체계로 통합하여, 직접 현실을 변화시키는 데 초점을 맞추었다. 그는 사상을 행동으로 표현하고, 행동을 통해 제도의 변화를 이끌어내는 강력한 실천 철학을 가지고 있었는데 그에게 사상과 실천은 분리되지 않았다. 때문에 일상적인 실천을 통해 사상을 검증하고, 검증된 사상은 다시 발전적인 실천의 근거가 되었기에, 그를 실천 중심의 행동철학자라고 해도 과언이 아니다.

1. 묵자가 행하고자 하는 실천의 원칙

묵자의 실천 원칙은 첫 번째로 공평무사의 원칙이다. 그는 누구에게나 동일한 배려와 기준을 제시한다. 개인 간의 가깝고 먼 감정이나 관계에 의한 판단을 배제하고, 사회적 자원은 공정하게 분배하는 것이 타당하다고 생각했다. 이는 공자나 맹자의 가까운 사람부터 가깝게 대하는 친친親親에 근거한 윤리와 대비되는 묵가 특유의 보편적 정의관이다.

두 번째는 실용성實用性과 효율성을 강조하는 원칙이다. 묵자는 어떤 행위든 결과에 대한 효과效와 이익利을 기준으로 평가했다. 그는 의례보다는 실용을, 형식보다는 성과를 기준으로 객관적 판단을 하였다. 이는 당시 상황에서는 보기 드물게 실증주의적 사고방식을 적용한 원칙이라 할 수 있다.

세 번째는 모든 인간은 동등하다는 평등주의平等主義의 원칙이다. 묵자는 '상현'에서 가문과 신분을 넘어서 능력과 도덕만으로 평가해야 한다고 주장했다. 그는 모든 사람의 생명과 재산을 동등한 가치로 간주하고, 신분의 제약이 없는 능력을 우선시 했으며, 이에 따른 계층 간의 이동성을 옹호하였다. 이러한 묵자의 논리는 선진시대의 계급 질서에 대한 가장 급진적 비판이론 중의 하나라 할 수 있다.

네 번째는 공동체성 우선의 원칙이다. 묵자는 '상동'을 통한 사회 통합을 강조하였다. 일부 학자들은 '상동'을 독재적으로 복종을 요구하는 전제주의 논리라고 비판하기도 한다. 그러나 '상동'은 공동체 내부의 혼란을 방지하고, 공동체적 조율과 협력을 통해 공동체의 목적과 기준, 방향을 일치시키기 위한 규범을 바로 세우려는 방법이다.

다섯 번째는 생명 존중과 평화非攻의 원칙이다. 묵자는 전쟁을 세상에서 가장 큰 범죄이자 해악으로 규정하고 침략전쟁을 절대적으로 반대했다. 그는 군사행동의 도덕성과 경제적 효용성을 검증하고, 승자나 패자나 전쟁으로 얻는 이익이 보잘 것 없음을 주장하는 전쟁을 억제하는 논리를 개발하였다. 이는 동서양을 통틀어 가장 빠른 국제평화주의 사상이라고 볼 수 있다.

여섯 번째는 절제와 검소를 통한 지속가능성의 원칙이다. 묵자는 '절용'과 '절장'에서 과도한 소비가 국가를 파괴시키는 주요 원인이라고 파악했다. 그에게 있어 절약은 단순한 윤리적인 문제가 아니라 국가의 생존 전략이었다. 그래서 그는 사회 전체적으로 낭비를 줄이고, 그로 인해 남는 자원을 필요한 곳에 재배치하여 지속 가능한 경제를 운영할 수 있다고 보았다.

일곱 번째는 명名과 실實을 일치시키는 원칙이다. 묵자에게 언행이나 제도 등에 대한 정합성을 판단하는 데 있어 명실일치는 매우 중요한 가치를 갖는다. 이것은 말과 실제의 일치, 직책과 성과의 일치, 제도와 현실의 정합성 등을 판단하는 데 중요한 기준이 될 뿐 아니라, 허위나 과장, 그리고 가식을 제거하는 데도 유용하기 때문이다. 이는 공자의 '정명론'보다 더 실증적이고 평가 중심적인 가치를 갖는다고 할 수 있다.

여덟 번째는 보편적 윤리의 원칙이다. 묵자의 보편적 윤리관이 담겨 있는 '겸애'는 단순한 감정이나 개인적 덕목이 아니라, 인류의 공동 행복을 지향하는 공동체에서 최우선적으로 지켜야 할 덕목이자 윤리이다. '겸애'가 일상화되면 집단 간의 차별과 갈등을 완화할 수 있고, 사회적 연대와 상호 돌봄은 강화된다. 그리고 무엇보다 묵자의 공동체는 천하를 하나의 공동체로 보고 있기에, 인류 전체를 대상으로 한 보편적 윤리 체계를 구축하기에 적절한 토대가 된다.

이상에서 본 묵자의 실천 원칙들은 국가 운영의 중심이 '인민의 이익'이라는 원리에 충실하며, 하나의 공동체를 이루기 위한 실질적이고 효과적인 방향과 내용을 제시하는 탁월한 원칙들임을 알 수 있다.

2. 십론十論을 중심으로 한 묵자의 실천 방안들

묵자의 사상이나 논리는 실천과 불가분의 관계에 있다. 묵자가 현실과 동떨어진 지식인 계층이 아니었고, 주된 관심을 가졌던 대상인 피지배 계층의 현실적인 고통을 실질적으로 해결해야 하는 문제의식으로부터 사상의 출발이 이루어졌기 때문이다. 더욱이 처음부터 조직체계를 갖추었던 것은 실천적인 의지가 있었기 때문에 가능한 일이었다. 그러므로 묵자의 사상을 제대로 이해하려면 추구하는 방향이나 목적 못지않게, 어떤 방식으로 실천을 전개하였는지, 그리고 그러한 실천을 가능하게 한 철학적 또는 사상적 기반은 무엇인지에 대한 이해도 필수적이다. 그런 면에서 묵자의 실천 방안들을 파악해 본다.

첫 번째는 서두에 밝혔듯이 묵자의 실천은 행동 중심의 철학에서 비롯되었고, 실천을 통해 사상을 현실로 전환하려는 의지를 담고 있다. 그래서 묵자는 논리보다는 행위, 말보다는 결과, 의례보다는 실천을 강조하였다. 당연히 그의 사상은 삶을 바꾸지 못하면 가치가 없을 수밖에 없고, 따라서 사상과 실천의 일체화를 지향하였으며, 모든 실천과 논리의 타당성은 현장에서의 검증으로 판단하였다.

두 번째는 실천을 통해 정치와 사회정책의 윤리적 기준을 세운다. 묵자의 실천은 국가 운영의 목적을 '백성의 이익'으로 규정하는 민본주의적 실천이기 때문에, 정치, 군사, 경제, 사회 전반의 운영을 어떻게 할 것인지에 대한 실행 지침과 연계되어 전개된다. 따라서 윤리와 정치가 분리되지 않는 상태에서 실천 자체가 국가 정책의 기준이 되기도 하는 것이다. 단 이때 이론적 정당성보다는 실제 실천의 결과가 도덕적 가치의 기준이 된다.

세 번째는 실천 그 자체가 보편주의 윤리의 실제 적용이다. '겸애兼愛'의 실천 같은 경우, 겸애는 감정적 또는 윤리적 지침으로 머물지 않고 정책, 제도, 인사, 전쟁, 경제의 최종 기준이 된다. 따라서 겸애의 실천은 빈민 우선 정책이나 약자 보호, 분쟁 최소화, 전쟁 억제와 국제 평화 등의 정책 원리가 되어 제도화, 또는 행동화되는 것이다. 그런 경우 사랑이 '사회 운영 원리'가 된 것으로 최초의 보편적 윤리 실천 모델이라고 할 수도 있다.

네 번째로 실천은 전쟁 억제와 평화 유지라는 실질적 목적을 수행하는 것이다. '비공非攻'은 단순히 말뿐인 이상주의적 평화론이 아니다. 묵자는 실제로 전쟁을 막기 위해 방어법을 개발하였고, 약소국에서 침략하는 강대국과의 전투를 직접 수행하기도 했다. 묵자에게 평화는 감상적 이상이 아니라, 약소국 보호라는 윤리와 실천 전략의 결합으로 실현되는 것이다.

다섯 번째로 실천은 평등주의 사회철학의 기원이 되기도 한다. 묵자의 '상동尚同'은 전통적인 귀족 질서를 비판하고, 신분과 가문을 넘어선 평등한 사회 구조를 만드는 것을 목표로 한다. 이를 따르는 실천의 경우 정치적 권위의 정당성을 공공성에서 찾는 민주적 사고의 원형이 된다.

여섯 번째로 사회 경제 구조를 바꾸는 실천이다. 묵자는 과도한 소비가 국가와 사회를 파괴한다고 보고. 혁신적으로 '절용節用'과 '절장節葬'을 주장하였다. 그는 장례나 제사와 같은 사치스런 의례를 줄이고 생산과 공공복리에 집중해야 한다고 강조한다. 이를 통해 쓸데없는 낭비를 제거하고, 생산 중심의 경제윤리를 확립하여 지속 가능한 경제 체제를 구축하고자 하였다.

일곱 번째로 능력주의 사회를 수립하는 실질적인 계기가 된다. 묵자는 '상현選賢'에서 도덕성과 능력 중심의 인재 등용 제도를 시행할 것을 주장했다. 이는 귀족 중심의 신분제를 비판한 혁신적인 사상으로, 사회의 공정성과 신분이나 계층의 이동성을 높이는 효과를 나타낼 수 있다.

여덟 번째로 실천은 지식과 기술을 사회에 직접적으로 기여하게 한다. 묵자는 목공, 공학, 군사 기술, 측량학 등에서 직접 기술을 개발하였다. 그는 사상가일 뿐 아니라 기술자이자, 공학자이며, 전략가이기도 하였다. 그는 기술을 통해 직접 약자를 보호하고, 전쟁을 억제하며, 과학과 기술을 공공의 이익公益으로 연결하였다. 그에게 있어 기술의 목적 역시 '공동체 보호'라는 실용주의 가치관 안에 포함되는 것이었다.

아홉 번째로 명실일치名實一致를 통한 실증주의적 판단 체계를 세웠다. 묵자는 묵변墨辯에서 '현실에서 검증되는 논리'를 강조한다. 사람들에게서 수없는 말들이 쏟아져 나오는 가운데 이름名과 실제實의 일치가 논리적 정합성의 기준이 되고, 이는 또 실천의 기준이 되기 때문에 검증이 필요한 것이다. 그래서 명실론은 잘못된 판단과 가설이나 의례를 검증하는 도구이기도 하다. 그리고 명名, 실實의 검증이나 증거 기반의 판단 등은 정책과 윤리를 뒷받침하기도 한다.

열 번째로는 철학의 사회적 목적성을 제시한다. 묵자에게 있어 철학은 개인의 완성이나 정신의 수양보다 공동체의 이익을 위해 존재하기 때문에 공공복리를 창출하는 실천 기술이다. 이는 "철학은 사람을 살리는 기술"이라는 묵자의 근본 태도에서 비롯된 것으로 개인의 도덕보다는 사회 전체의 안정과 평화, 그리고 공익을 우선시 한다.

3. 십론十論 외의 묵자의 실천 방안들

앞의 묵자의 실천 내용과 의미들은 주로 묵자의 핵심 사상인 십론十論을 중심으로 살펴봤다. 십론은 묵자 사상의 핵심 개념이자 실천 지침이기도 하다. 따라서 십론으로부터 실천의 내용이나 방법, 더 나아가 당위성을 도출해내는 것은 어려운 일이 아니다.

하지만 묵자 전편을 들여다보면 십론에서 거론하는 주장 외에도 묵자가 추구하는 목적을 달성하기 위해 제기된 실천론들이 있다. 그중에는 논리학이나 방어술처럼 너무나 분명하게 드러나 있는 실천론도 있지만, 어떤 것은 겉으로 명확히 드러나지 않은 채 행간을 잘 살펴야 파악이 되는 실천론도 있다. 십론 외에 제기되고 있는 이러한 실천론들을 살펴본다.

⑴ 인식과 실천의 개념을 정리하기 위한 논리학

묵자의 주된 활동은 '민民의 이익'을 위한 정치적 실천이었다. 그중에는 당시의 유가를 비롯한 수많은 제자백가, 또는 군주나 재상들과 논쟁을 하며 자신의 논리를 적극적으로 주장하고 설득하는 것 또한 그의 몫이었다. 이를 위해 묵자는 사유의 올바른 방법과 논증의 방식을 체계화함으로써 자신의 논리를 다듬는 것도 게을리하지 않았다.

> 남을 그르다고 하는 사람은 반드시 그것을 대신할 수 있는 옳은 것이 있어야 한다. 만약 남을 비난하면서 그 대안이 없다면, 비유하건데 물로써 물을 그치게 하고, 불로써 불을 끄려 하는 것과 같은 것이니 그들의 주장도 옳다고 할 수 없을 것이다. 그래서 묵자는 차별을 '겸兼'으로써 바꿀 것을 주장하였다. 『묵자』, 「겸애 하」

그런 묵자에게 논리학은 자신의 이상을 실현시키기 위한 방법이자, 올바른 인식과 실천을 위한 판단의 도구였다. 그런 면에서 묵자의 논리학은 무엇이 '참'인가를 밝혀내는 것보다, 무엇이 옳고 유익한가를 가려내는 것이 중요했다. 따라서 묵자의 논리학은 사회 운영 방식, 도덕적 판단, 정책 결정의 실천적 기준을 세우기 위한 구조적 사고방식을 언어체계로 정리한 것이다. 그래서 공자의 '정명正名'이 가치와 역할의 조정에 더 중점을 둔다면, 묵자의 논리학은 개념의 엄밀성과 실천의 판단, 행위의 결과에 대한 검증 등에 더 큰 비중을 둔다. 그러므로 묵자는 당시의 복잡하고 다양한 학설과 논리들에 대해 정치와 윤리 전반에 걸쳐 실천적 판단의 근거들을 합리화함으로써 타당성과 정당성을 강하게 주장할 수 있었다.

묵자 논리학의 주요 개념을 보면 삼표법과 명실론이 있다. 우선 삼표법에 대해 살펴보면, 삼표란 묵자가 옳고 그름을 판단하기 위해 제시한 세 가지 기준을 말한다. 묵자는 모든 주장을 본本, 원原, 용用의 세 가지 기준에 맞춰 판단해 봐야 한다고 했다. 본本은 과거 성왕들의 전례와 근거가 있는지를 살피는 것이다. 다시 말해 과거의 역사 경험을 살펴보는 것이다. 원原은 현실의 실재에 대한 관찰을 통해 사실과 부합하는가를 판단해 보는 것이다. 용用은 사회 전체에 주는 실제적 이익이나 효과가 있는지를 보는 것이다. 바꿔 말하면 본本은 과거를, 原은 현재를, 用은 미래를 보고 판단하는 것이기도 하다. 또 근거와 실현 가능성과 앞으로의 전망을 살펴 타당성을 검토하는 것이기도 하다. 이러한 삼표법은 정책을 입안하거나 그에 따른 실천을 하려 할 때 매우 합리적이고 유용한 근거를 제시해 준다.

고로 말에는 세 가지 표준이 있어야 한다. 무엇을 세 가지 표준이라 하는가? 근원이 있어야 하고, 원인이 있어야 하며, 실용성이 있어야 한다. 무엇에 근원을 둘 것인가? 옛날 성왕들의 사적에 근원을 두어야 한다. 무엇을 원인으로 삼을 것인가? 백성들의 귀와 눈으로 보고 들은 사실에 기인하여 찾아야 한다. 어떻게 쓸 것인가? 실제

정사와 형벌을 펴서 나라와 인민들에게 이로운가를 살펴 보아야 한
다. 이것을 일러 세 가지 표준이라고 한다. 『묵자』, 「비명상」

명실론에서 명名은 이름, 개념, 언어 등을 뜻하는 말이고, 실實은 사물이
나 현상의 실재 또는 내용을 말한다. 그래서 명실론은 말이름과 현실이 일치
해야 올바른 판단이 가능하다는 뜻이다. 묵자에게 있어서 명과 실의 일치는
인간관계에서 상호 신뢰를 형성시키고, 공동체에도 행동에 대한 책임을 강
화하고 사회질서를 유지할 수 있는 논리적 기반을 제공한다는 점에서 중요
한 의미가 있는 논리 체계이다.

참고로 묵자의 명실론과 비슷한 논리 체계로 공자의 정명론이 있는데
이 둘을 간단히 비교해 보면 다음과 같다. 우선 명名의 성격을 공자는 정명론
에서 윤리적이고 관계적 역할에 대한 명칭으로 봤는데, 묵자의 명실론은 단
순히 객관적인 개념, 범주, 분류에 따른 명칭으로 봤다. 다음으로 목적에 대
해서도 공자는 정명론을 통해 도덕 질서의 회복을 바랐으나, 묵자는 개념의
정확성과 사실 판단, 그리고 행위의 효율성을 확보하고 검증하기 위한 것이
었다. 마지막으로 판단 기준이 공자는 예와 덕이 이름과 실재에 합치되는가
를 보았고, 묵자는 단지 객관적인 사실과 합치되는가를 보았다. 이렇게 묵
자는 공자의 도덕적 직관이나 천리천리를 중심으로 한 사고를 배제하고, 관
찰, 검증, 비교를 객관적 사실에 부합하는지를 판단하였다.

이렇게 묵자의 논리학은 명실일치와 삼표를 기반으로 한 실증적·실용
적 논리 체계이다. 그런데 묵자의 논리학은 단순히 언어와 논리의 기술적 체
계에 그치지 않는다. 이는 묵자의 기본사상인 겸애, 비공, 상현, 절용 등의

십론과 유기적으로 결합하여, 제도 개선을 비롯한 국가의 정치적 방침이나 정책 수립, 전쟁에 대한 판단 등에 실질적으로 적용된 실용적 판단 체계였다고 볼 수 있다.

(2) 화동일치和同一致를 위한 소통 방식

묵자는 자신이 바라는 이상사회의 실현을 위한 실천적 접근 방식으로 소통을 상당히 중시하였다. 그는 정사를 다스림에 있어서 소통에 대한 실천적 규범을 만들고 관련 조직을 운영해야 한다고 주장하였다. 또 그 자신이 설득과 논증의 효율적인 대화법을 사용하는 등 복합적이면서도 표준화된 소통 방법을 제시하였다.

우선 소통을 위한 규범을 보면, 묵자는 착한 일이건 착하지 못한 일이건 반드시 직급에 따라 상하 보고 체계를 갖추라고 하였다. 이 체계는 위로만 향한 일방적인 것이 아니라 쌍방향의 상호 보고 체계였으며, 착한 일이 있으면 천거하고, 허물이 있으면 감시하고 잘못을 바로잡도록 간할 수 있게 하였다.

무릇 착한 것을 보고 들으면 반드시 윗사람에게 고하도록 하며, 착하지 못한 것을 보고 들어도 반드시 윗사람에게 고하도록 했다. 윗사람이 옳으면 반드시 옳다고 말하고, 윗사람이 그르면 그르다고 말하도록 하게 했다. 또한 아랫사람이 착하면 그것을 널리 알려 천거하고, 윗사람에게 허물이 있으면 그것을 감시하고 간하여 바로잡아, 윗사람을 따라 의리를 화동하게 하고, 아랫사람이 파당을 지어

편벽된 마음이 없도록 했다. 『묵자』, 「상동중」

그리고 여론을 청취하는 조직도 운영할 것을 주문하였으며, 그 역할을 하는 사람을 중시하라고 하였다. 그들은 남보다 많은 여론을 접할 수 있으므로 일을 하는 것이 더 기민하고 성취도 뛰어날 수밖에 없다고 하였다.

고로 옛날 성왕들이 천하를 다스림에 있어 여론을 택하는 일을 보좌하는 자들은 모두 어진 사람들이며, 또한 밖에서 보좌하는 사람들도 민정民情을 보고 듣는 자가 많았다. 그러므로 다른 사람들과 더불어 일을 도모해도 다른 사람들보다 먼저 일을 해결하고, 다른 사람들과 더불어 일을 일으켜도 다른 사람들보다 먼저 일을 성취하였으므로 빛나는 영예와 명성도 남보다 먼저 드러났다. 오로지 여론을 청취하는 자를 믿고 그에 따라 정사를 처리함으로써 이같이 이롭게 되는 것이다. 『묵자』, 「상동하」

묵자는 이에 그치지 않고 서로 의견을 주고받기 위한 대화를 하는데도 전달, 설득, 논증 등의 효과적인 방법들에 대해 적극 고민하고, 대화에 적극 이용하였다.

첫 번째로 묵자는 직설적 화법을 자주 사용하였다. 묵자의 많은 글에는 "천하에 큰 해가 있으니…", "오늘날 사람들이 잘못하는 바는…" 등의 두괄식 표현을 사용하여 문제에 대한 진단을 명쾌하게 내리고, 그에 대한 논리를 풀어 나가는 경우가 많다. 보통 문제 제기를 먼저 하고, 해결을 위한 원칙과 기준을 설명한 뒤, 해결 방안을 제시하는 방식으로 논리를 전개해 나가고 있다. 청중의 혼란을 최소화하려는 실용적 의도로 보인다.

두 번째로는 실제적인 사실에 근거한 소통 방식을 선호하고 있다. 묵자는 귀납적 증거를 사용하여 실증적 근거로 상대를 설득한다. 이를 위해 "옛 사람들도 그렇게 하였다"는 식의 사례나 경험, 그리고 측정 가능한 근거를 제시하여 설득한다.

세 번째로는 효과를 강조하는 설득 중심의 의사 소통 방식이다. 묵자는 그의 사상적 지향이 그렇듯이 대화의 목적도 "무엇이 사회에 이익을 가져오는가?"가 중심이 된다. 이에 따라 겸애의 필요성을 설명할 때도 '서로 사랑하라'는 요구를 앞세우는 것이 아니라, 겸애를 할 경우 분쟁 감소, 자원 절감, 생산 증가라는 효과가 있음을 제시하며 설득을 해 나간다.

네 번째는 비유를 많이 든다. 묵자는 그 자신이 목수여서 그랬는지는 몰라도, 자신이 주장하는 내용의 합리성과 타당성을 설명하기 위해 먹줄과 자와 콤파스를 사용한 예나, 수레바퀴의 구조나 원리를 빗대 설명하는 경우가 많다. 예를 들면 '군주는 수레의 수레바퀴 중심이고, 제도는 바퀴살'과 같은 것이라는 표현 등이다.

다섯 번째는 반복적이고 전형적인 논리 구조를 많이 사용한다. 보통 삼단논법을 많이 사용하는데, 우선 사실이 '옳은가 틀린가' 하는 명제를 제사하고, 옛 사례나 현실적인 경험 등을 사용하여 근거를 제시하고, 자기의 주장이 타당함을 역설하는 방식을 많이 사용하고 있다.

여섯 번째는 예상되는 반론을 선제적으로 차단하는 방식이다. 먼저 자신의 주장에 대해 예상되는 반대 의견을 나열하여 제시한 뒤, 그 반대 의견에 대한 문제점들을 지적하여 반대가 잘못된 것임을 설득하고, 마지막으로 자신의 의견이 왜 타당한지를 설명하는 방식이다.

묵자는 이상과 같은 다양한 설득과 논증의 방식으로 대화를 끌어 나가는 데, 이러한 방법들이 잘 조합되어 효과를 높인 것이 삼표법이다. 세 가지 기준을 세우고 그에 맞춰 논제들을 구조화함으로써 설득의 효과를 극대화한 것이다. 이처럼 묵자의 의사소통 방식은 실천을 전제로 하고 있기 때문인지는 몰라도, 매우 조직적이고, 체계적이며 표준화된 방법들을 사용하고 있다.

⑶ 구조화된 시스템적 사고로 실천의 효율성 제고

묵자는 현실에서 나타나는 문제들을 전체적인 관점에서 파악하였다. 시스템적인 사고로 문제를 인식하였던 것이다. 그는 평소 개인과 가족, 국가와 천하를 하나의 연결된 구조로 인식했기 때문에 사회의 혼란은 개개인의 문제가 아니라 전체적인 구조의 불균형에서 비롯된 것으로 봤다. 그래서 천하가 안정되면 부분적인 모든 문제가 해결된다고 생각하며, 겸애를 주장하였다.

> 만약 천하가 서루 두루 사랑한다면, 나라와 나라끼리는 전쟁이 없고, 가문과 가문끼리는 서로 어지럽히는 일이 없으며, 훔치거나 빼앗는 일도 있을 수 없고, 임금과 신하 아비와 아들이 모두 효성스럽고 자애로울 것이니, 만약에 이렇게 되면 천하는 다스려질 것이다.
>
> 『묵자』, 「겸애 상」

그는 정치나 윤리의 문제를 전체 구조의 상관관계 속에서 이해했고, 특정 문제를 고립된 현상으로 보지 않고 원인과 결과로 이어지는 순환 구조로 파악했다. 그래서 국가의 행정 조직까지도 중앙에서 가장 변두리의 끝까지 상호 연관된 체계를 유지하는 것이 필요하다고 생각했다.

이로써 수만 리 밖에서 선한 일을 행한 사람이 있으면, 집안사람조차 모르고 마을에서도 두루 알지 못하나 천자는 그것을 알고 그에게 상을 내린다. 또 수만 리 밖에서 악을 행한 자가 있으면, 집안사람들도 모르고 마을에서도 두루 알지 못 하지만 천자는 그것을 알고 벌을 내린다. … 성왕은 말하여 이르기를 "그것은 신령스러운 것이 아니다. 다만 인민의 귀와 눈을 부려 천자의 보고 듣는 것을 돕게 했고, 인민들의 입술로 하여금 천자의 말을 돕게 하며, 인민들의 마음으로 하여금 천자의 사려를 돕게 하고, 인민의 팔다리를 부려 천자의 동작을 돕게 했을 뿐이다." 보고 듣는 것을 돕는 자가 많으면 인민의 목소리를 더욱 멀리 보고 들을 수 있고, 말하는 것을 돕는 자가 많으면 천자의 덕음德音의 어루만짐이 널리 퍼질 것이며, 사려를 돕는 자가 많으면 천자의 판단과 헤아림이 민첩할 것이고, 동작을 돕는 자가 많으면, 천자가 사업을 빨리 일으켜 낼 것이다. 「묵자」, 「상동 중」

또 묵자는 사회 문제 역시 이러한 상호작용의 반복 구조로 파악했다. 묵자는 전쟁이 발생하는 이유를 개인적인 욕망의 차원이 아니라, 정치 구조의 이익을 기대하는 보상 체계에서 찾았다. 예를 들면 전쟁에서 이기는 경우 이익을 발생하게 되므로, 국가들이 전쟁을 선택하는 경우가 늘어나게 되고, 그에 따라 국가 운영 시스템의 비용이 증가하게 되며, 이로 인해 국가와 인민들은 빈곤해진다. 그러면 이를 만회하기 위하여 다시 전쟁 유인이 상승하는 구조로 파악했던 것이다. 그래서 이에 대한 묵자의 해결 방안인 '비공非攻'은 단순한 도덕, 윤리 차원에서 전쟁 금지의 방법을 찾은 것이 아니라, 전쟁으로 인한 보상 구조의 시스템 자체를 끊어내는 개혁적인 방식이었다.

이러한 까닭에 묵자는 혼란을 해결하기 위해서는 표준화된 통일 기준이 필요하다고 보았다. 이것이 그가 '상동'을 주장하게 된 이유이다. 그래서 '상동尙同'은 위아래가 하나의 기준을 공유해야 조직이 혼란스럽지 않게 된다고 하였다. 리더가 표준을 세우고, 구성원들은 그에 맞춰 판단하고 행동하면 된다는 것이다.

(4) 지식과 논리만이 아닌 '행동'을 가르치는 교육

묵자의 교육은 그가 지향하는 사회를 만들어 나가기 위해 없어서는 안 되는 매우 중요한 실천 방법이다. 그의 교육은 단순한 지식 전달이 아니라, 사회의 질서를 바로잡고, 공동체 구성원으로서의 실천을 강화하기 위한 교육이다. 따라서 그의 교육은 실용성과 검증, 그리고 훈련을 통한 행동의 변화를 목적으로 하며, 사회 혼란을 실제적으로 제거하기 위한 내용을 중심으로 하는 실용성과 모든 사람에게 교육의 기회를 제공하는 보편성, 그리고 배운 것을 행동으로 연결할 수 있는 실천성이 중시되는 특성을 가지고 있다.

묵자의 교육 내용과 방법을 구체적으로 살펴보면 다음과 같다.

첫째로 그의 교육은 사회에 유익한 것을 가르친다. 대표적으로 의로움을 실천하기 위한 논리와 행동 방법을 가르친다. 따라서 의로움을 판단하려면 결과가 명확히 검증되어야 한다. 둘째로 교육을 하기 위해 모범을 보이며, 반복적인 실천을 강조한다. 내가 먼저 행동으로 모범을 보이며 가르쳐야 한다는 원칙으로 겸애, 비공, 절용 등을 솔선수범하여 실천한다. 그리고 공동체 생활에 필요한 공동노동과 상호부조를 끊임없이 반복하여 실천하게 한다. 셋째로 논쟁과 토론을 중시한다. 상호 반론과 재반론을 통해 자신의 신념을 굳히고, 남을 설득할 논리를 확보한다. 이를 위해 삼표법과 명실론 등을 통해 논리의 올바름이 실천으로 증명되도록 노력한다. 넷째로 배움의 효과는 결과로 판단한다. 실증주의적 관점에서 가르침이 인민에게 이익이 되었는가를 검증한다. 실제 예로 겸애와 비공의 실천이 실제로 인민에게 얼마나 이익이 되었는지를 점검한다. 다섯째로 출신과 신분을 보지 않고 배움을 원하는 자는 누구에게나 교육을 한다. 귀천, 빈부, 나이와 상관없이 능력과 의지만 있으면 역량을 키우기 위한 열린 교육을 실시한다. 여섯째로 공동체 교육을 한다. 집단생활을 하며, 공동의 가치와 윤리, 기술, 방법 등을 익힌다. 이를 통해 집단적 실천으로 공동선을 추구한다.

묵자의 교육은 이러한 방법과 과정을 바탕으로 '세상에 유익한 인간'이 되도록 문제 해결 능력 및 논리와 실천성을 겸비한 '공동체적 인간'을 길러내는 것이 주목적이다. 이를 통해 사회변혁, 유용한 공동체 구축, 실용적 지식 확산, 실천적 문제 해결 능력을 갖춘 인간을 양성하고자 한 것이다.

⑤ 평화를 지키기 위한 방어술

묵자는 전쟁의 원인을 내 편만을 위하고 남을 배제하는 차별적인 사랑으로 인한 경쟁으로부터 비롯된다고 보았다. 거기에 군주의 탐욕과 잘못된 영광이나 명예 중심의 가치관, 그리고 잘못된 정세 판단 등이 덧붙여져 전쟁이 일어나는 것이라고 판단하였다. 그래서 그는 남의 나라를 침략하는 것은 강도가 남의 물건을 빼앗고 훔치는 것과 하나도 다를 바가 없다고 역설하였다. 전쟁은 세상에서 가장 큰 악행이며, 공공연한 대규모의 학살이라고 본 것이다.

> 한 사람을 죽였으면, 그것은 불의이며, 반드시 한 번 죽을 죄를 지었다고 말한다. 이런 식으로 말해 나간다면, 열 사람을 죽였으면 열 배 무거운 불의이며 열 번 죽을 죄를 지은 것이고, 백 사람을 죽였으면 백 배 무거운 불의이며 백 번 죽어 마땅한 죄를 지었다고 해야 한다. 이 같은 이치에 대해 천하의 군자들은 다 알고 비난하면서 불의라고 말하고 있다. 그런데 지금 더 크게 불의를 행하여 남의 나라를 공격하면서 그 잘못을 알지 못하고 오히려 그것을 따르고 기리며 의롭다고 칭송한다면, 진정으로 불의를 모르는 것이라고 해야 할 것이다.
>
> 『묵자』, 「비공 상」

묵자는 이렇게 전쟁의 부도덕함을 강하게 비판하기도 했지만, 그 이전에 실용주의적 입장에서 전쟁으로 인한 인력과 식량, 물자 등에 대한 비용과 피해 등을 분석하고, 정당한 전쟁은 없다는 결론에 도달하였다. 그래서 그는 전쟁 자체를 막는 것이 최선의 방어라는 전략적 사고를 가지고 있었다. 그럼에도 전쟁이 일어날 경우에는 어쩔 수 없이 맞설 수밖에 없다는 것을 인정하였다. 부당한 공격에 대한 방어는 도덕적 의무라고 보았던 것이다. 따라서 묵자는 공격 전쟁은 철저히 금지했지만, 방어 전쟁은 정의를 실현하는 윤리 행위로 보고 인정하였다. 그런 의미에서 묵자는 방어 전쟁을 약자와 공동체의 보호이자 전쟁의 최소화를 목표로 하는 평화 정책으로 재정의하였다. 더 나아가 그는 전쟁에 대해 수동적인 비폭력 무저항으로 대응할 것이 아니라, 전쟁 자체를 예방하고 억제하는 능동적인 평화주의를 주장하였다.

그래서 묵자는 적극적인 방어술의 필요성을 제기하였다. 묵자는 전쟁을 막기 위해서는 도덕적 선언만으로는 불가능하며, 공격하는 자가 오히려 손해를 보도록 만드는 전략이 필요하다고 보았다. 따라서 묵자의 방어술은 '비공非攻' 사상을 실천하기 위해 개발된 것으로, 일종의 전쟁 억지 전략이자, 방어 중심 전략에서 비롯된 것이다. 즉 공격은 하지 않되, 공격받지 않을 힘은 갖추어야 한다는 묵자의 실천적 평화 철학을 기술로 구현한 것이다.

그런데 묵자의 방어술은 단순히 전쟁을 막는 기술적인 것에 국한된 것이 아니라, 심리전과 협상까지 포함된 고도의 정치, 경제적 전략이었다. 우선 묵자는 방어 비용은 상대적으로 적으나 공격 비용은 방어 비용의 몇 배가 든다는 점에 착안하여 방어 전략을 고안했다. 공격자의 기대 효익을 낮춤으로써 전쟁이 오히려 경제적으로 손해라는 생각을 하게 하여 전쟁의 억지력을 강화하는 방안이었다. 묵자는 이를 위해 '절용節用' 사상을 반영하여 최소 비용으로 최대 효과를 낼 수 있는 전략을 세웠다. 자원, 인력, 시간을 절약하며 가장 효율적인 방어 효과를 극대화하고자 한 것이다. 그래서 그는 저비용, 고효율 방어 기술 기반의 방어 전략을 입안하였다.

당시 묵자가 이끄는 묵가 집단은 목수와 공인들로 구성된 기술자들의 전문 집단으로, 전투보다 구조물 설계·제작 기술이 강점이었다. 묵가 집단은 방어 장치를 체계적 설계하여 성벽, 해자, 낙석 장치, 투석기 등에 방화, 방수 기술까지 더하여 방어 환경 전체를 통합적으로 설계하였다. 그리고 방어 시스템을 사람이 아니라 최대한 기술로 강화하였다. 이렇게 함으로써 인구가 적고 자원이 부족한 나라도 조직적인 기술과 전략으로 강대국의 침공을 막을 수 있도록 하였던 것이다.

그리고 묵자는 전쟁 억제를 위하여 심리전이나 외교적인 협상 전략을 적극적으로 활용하였다. 어떤 경우에는 공격하려는 상대방에게 방어 기술을 공개하고 시연까지 하면서, 이를 바탕으로 협상함으로써 침략 의지를 약화시키는 전술도 사용하였다. 최대한 침략 이전에 협상이나 중재를 통하여 전쟁이 일어나지 않도록 막아낸 것이다. 실제로 초나라가 송나라를 공격하고자 할 때, 묵자가 초나라로 열흘 밤낮을 달려가 초의 전략가인 공수반과 가상 전쟁까지 하면서 침략 의도를 막아낸 일화는 유명하다. 이렇게 묵자의 방어술은 '비공非攻'의 평화적 가치를 중심으로, 공학적 기술에 기반하여 외교적 협상과 심리전까지 결합한 약자를 보호하는 실천적 방어 시스템이었다. 여기에서 목표는 당연히 승리가 아니라 전쟁의 발생 자체를 막는 것이었다.

이상을 바탕으로 묵자의 실천적인 사고와 방법들을 종합해 볼 때, 가장 중요한 특징은 "생각은 행동으로 검증한다"는 실천 중심의 철학이다. 그는 목적이 분명한 행동주의적 성향으로 모든 사고와 실천을 민생과 평화를 실현하는 데 초점을 맞추었다. 그는 옳음을 평가하는 윤리적 판단 이전에 동기보다 결과를 중시하여 사람들에게 실질적으로 도움이 되는가 하는 효용성을 먼저 적용하였다. 그리고 그는 삼표법을 보면 알 수 있듯이, 인간의 모든 말과 행동에 대해 항상 타당성을 검증하려 하였다. 그는 끊임없이 사고, 실천, 검증을 꾸준히 반복 순환하면서 자신의 가치관과 이상을 현실에서 구현시키고자 노력한 사람이었다.

7장

지금 왜 묵자를 만나야 하는가?

1. 묵자의 관점과 원칙은 제국주의 논리와 불합치

진과 한나라 이후 제국은 주나라의 예법을 통한 정치체계를 극복하기 위하여 중앙 집권제와 법률 중심의 정당화된 위계질서, 그리고 통합적인 문화 이데올로기 등이 필요했다. 이러한 상황에서 신분 차별 옹호와 그에 따른 질서를 강조하는 유가는 제국의 새로운 질서에 잘 융합할 수 있었다. 더욱이 유가는 묵가와 법가 등의 사상을 비판적으로 변형시켜 유연하게 흡수하면서 자신의 생존 전략을 펼쳐 나갔다. 그 중 묵가에 대해서만 말하자면 겸애兼愛는 부정하되 인仁을 포용적으로 확장하였고, 상현尙賢을 통해 도덕성과 능력을 겸비한 관료주의를 정착시켰으며, 중용中庸에 절용節用과 절장節葬 개념을 도입해 예禮의 간소화와 진정성을 중시하는 등, 유가는 자신 논리와 사상을 재조정하면서 제국의 통합적 이데올로기로 발전시키고 체계화시켰다.

이에 반해 묵가는 유연성을 잃고 제국에 대해 타협하지 못하였다. 음악에 대해 유가는 정체성을 확립하고 지배 질서를 미화하는 등 정치 자원으로 활용하였지만, 묵가는 민民의 입장에서 단지 '낭비'로 보았다. 황제의 권력에 대해 유가는 도덕적 기반과 근거를 만들어 주었지만, 묵가는 지배자의 권력을 제한하려고만 하였다. 더욱이 묵가의 병법과 군사 기술 중심의 결사체적인 성격의 조직은 중앙집권화된 제국에게는 상당히 불편한 조직일 수밖에 없었다. 또 사람을 '이익을 추구하는 존재'로 보면서 '사랑'을 규범화했던 겸애사상은, 묵자에게는 선택의 문제가 아니라 현실의 혼란을 잠재우기 위한 절박하고 필수적인 해결의 방안이었지만, 사람들의 친하고 소원한 정서적 관계를 뛰어넘게 하기에는 실천이 어려운 면이 있었다. 결국 묵자는 국가를 비판하고 견제하는 데 유용했고, 유가는 국가를 정당화하는 데 적합하였다. 그래서 혼란과 위기의 시대에는 묵자가 등장하게 된 것이었고, 제국의 통치를 기반으로 한 상대적으로 안정적인 시대에는 유가의 사상과 논리가 지배력을 확보하기 쉬웠던 것이다.

2. 묵자의 문제의식은 현대에서도 유용

묵자는 인민의 생존을 최우선에 두면서, 전쟁을 막고, 낭비를 줄이며, 무능한 지배자를 몰아내기 위하여 고군분투한 현실적이며, 실용적인 사상가였다. 유가는 민본주의 사상을 내세우며 민民을 위하여 권력과 조정하며 타협했지만, 묵자는 민의 입장에서 권력을 교정하려 했다. 즉 묵자는 국가보다는 민을 중시하였으며, 전통적인 질서보다는 공공성을 강조하였고, 감정보다는 합리성을 내세운 실용주의자이자, 보편적이고 민주적인 정치사상가였다.

그로 인해 묵자는 약 2000년간 역사에서 지워졌었고, 현대에 이르러서도 특별히 조명을 받고 있지는 못한 편이다. 하지만 그의 정신과 가치, 그리고 문제의식은 비록 파편화되기는 하였지만, 예전에는 유가나 법가와 병가 등에 영향을 미쳤으며, 현대에 이르러서는 복지국가의 윤리 속에 살아남아 있다고 할 수 있다. 특히 오늘날의 국가 간의 갈등과 전쟁, 불평등과 불공정, 기후 변화 및 환경 오염과 그로 인한 재난, 인간과 국가 간의 신뢰 붕괴 등의 여러 현상은 2,500년 전 묵자를 필요로 했던 조건과 다를 바가 없다.

그래서 묵자의 사상은 그 자체로 대안 이데올로기로서 현실 비판의 근거가 될 수도 있지만, 더 나아가 현실 속에서 위기 상황에 대해 개입하고 대응하는 실천적 방법이자 윤리적 기준으로 다시 되살릴 필요가 있다. 이것이 오늘날 다시 묵자가 소환되어야 하는 이유이다.

1. 묵자의 문제의식은 현대의 민주적인 복지국가의 출발점

현대 민주·복지국가는 "왜 복지를 해야 하는가?"라는 질문에서 시작한다. 묵자도 동일한 질문을 던졌다. 묵자의 핵심 질문은 "왜 백성은 이렇게 많이 굶주리고 죽는가?"이다. 이에 대한 그의 답은 도덕의 타락이 아니라 구조적 문제가 원인이었다. 묵자가 본 구조적 문제의 내용들은 보편적이고 일상화되어 있는 전쟁, 지배층의 무절제와 낭비, 무능한 통치, 보호받을 수 없는 약자 등의 문제였다. 이러한 시각은 오늘날 민주적인 복지국가가 규정하는 삶의 질 개선과 사회문제 해결을 위한 기본적인 가치에 충실한 관점과 태도라 할 수 있다.

2. 묵자의 겸애兼愛는 보편적인 민주와 복지의 도덕적 기초

묵자의 겸애는 감정의 평등이 아니라 행위의 차별을 없애고자 하는 것으로, 누구의 고통이든 동등하게 고려되어야 한다고 봤다. 그래서 겸애는 현대 민주적인 복지국가의 기본적인 원리라고 할 수 있는, 시민권에 기반한 보편적 권리로서 차별 없는 보편적 접근을 원칙으로 한다. 여기에는 한편으로 다수를 위한 소수의 희생이나 불행을 묵과하지 않겠다는 결의와 다른 한편으로 남의 이익이 곧 나의 이익이 될 수 있다는 인간에 대한 깊은 신뢰가 존재한다.

3. 묵자의 비공非攻은 민주·복지국가가 평화를 전제로 성립됨을 강변

민주·복지국가는 전쟁과 양립 불가능하다. 전쟁은 모든 재정을 소모시 킴으로 사회 보장을 붕괴시키며, 불평등을 급증시킨다. 그러므로 묵자의 비 공은 단순한 평화주의적 논리로만 볼 것이 아니라, 복지 재정과 생존 보호의 필수 조건이다. "백성을 지키지 못하는 국가는 국가가 아니다"라는 관점은 오늘날의 평화헌법, 군비 축소, ESG환경·사회·지배구조 투자 등과 직접 연결 된다.

4. 묵자의 상현尙賢은 신분제의 비판과 관료국가와 전문행정 중시

묵자는 혈연 중심의 신분제를 정면 비판했다. 그가 볼 때 통치는 능력 과 성과로 나타나며, 무능한 통치자는 재난일 뿐이다. 이는 현대의 민주·복 지국가의 핵심 구조와 동일하다. 묵자는 전문관료제를 통한 공로 평가와 성 과 행정을 중시하였으며, 연고주의를 배척하였다. 그의 입장에서 올바른 민 주·복지국가는 단순한 도덕적 선의만이 아니라 유능한 행정 능력을 기반으 로 한 공정성으로 작동된다.

5. 묵자의 절용·절장은 재정의 책임성과 올바른 사회투자를 강조

묵자의 절용은 단순히 금욕을 주장한 것이 아니다. 그는 과시적인 궁궐 과 전각을 짓는 것보다는 그 비용을 복지와 교육에 투자하여야 한다고 말하 였다. 쓸데없는 낭비를 줄이고 필요한 곳에 써야 하며, 사치를 줄여야 한다 고 주장하는 것이다. 이는 작게 보면 현대 민주·복지국가의 재정건전성 유 지, 실질적인 효용성에 따른 예산 배분 원칙, 미래를 위한 사회투자 전략 등과 일치한다. 그런 면에서 묵자는 재정의 윤리를 최초로 고민하고 원칙을 제시한 인물 중 하나라 할 수 있다. 또 크게 보면 과소비를 막아 불필요한 생산을 줄이고, 민생 복리를 꾀한다는 점에서 기후 변화나 저출생 고령화의 문제들에 대한 대응책이 될 수 있다.

6. 묵자의 '이익' 개념은 사회 전체의 효용을 극대화하는 것에 초점

묵자의 기준은 철저히 "이익이 되는가, 해가 되는가?"에 맞춰져 있다. 다만 여기에서의 이익은 사적 이익이 아니라 사회 전체의 이익이며, 이는 또한 바로 사회 구성원 모두를 위한 민주와 복지에 충실한 것이기도 하다. 따라서 묵자는 사회의 도덕과 윤리를 효용성과 일치시켜 사고하였다. 이러한 실증적이고 합리적 사고방식을 오늘에 비추어 본다면, 조세 정의의 실현과 공공 재정의 절약을 강조하고 있으며, 다른 한편으로는 효용의 극대화를 통해 사회적 약자의 보호를 뛰어넘어 모든 사람의 기본권과 생활권을 충족시키는 복지국가로의 완성도를 높여나가야 한다는 것을 제시한다고 볼 수 있다.

7. 묵자는 정책 평가의 기준으로 도덕성을 중시

묵자는 효용성을 높이기 위한 방법으로 도덕성을 중시하였다. 따라서 묵자에게 있어 도덕성은 다양한 사회 문제를 해결하기 위한 정책 평가의 기준으로 직결되며, 그렇기에 평가를 중시하였다. 이러한 묵자의 정책 평가의 기본 틀은 본本, 원原, 용用의 세 가지에 있다. 본本은 근본 취지의 정당성에 초점이 맞춰져 있는 것으로, 역사적으로 검증된 공공선의 원칙에 부합되는

가를 분석하는 것이다. 원原은 현실 검증의 차원에서 실질적으로 인민의 삶이 좋아질 수 있는가를 따지는 것이다. 그리고 용用은 실현 가능성을 점검하는 것으로, 실제로 집행이 가능한 정책인가를 평가하는 것이다. 이러한 평가들은 인민의 삶에 있어서 이익의 극대화와 고통의 최소화에 주안점이 맞춰진 것이다. 또한 동시에 인민들이 먹고사는데 충분한 생산과 보급이 이루어질 수 있는가와 인구의 수를 현상 유지 또는 더욱 증대시킬 수 있는가의 문제, 그리고 인민이 여유 있게 생산에 종사할 수 있도록 노동력이 잘 보존되고 있는가의 문제를 평가하기 위한 것이다. 이러한 묵자의 평가 방식은 철저하게 민民 중심의 시각에서 결과에 대한 책임성을 분명히 강조하고 있다는 점에서 현대적인 관점에서 보더라도 매우 혁신적이라 할 수 있다. 이러한 접근 방식은 오늘날에도 비용 대비 편익 분석, 복지국가를 위한 사회적 효용성, 증거에 기반한 정책 효과성 등을 분석하는 현대 정책 평가의 기본 개념으로 충분히 활용할 수 있다.

이상을 종합해 볼 때 묵자의 사고와 실천은 자신이 몸담고 있는 사회에 대한 몇 가지 질문에서부터 시작되는 것으로 보인다. 그것은 "국가는 무엇을 위해 존재하는가?", "누가 먼저 보호받아야 하는가?" "사회를 유지하기 위해 가장 우선되는 가치는 무엇인가?"이다. 이러한 질문들에 대한 묵자의 답은 하나로 묶어 표현하자면 "국가는 인민의 생존을 조직하는 장치"라고 할 수 있다. 이를 현대적 의미로 더욱 확대해서 생각해 보면, 묵자가 바라는 사회의 모습은 지구 전체를 하나의 운명 공동체로 보고, 모든 공동체 구성원들이 사랑을 바탕으로 서로 돕고 나누며 전쟁이 없는 '대동사회'를 만들어 나가는 것이다.

묵자의 안생생 대동사회는 현실에서 실현시키기 어려운 이상사회론 같지만, 이미 부분적이고 원론적인 형태로는 역사 속에서 반복적으로 꾸준히 실현되어 왔고, 앞으로도 계속 지향하고 추구하고자 하는 사회이다. 특히 묵자의 안생생 대동사회론은 예기禮記 예운禮運편에 나오는 대동사회처럼 도덕적 이상향으로 제시된 것이 아니다. 그보다는 차별과 착취, 그리고 전쟁을 실질적으로 막기 위한 실천 논리로부터 구체적으로 설계된 목적 지향적인 사회구성체이다.

그렇기 때문에 겸애兼愛는 단순한 감정적인 사랑이 아니라 혈연과 계층을 뛰어넘는 보편적 상호 이익을 규범화한 것이고, 비공非攻은 침략전쟁을 전면 부정하고 공동체의 이익을 명분으로 한 폭력의 거부이며, 절용節用과 절장節葬은 불필요한 의례와 과소비를 막는 공공선과 생존을 위한 경제윤리로 제시된 것이다. 즉 묵자의 안생생 대동사회론은 물적 조건과 제도, 그리고 도덕성을 동시에 고려한 실천적인 지향점인 것이다.

따라서 묵자의 안생생 대동사회론은 단순히 현실 속에서 실현시키기 어려운 막연한 이상을 표현한 것이 아니라, 실천적인 사회 개입을 통하여 추구하고 지향해야 할 사회상을 제시한 것이며, 현실에서 당면한 사회 대개혁의 근본적인 지표가 될 수 있는 것이다. 또 이는 민주적인 복지국가를 만들어 나가기 위한 원칙이자, 평화를 위한 국제 규범의 모델을 제시한 것이라고도 볼 수 있다.

특히 우리나라가 당면하고 있는 사회 양극화, 저출생 고령화, 세대 간 또는 정치적인 입장의 차이에 따른 갈등과 이해 충돌, 분단과 동북아의 긴장으로 인한 전쟁의 위협, 기후 위기와 환경 오염 등의 문제들에 대해 해결을 하기 위한 근본적인 원칙들과 관점을 제시하고 있다는 점에서 지속적으로 곱씹을 만한 사상이자 실천 논리이다.

물론 묵자가 2,500년을 뛰어넘어 현대에 등장한다고 해도, 지구공동체의 모든 구성원이 모두 선해질 수 있고, 남을 위하여 무조건 희생을 잘할 수 있다는 말을 하지는 않을 것이다. 하지만 "서로 간의 갈등과 다툼, 그리고 고통을 줄이기 위한 선택은 항상 열려 있고 언제나 가능하다."라는 말과 함께 묵묵히 그에 따른 실천을 해 나갈 것임은 분명하다.

서평

21세기 소프트 파워의 완성,
묵자의 '안생생'에서 길을 찾다

김소중 배재대학교 중국학과 명예교수

21세기 권력의 패러다임을 바꾼 '소프트 파워'Soft Power: 軟性權力, 1990~2004와 여기에 '하드 파워'Hard Power, 1990를 전략적으로 결합한 '스마트 파워'Smart Power, 조지프 나이 + 리처드 아미티지, 2007가 미래의 권력으로 유력할 것이라는 개념을 창시한 하버드대 조지프 나이Joseph S. Nye, 1937~2025 석좌 교수는 이미 2011년 "21세기 세계 정세의 주요한 변화 중 하나는 바로 아시 아의 부활이다. 1800년 세계 인구와 경제의 절반을 차지했던 아시아는 100 년 뒤 산업혁명으로 성장한 유럽과 미국에 밀려났다. 그러나 21세기 중반 아 시아는 예전 위상을 되찾을 것이 분명하다"중앙일보, 2011. 7. 11. 29면고 예측한 바 있다. 여기에서 "예전 위상을 되찾을 것이 분명하다"는 말은 '하드 파워' 나 '스마트 파워'로 가능할 수 있겠지만, 정보혁명으로 "21세기에는 소프트 파워의 중요성이 증가한다"고 예측한 그가 이 말을 한 데에는 반드시 '소프 트 파워'가 포함되어 있다고 보아야 할 것이다.

18~20세기의 패권주의힘과 영향력으로 주도권을 장악하려는 정치·외교 전략이나 사고방식, 경제력제재, 보상, 압박, 군사력전쟁, 억지력, 희소자원 등으로 상대를 위협하여 행동을 강제하는 능력인 '하드 파워'보다, 21세기에는 '자신이 원하는 것을 상대도 원하도록 하는 힘'인 문화음악, 영화, 언어, 생활방식, 가치민주주의, 인권, 제도, 외교신뢰, 정당성, 협력, 매력, 설득, 이성, 사상 등으로 표현되는 무형 자산인 '소프트 파워'가 국가와 세계를 이끌어갈 단독의 권력은 아니지만 필수 요소가 될 것으로 보고 있다.

따라서 중국에서 공자·맹자·증자의 문화·도덕 중심의 '소프트 파워' 영향력은 수신修身을 통한 도덕·인격·윤리·민본民本·덕치德治·왕도정치王道政治 등에 골고루 미쳐 자국 인민과 세계인을 감화시킴으로써, 그들이 스스로 명명덕明明德·신민新民·지어지선止於至善의 천하위공天下爲公과 대동大同이라는 공동체로의 발걸음을 평화적이고 힘차게 내딛게 한다는 것이다. 이 과정에서 공자와 맹자는 예禮·인仁·의義를 특히 강조하고, 묵자墨子는 겸상애兼相愛·교상리交相利·반전反戰·평화平和를 강조했는데, 이것들을 지배층 권력자와 피지배층 인민을 움직이는 '소프트 파워'로 삼아 국가의 질서와 안정을 기하고 선과 평화를 향해 가게 할 것이라 본 것이다. 조지프 나이의 견해도 '소프트 파워'는 "약화되지 않고 오히려 더 중요해질 것"이라고 일관되게 전망해 왔기에, 이 중국의 소망은 먼 미래에 가능할 것으로 보인다. 김구 선생도 "내가 원하는 우리나라의 모습은 오직 한 가지, 높은 문화의 힘을 가진 나라다. 문화의 힘은 우리 자신을 행복하게 하고, 나아가서 남에게도 큰 행복을 가져다주기 때문이다."백범일지라고 말한 바 있는데, 이는 조지프 나이 교수가 말한 '소프트 파워'인 문화와 정확하게 상통하는 것이다.

현재 한국은 '소프트 파워' 시대에 들어선 것으로 볼 수 있는데, 세계 11위인 한국의 '소프트 파워' 순위와 전 세계인을 열광시키는 한국 문화에서 그 저력을 알 수 있다.

하지만 중국도 한발 앞서 문화·사상 방면의 '소프트 파워'의 중요성을 깨닫고, 2004년부터 확장 전략으로 대표적인 '공자학원'孔子學院을 전 세계에 만들기 시작했다. 중국어 교육과 문화 보급을 통해 세계인에게 파고들어 국제 관계에서 이미지를 개선하고 친중 세력을 확장하려 한 것이다. 하지만 중국의 과욕으로 정치·외교·안보 이슈가 터지면서 유럽, 미국118→7, 호주 등에서 공자학원을 퇴출·축소시키는 부작용도 적지 않았다.

그럼에도 중국의 공자·맹자·묵자의 정치사상과 철학은 세계인을 매료시키는 '소프트 파워'이다. 유가儒家는 질서·위계·교육·관료 윤리 등으로 국가 친화적이지만, 묵가墨家는 평등·반전·실천 윤리 등으로 권력에 비판적이라서 묵자는 국가가 주도하는 공자학원처럼 글로벌 네트워크가 생기기는 어려운 처지이다. 서구에서는 묵자의 보편적 사랑, 정의로운 전쟁 이론, 초기 공리주의 등을 연구하여 그를 '동아시아에서 가장 급진적인 윤리의 평등주의자'로 받아들이고 있다.

현재 세계에서는 묵자의 비공·겸애·절용·과학 정신·공리주의·불평등

문제에 대한 관심이 적지 않다. 따라서 묵자의 미래는 '공자학원' 같은 '묵자학원'은 없더라도, 묵자 네트워크, 시민·전문가 네트워크, 묵자윤리연구소, 평화·기술·윤리·규칙·표준·효율·공정에 대한 싱크탱크형의 '묵자센터'로 갈 가능성이 커 보인다. 하지만 '공자학원'은 국가가 만들고 있지만, '묵자학원'은 사회가 성숙해야만 생길 수 있을 것 같다. 묵자 사상의 '소프트 파워'는 세계가 그 존재를 '좋아해서'가 아니라, '없으면 상황이 더 나빠지기 때문에 인정하게 되는 힘'이라 볼 수 있다.

한국묵자연구회는 2010년 1월 29일 대전에서 창립되었다. 초대 회장은 한남대 김조년 교수인데, 재야 민주운동가 묵점墨店 기세춘 선생에게서 묵자 사상을 수년간 배우며 그 평민적이고 매력적인 사상의 전파를 위해 동호인들과 함께 창립한 학술단체이다. 이후 김선건 교수, 송만규 화백을 거쳐 지금은 2020년 묵자 사상 연구로 철학박사 학위를 취득한 이계석 박사가 2024년 2월 이래 회장으로 수고하고 있다. 이계석 회장은 묵자의 마음으로 사회 약자 편에 서서 활동해 왔으며, 전국 각지의 스터디 그룹을 총괄하며 환경, 복지, 청소년 교육 등 지역 발전을 위해 38년간 활동해 온 묵자의 참된 한국 제자라 할 수 있다.

한국묵자연구회 정관 제2조는 "묵자의 반전평화 평등사상을 바탕으로 묵자사상을 연구하여… 안생생安生生 대동 세상을 만드는 데 목적이 있다"고 명시하고 있다. 여기서 한 가지 짚고 넘어갈 문제는 '대동大同 세상'의 개념이다. 대동은 유가 경전인 『예기』 「예운」 편에서 처음 제시된 용어로, 사적 소유가 없는 공공성의 극대화를 의미하는 정치·문명의 최상 단계 이상이다. 반면 묵자가 강조한 '안생생'安生生은 전쟁 없이 인민의 '삶과 생존'이 유지되는 최소한의 기초적 조건을 말한다.

묵점 선생은 이 대동을 묵자의 사상과 결합하여 '안생생 대동 사회'라고 규정하였으나, 엄밀히 따지면 안생생은 대동의 아래 단계인 생존의 문제이고, 대동은 그 너머의 완성된 이상이다. 하지만 안생생이 없는 대동은 공허한 도덕적 선언이 되고, 대동 없는 안생생은 최소한의 복지에 머물게 된다. 따라서 이 둘을 이어 붙인 것은 묵자의 실천적 토대 위에 유가적 이상을 얹은 전략적 결합이라 볼 수 있다.

사상적으로 맹자는 묵자의 겸애를 "부모도 모르는無父 짐승의 도"라며 격렬히 비판했다. 유가의 차등적 사랑別愛과 묵가의 무차별적 사랑兼愛은 신분제와 보편 윤리의 격돌이었다. 맹자는 묵자의 고된 실천성을 인정하면서도 그것이 인간 본성에 어긋난다고 보았으나, 묵자에게 그 고됨은 난세를 멈추기 위한 유일한 선택이었다. 2,000년간 유교가 동아시아의 주류가 되었지만, 오늘날 기후 위기나 전쟁 같은 글로벌 난제 앞에서 "내 가족 먼저"라는 차등적 의식만으로는 한계가 명확하다.

결론적으로 오늘날 세계에 필요한 것은 맹자의 사적 영역에서의 '인간다움'을 유지하면서도, 공적 영역에서는 묵자의 '보편적 책임'을 전면화하는 혼합 방식Hybrid이 아닐까 한다. 맹자는 인간을 살게 하고, 묵자는 세계를 유지하게 한다.

이계석 회장의 저서 『묵자에게 길을 묻다』는 바로 이 지점에서 묵자를 소환한다. 묵자는 고대에 머물러 있는 인물이 아니라, 아직 오지 않은 미래에 살고 있는 진보적 사상가이다. 그는 체면이나 명분보다 '실질적 이익'과 '생명과 안전'을 우선시했다. 이 저서는 묵자를 유가와의 대립 구도로만 보지 않고, 정치의 정당성을 '안생생'의 결과로 평가한 가장 현대적인 정석으로 제시한다.

'국가는 누구를 위해 존재하는가', '제도는 실제로 삶을 보호하는가'라는 묵자의 물음은 오늘의 정치도 제대로 답변하지 못하는 질문들이다. 따라서 이 책은 묵자를 과거로 돌려보내지 않고 우리 곁으로 불러오는 중요한 계기가 될 것이다. 인민의 삶을 귀하게 여기는 묵자의 '소프트 파워'가 한국의 난제들을 해결하는 동력이 된다면, 한국의 문화적 저력은 더욱 빛을 발할 것이다. 부족하지만 서평을 쓸 기회를 주신 이계석 박사님께 감사드리며 글을 맺는다.